· 大 家 雅 事 ·

主 编

方 军

执行主编

刘玉杰

·大家雅事·

金岳霖

—— 逻辑学大师的"非逻辑"人生 ——

刘培育 ◎选编

社会科学文献出版社
SOCIAL SCIENCES ACADEMIC PRESS (CHINA)

金岳霖

　　（1895—1984），字龙荪。祖籍浙江诸暨，生于湖南长沙。著名哲学家、逻辑学家。1911年考入清华学校留美预科学习，1914年赴美留学，先后获哥伦比亚大学政治学硕士学位、博士学位。1925年底回国，1926年受聘到清华大学任教，历任讲师、教授。抗战时期在西南联大讲授哲学、逻辑学。历任清华大学文学院院长、哲学系系主任，北京大学哲学系教授、系主任。1955年奉调参加中国科学院哲学研究所的筹建工作，任中国科学院哲学研究所教授、副所长兼逻辑研究室主任，系中国科学院哲学社会科学部（1977年更名为中国社会科学院）学部委员、哲学所一级研究员，国务院学位委员会第一届评议组成员，中国逻辑学会会长、名誉会长。

编前语

2017 年，借庆祝中国社会科学院建院 40 周年之际，中国社会科学院办公厅策划组织编辑并联合社会科学文献出版社推出"学术名家自述"丛书。该丛书主要是邀请中国社会科学院的学部委员、荣誉学部委员讲述自己的学术人生。由于是先期尝试，我们本着实事求是的原则，只求真实记录，不追求风格上的统一。内容上，或有他们成长历程的回忆；或有他们对学科发展的回忆；或有他们治学特色的讲述；或有他们自己的学术思考；或有学人轶事和人文掌故；或有他们的人生感悟。形式上，以第一人称呈现，尊重专家学者的个人喜好，不追求语体风格的一致。

丛书出版后，学术界、读者界反应良好，普遍希望丛书能持续出版下去，并在传主的选择范围、体裁和文风上有所调整。

为了进一步展现中国社会科学院及院外著名学术大家的风采，更加生动地记录他们"为天地立心，为生民立命，为往圣继绝学，为万世开太平"的崇高理想和人生境界，聚焦他们为构建中国特色哲学社会科学学科体系、学术体系和话语体系生发的动人故事，从而进一步增强本丛书的影响力、可读性，我们将本丛书改为"大家雅事"继续出版。丛书围绕"大家""雅事"两个关键词着意遴选采写（组稿）对象、调整内容结构。

1. 丛书遴选的对象——"大家"范围进一步扩大。本丛书遴选的对象由原定的健在的中国社会科学院荣誉学部委员、学部委员，扩大延伸到中国社会科学院已故的学术大师、荣誉学部委员、学部委员及院外著名学者。

2. 丛书的内容——"雅事"得以进一步聚焦。"雅事"语出《随园诗话》，为风雅之事。狭义上指有关琴棋书画等活动。本丛书指发生在学术大家身上的趣闻、轶事，包括已故大家的人文掌故。本丛书的内容不再全方位讲述学术名家的人生故事，而是进一步聚焦学术大家的"雅事"，透过这些雅事映射那些学识渊博、德高望重的学术大家精彩的学术人生。

3. 丛书的框架——一根红线穿珠玉。一件件雅事有如一颗颗珍珠，我们用一根红线，即按照一定的主题，把这些散落的珍珠穿起来。

4. 丛书的写作——不拘一格谱新篇。新版丛书的内容随传主的不同特点做相应的调整，既讲述传主本人的故事，也讲述他者眼中的传主，是传主与他者之间发生的各种有趣有益的雅事，这些雅事或给人启迪或耐人寻味或引人入胜。丛书在写作方式上也根据传主的实际情况，采取相应的写作角度，不限于自述（口述或笔述），也随传主的不同情况而扩展为他述。

本丛书得到了中国社会科学院各位学部委员、荣誉学部委员及院外著名学者及其亲属、学生等的大力支持和帮助，得到了广大撰稿人的热烈响应，得到了中国社会科学院财计局的鼎力支持，在此我们表示衷心感谢。

囿于时间、人力、物力，错讹之处在所难免，敬请读者批评指正。

丛书编辑部

2020 年 3 月 26 日

目　录

后记 ／ 373

沐大师风华　悟学术真谛

向金老学习，不断追求进步

胡乔木

在"金岳霖同志从事哲学、逻辑学教学和研究工作56 周年庆祝会"上的讲话

我是金老的学生，受金老一年形式逻辑的教育。可惜我没有继续学下去。

那时，金老年轻力壮，讲课生动，很有吸引力。他旁征博引，上下古今无所不谈，学生非常爱听。金老的中文英文都非常好。

据我的回忆，金老在课堂上说，他早年学政治，后来转到哲学和逻辑。他曾说，学逻辑要学数学。后来他在数理逻辑方

1982 年，在"金岳霖同志从事哲学、逻辑学教学和研究工作 56 周年庆祝会"上，胡乔木、胡愈之、钱昌照、周培源、于光远等向金岳霖表示祝贺

面取得成就。

解放后，他努力研究马克思主义哲学，不断学习，追求真理，不管什么年龄都不放松。他对科学知识的追求为大家树立了榜样，所有的同志都不能不向他学习。他在政治上同样不断进步。金老有正义感，随时向党员学习，终于在1956年加入中国共产党。

今年春节我去金老家拜访，看见他生活俭朴，每天读报，听广播，写回忆录。

我们党以自己的队伍中有像金老这样著名的老学者而感到自豪。希望所有的科学工作者都要向金老学习，在学术上、政治上、工作上不断追求进步。

我作为金老的学生，作为党中央的成员，向金老祝贺，祝金老健康长寿！

（1982年10月11日于北京国际俱乐部）

在金岳霖学术基金会成立会上的讲话

我是金老的学生。我很乐意参加今天的这个会。我尊重金老的学问、道德、文章。

有一年，金老要吃鱼。第二天我送给他鲜鱼。我很惭愧，只送这一次，以后就忘了，为此我常受到良心的谴责。

我建议写一部金老传记，反映金老的风格，他的治学和为人。要包括他生活的各个方面，包括他的恋爱史。恋爱史为什

1987 年 7 月，"金岳霖学术基金会成立大会" 在中国社会科学院召开

么不可以写？金老的恋爱史是很动人的，一次恋爱失败，终身不娶。金老生活中感人的地方很多，希望金老的朋友、学生把资料搜集好，用生动活泼的文字写出来，当然也要严谨。

金老晚年的思想转变值得大书特书。他晚年继续保持着严谨的学风、文风。他有些意见不免偏颇，这不是金老的责任，是受当时风气的影响。一次我去看他时，他还对我说，在真理面前不能人人平等。他反对真理平等。这对于金老不是重要的，是很不重要的，责任不在金老。

刚才，北京师范大学的同志讲逻辑要赶超世界先进水平。提高难，普及也不易。现在中等学校开不开逻辑课，我不知道，也许有开的。逻辑普及我很赞成。文科、理科都应该学习逻辑学，中学生接受逻辑常识也并不困难。解放后毛主席提倡学习形式逻辑是有功的。后来毛主席读《近代逻辑史》，还印成大精装本，推荐给领导干部。但《近代逻辑史》远不能包括近、现代逻辑学研究的发展情况。

现在的大学生、也有青年教师赶时髦，原来读武侠小说、琼瑶小说，现在尼采、叔本华、弗洛伊德、萨特很吃香，但他们并没有真正研究过。现在没有一部像样的书对上述哲学家作出客观、公正、科学的评价；不只是书，有价值的论文也非常少。现在非常渴望有这样一些书，对此，哲学家，特别是中青年哲学家责无旁贷。

现在流行的时髦的学科很多。希望逻辑学也创造一种时髦，到广播电台、电视台去宣讲逻辑。逻辑提高难，普及也不一定容易，希望大家知难而进，长期奋斗，这样就会在一定程度上达到目的。

（1987 年 7 月 14 日于中国社会科学院）
［该文是乐逸鸥根据会议记录整理的，标题也是整理者拟的，
原载《金岳霖的回忆与回忆金岳霖》（增补本）］

//我说//

晚年的回忆

　　老朋友姜丕之要我写回忆录，说过几次，我都没有同意。理由是我认为我的工作限于抽象的理论方面，没有发生过什么特别的事情，没有什么可忆的。

　　这句话也对也不对。

　　同我同时代的人作古的多。我的生活同时代分不开，也就是同一些新老朋友分不开。接触到的还是有东西可以同大家一起回忆回忆。

同毛主席吃饭

　　我同毛主席一共吃过四次饭。

　　第一次是在怀仁堂晚会上，时间是 1957 年。他大概已经知道我是湖南人，坐下来，就给我几只辣椒（好像特别为他预备的）。这一次最突出的事，是一年轻小伙子跑来抱住了毛主席。毛主席在他背上轻轻地拍个不停，这时，主席饭也不能吃了。后来有人（可能是青年的朋友）把那青年请回去了。这件事充分表明人民的领袖和人民是没有任何隔阂的。

　　1957 年还有两次午饭，都是在反右派斗争中开小会期间吃的。看来毛主席一方面亲自参加反章、罗的工作，一方面亲自参加团结知识分子的工作。

　　最后一次是 1959 年之后，"文化大革命"之前。这一次可以说是湖南同乡的聚餐。在座的主要客人是章士钊和程潜两位老人。程先生话不多；章先生话很多，他还给了主席两三张纸条子，不知道写的是什么。在谈话中提到苏联，章先生说"西邻责言勿理也"，或"勿顾也"，或"非礼也"。我听了之后愣了一下，没有说什么。他们都是同乡先辈，我不想多说话。散后，在归途车子里想到章先生那句话不是可以对"东里子产润色之"吗？当时若想到了，说出来，主席一定会大笑起来。可惜我想得不够快，失去了当面作对联的机会。

听说毛主席是不让人为他祝寿的。我们几个朋友商量商量，认为这只是不让大家公开地祝寿。我们几个朋友私自聚集起来，庆祝庆祝未尝不可。这事就交我办。

在这以前，梁任公曾为他的老师康有为祝寿。寿联上联中有"入此岁来年七十矣"，下联中有"亲受业者盖三千焉"。我想，这个调调可以利用。我就主张联文如下："以一身系中国兴亡，入此岁来年七十矣"；下联是"行大道于环球变革，欣受业者近卅亿焉"。

叔存邓以蛰起先没有说什么，大概有点不满。后来我也想到"年"字硬邦邦的，是不是可以改为"已七十矣"，叔存高兴了，看来他有同样的看法。叔存写了两副，一副是用楷书写的，另一副是用他的特长篆字写的。定稿是：

　　以一身系中国兴亡，入此岁来已七十矣；
　　行大道于环球变革，欣受业者近卅亿焉。

向周总理学立场

前一时期的领导同志当中，对我这一年龄层的知识分子来说，交往最多、对我们影响最大的是周总理。早在1949年，我们就经常在北京饭店看见他，听他讲话。头一个印象就是共产党员也干干净净、整整齐齐，而谈吐又斯斯文文，总的印象是非常之特别，又非常之平常。这些只是小的接触而已。

大的接触是知识分子思想改造的动员报告。周总理在这个报告中讲的是立场问题。先讲民族立场，从革命的要求说，光民族立场是不够的，我们要进入人民立场。从彻底的革命说，人民立场仍不够，要进入工人阶级立场。他说他犯过错误，他的错误把他暴露在上海的大马路上。他的报告可能有两个多钟头。对听众来说，这个报告是一个突出的经验。听众好些都是50过头的人，我就是。我从来没有听见过像周总理这样地位高的人在大庭广众中承认自己犯过错误。对我们这些人来说这是了不起的大事。接着，思想改造运动就展开了。我作了一个自我检查报告，满以为我在民族立场上毫无问题。我的话是有根据的。在日本占领北京之前，我有一次碰见钱稻孙，他那时是清华的图书馆馆长。我表示非抗日不可。他说万万抗不得，抗，不只是亡国，还要灭种。我很想打他，可是受了"不能打"这一教训的影响，没有打。我说了之后，听众反驳说：我们想的是，蒋介石让美国船在长江自由航行，你一句反对话都没有说。我不得不承认在这一点上，我确实丧失了民族立场。群众的眼睛是雪亮的。

周总理曾说过民族立场不够，最后要有工人阶级立场。这完全正确。立场、观点、方法应该是同样重要的，但是在某种特别情况下，立场显得更根本些。1948年12月间的北京就处于这样一个特别的时期。在这一时期，一些人就离开了。离开的人当中年纪大的不多，刘崇鋐先生可以算是年纪大的。走的大都是中年人，并且是容易到美国去谋生的。有一对年轻夫妇，从美国到清华只有几天，马上又回美国去了。这一事实表现得清楚无比，民族立场留不住这些人，阶级立场却能够使他们离开祖国。

一叶凋零，深秋将至。季节如此，风尚亦然。在上述时期以前，青年人就说过下面这句话："北大老，师大穷，清华、燕京可进攻。"事实是北大和师大都是中国味重，本地味重；清华、燕京洋味重。重洋轻中，早已成为风尚。

不但青年学生有此风尚，居民有时也暴露这一风尚。我自己没有看见，据说春节时有人在西交民巷住宅的大门口贴上门联："望洋兴叹，与鬼为邻。"这里虽说"与鬼为邻"，可是仍"望洋兴叹"。

文章歪到"洋"上面去了，我们还是回到立场上来吧！在"文化大革命"初期，有一天，一同事向学部①一派的头头问关于对待大领导的看法问题。这位同事第一就提出总理，那个头

---

①　学部，即中国科学院哲学社会科学部的简称。

头说："总理么……总理么……"连"么"了几声。这位同事又问："林彪呢？"那个头头很快就回答："他行。"我听了之后马上贴出一张大字报，拥护总理。我从总理学立场，连拥护总理的立场都没有，那怎么行？

最好的榜样艾思奇

解放后的头一年多的样子，我接触最多的是艾思奇同志。我非常之喜欢他，也非常之佩服他。他到清华讲演时，前一时期对形式逻辑的成见看来还没有取消。我是主持讲演会的。他骂了形式逻辑一两句话之后，就讲辩证唯物主义。讲完之后，我和他边走边说话。我说，你骂了形式逻辑之后，所说的话完全合乎形式逻辑，没一点错误。他说，有那样的怪事？张奚若在我的旁边，扯我的衣服，我也没有打住。我是在"找错"的思想指导下听讲的，他的讲演确实逻辑性很强。

院系调整以后，全国的哲学系都集中到北大来了。讲辩证唯物主义和历史唯物主义这一课的，开头也就是艾思奇同志。哲学系全系师生都特别欢迎他，很可能讲了相当长的一段时间，这实在是一个最好的安排。

理论不是短期内可以改造的，主要的是榜样。艾思奇同志是最好的榜样。他实事求是、公正、和蔼可亲，好像根本没有一丝一毫的先进于马、列的感觉。而这也就是当其时最需要的。

我当时就作了下面的对联：

少奇同志，思奇同志；

湖南一人，云南一人。

"大人物"章士钊

有一次我在午门碰见章士钊先生，哪一年我可不记得了。

这一次简单的几句话，蛮有意思。我说，你只比我大 13 岁，可是，我曾经把你看作大人物，背过你的文章。那篇文章开头几句是"为政有本，其本在容。何以为容？曰，不好同恶异……"他说："这很简单。我比你大 13 岁，但是，在你 1 岁的时候，我比你大 13 倍。你 15 岁的时候，我已经 28 了，正是写文章的时候。要是我一直比你大 13 倍，那还得了，那我已经成为明朝的人了。"

这道理的确很简单。

最亲密的朋友梁思成、林徽因

我虽然是"光棍"，我的朋友都是成家的。沈从文先生从前喜欢用"打发日子"四个字来形容生活；现在不用了，可见现在的生活早已不是"打发日子"了。但是，这里所回忆的生活是很多"打发日子"的生活。我当时的生活，到了下半天也是"打发日子"的生活。而梁思成、林徽因的生活就从来不是"打发日子"的生活，对于他们，日子总是不够用的。

梁思成、林徽因是我最亲密的朋友。从 1932 年到 1937 年夏，我们住在北总布胡同，他们住前院，大院；我住后院，小院。前后院都单门独户。30年代，一些朋友每个星期六有集会，这些集会都是在我的小院里进行的。因为我是单身汉，我那时吃洋菜。除请了一个拉东洋车的外，还请了一个西式厨师。"星（期）六碰头会"吃的咖啡冰激凌和喝的咖啡，都是我的厨师按我要求的浓度做出来的。除早饭在我自己家吃外，我的中饭、晚饭大都搬到前院和梁家一起吃。这样的生活维持到"七七事变"为止。抗战以后，一有机会，我就住在他们家。他们在四川时，我去他们家不止一次。有一年我休假时是在他们李庄的家过的。抗战胜利后，他们住在新林院时，我仍然同住，后来他们搬到胜园院，我们才分开。我现在的家庭仍然是梁、金同居。只不过是我虽仍无后，而从诚已失先，这一情况不同而已。

在30年代，一天早晨，我正在书房研究，忽然听见天空中男低音声音叫"老金"，赶快跑出院子去看，梁思成夫妇都在他们正房的屋顶上。我早知道思成是"梁上君子"，可是，看见他们在不太结实的屋顶上，总觉得不妥当。我说："你们给我赶快下来！"他们大笑了一阵，不久也就下来了。

爱与喜欢是两种不同的感情或感觉，这二者经常是统一的。不统一的时候也不少，有人说可能还非常之多。爱说的是父母、夫妇、姐妹、兄弟之间比较自然的感情，他们彼此之间也许很喜欢。果然如此的话，那他们既是亲戚又是朋友。我和我的二哥与六哥就是这样。喜欢说的是朋友之间的喜悦，它是朋友之间的感情。我的生活差不多完全是朋友之间的生活。我差不多

1930 年代，金岳霖与二哥金岳祐、二嫂祁兰英（？）、姐姐金梅岑、侄儿金宣成、侄儿金锡锻、侄女金锡诚合影

不到长沙去，到上海去有一两次，住在二哥家里，但主要是在徐家或张家，他们是徐志摩的亲戚。我至少是从 1914 年起就脱离了亲戚的生活，进入了朋友的生活，直到现在仍然如此。1932 年到 1937 年我同梁家住在北总布胡同，我同梁从诚现在住在一起，也就是北总布胡同的继续。

最老的朋友张奚若

我的最老的朋友是张奚若。我在 1914 年就碰见他，不过那

1965 年 10 月，金岳霖在张奚若寓所前留影

时只是碰见而已。认识他是在 1917 年的下半年，那时我转入了纽约的哥伦比亚大学。他一直在哥大学政治。从 1917 年下半年起我们是同学，就西方的政治思想史说，我们也是同班。他无意取学位，但是写了一篇很好的《主权论沿革》。

张奚若家没有什么大矛盾，可是有长期的小摩擦。他同杨景任的结合是新式的结合。他有过旧式的结合。所谓"旧式的结合"，是把彼此不认识的双方经媒人说合成婚。张奚若的头一次结婚是怎样的，我不知道。杨景任在苏格兰大学毕业，他们是在苏格兰结婚的。结婚后，到了巴黎，我才碰到他们。这个结合是自由式的。张奚若头脑里想的可能是两个人都是知识分子。他发现杨景任不是"知识分子"，假如所谓"知识分子"是用知识去办大事，像他自己那样。杨景任不是他那样的知识分子，她是英、美人所说的 Womanly woman（有女人味儿的女子），这实在是封建社会遗留下来的社会性。要看她这一方面的性格，最好是听她同萧叔玉太太的谈话，两人都争分夺秒地谈，由赵、钱、孙、李到黄焖鸡到红烧肉。杨景任这一方面的性格虽然突出，然而她总是支持张奚若的。从昆明搬家回北京一事，由她一人承担，显然是勇于负责的。

张奚若这个人，王蒂澂女士（周培源夫人）曾说过，"完全是四方的"。我同意这个说法。四方形的角很尖，碰上了角，当然是很不好受的。可是，这个四方形的四边是非常之广泛，又非常之和蔼可亲的。同时，他既是一个外洋留学生，又是一个保存了中国风格的学者。他的文章确实太少了。我只知道一篇《主权论沿革》，登在《政治学报》月刊（或季刊）上。这个刊物只出了一期。据我的记忆，经手这件事的是奚若的夫人，前不久才去世的杨景任女士。那时候她在上海读书。以后没有多久，她也到苏格兰念书去了。

张奚若的主要点是民主革命，至少开头是这样。他曾同我说过，"孙中山的演说，你听着听着就跟了他走下去了"。这大概是在上海的时候。那时候，胡适也在上海，懂得一些英文，可能帮助过张奚若学英文，胡适一直说张奚若是他的学生，而张奚若并不承认。他的英文也不是从胡适那里学的，同盟会中帮助他英文的人可能不少。

他是作为革命的青年到美国去的，同去的人有王夏将军。他确实得到扎实的书本知识，但是，忽略了和美国人，特别是美国家庭交朋友，有些事情，他未免就用家乡的老办法去办。例如要裁缝给他做一身新衣服（美国的低收入的人不缝衣服，买衣服），裁缝做得不合身，奚若要他改，他也不改。奚若同我到店里之后，裁缝仍不肯改。我说："找我们的律师去。"旁边有一个人听了就说："哪里不合身，让我看看。"他看了之后，说："这确实应该改，也容易改。"问题在于"我们的律师"。这表示中国学生是有法律顾问的，不只是临时找律师而已。

从那个时候起，奚若认为我是一个"有办法"的人。这样一个"认为"维持了相当长的时期，到了昆明之后，才打住了。

有一天傍晚，约6点钟光景，年轻小伙子唐二哥来了。这里说的是昆明。他说他早就到了西南联大广场，张伯伯已经在那里讲演。他站在那里听，他说张伯伯要求蒋介石辞职。这是我离开上海之后，头一条好消息。我可惭愧不堪，我不知道奚若政治上要走如此重要的一步。真是对不起朋友。后来我要唐二哥到奚若家里去了一次，我很高兴唐二哥感受到了大后方的政治气氛。

30年代中期，送张奚若回西安，我写了一篇游戏文章：

　　敬启者朝邑亦农公奚若先生不日云游关内，同人等忝列向墙，泽润于"三点之教"者[1]数十礼拜于兹矣。虽鼷

----

[1]　张奚若讲话总喜欢说："我要讲三点……"金先生跟他开玩笑，称他为"三点之教"者。——编者注

鼠饮河不过满腹，而醍醐灌顶泽及终身，幸师道之有承，勿高飞而远引，望长安于日下，怅离别于来兹。不有酬觞之私，无以答饮水思源之意，若无欢送之集，何以表崇德报恩之心。兹择于星期六下午四时假座湖南饭店开欢送大会，凡我同门，届时惠临为盼。

门生杨景任

再门生陶孟和、沈性仁，梁思成、林徽因，

陈岱孙，邓叔存，金岳霖启

我和钱端升家常来往

钱端升先生也是我多年的老朋友了，不过他同我是否常见面是要分阶段的。他有时是北大的，有时是清华的，有时又是南京中央大学的。我到南京开《哲学评论》的会，就住在他家。那时他在中央大学教书。在西南联大时，他是属于北大的，我们又在一块儿了。

在西南联大时，梁家和钱家都住在昆明东北郊的龙头村。我先住在梁家，梁家走后住在钱家。幸而是住在钱家。1943年，美国开始约请大学教授到美国去讲学或休息，我有一个幻想，想请在美国发了大财的湖南同乡李国钦先生捐10万美金，帮西南联大买补药（即现在的维生素），所以我要到美国去。那时候到美国去是要通过许多关卡的，钱先生也大力地帮助了我过关卡。也许因为我就住在他家，我从来没有谢过他，只得在回忆中谢谢他了。

李国钦先生是我年轻时有些来往的朋友，交情并不是很深。到美国去找他捐10万美金的大款，本来就是异想天开的事。可是，到纽约后，我仍然去找了他。他只笑了一笑说："哪里能有这样的事。"但他还是客客气气请我到他的乡间别墅吃了一次饭。以后我也没有再看见他。可能他早已作古，不然一定也会回国观光的。

钱端升和陈公蕙在结婚酝酿过程中出了一点小岔子，陈公蕙突然到天津去了。钱端升请求梁思成开汽车追。汽车中除梁思成、林徽因外，也有我。还好，到天津后，陈公蕙还在天津。陈、钱和好了，他俩一同到上海去结婚了。汽车回来时我还参观了梁思成早已发现的古寺观音阁（即蓟县独乐寺）。这个寺的建筑规模宏大美观，不愧为古建筑师的伟大作品，不怪梁思成那么热爱它。

在西南联大时期，钱、梁两家都在昆明东北乡间盖了房子。房子当然非常简便，木头架子竹片墙壁，目的只是不逃警报而已。

男女分工是女的做饭，男的倒马桶。我无事可做，有时也旁听一些倒马桶的精义。女的做饭的成绩惊人。林徽因本来是不进厨房的人。有一次，几个在欧亚航空公司的人跑警报到龙头村时，林徽因炒了一盘荸荠和鸡丁（或者是菱角和鸡丁）。只有鸡是自己家里的，新成分一定是跑警报的人带来的。这盘菜非常之好吃，尽管它是临时凑合起来的。

做饭成绩特别好的是陈公蕙，她是能够做大件菜的。最近我住医院时还吃了她的红烧鱼。她做的白斩鸡非常之好吃，把鸡在香油姜丁里蘸一下，味道就特别好了。她还告诉过我到市场上买母鸡应该注意些什么，我还是不能照办。我年轻时虽然买过养着玩儿的大黑狼山鸡，但从来没有买过预备吃的鸡。公蕙的特别小品是煮鸡蛋。她煮出来的鸡蛋，就蛋白说，有似豆腐脑；就蛋黄说，它既不是液体——因为它不流，也不完全是固体——因为它不硬，看着是一个小红球，吃起来，其味之美，无与伦比。

上面谈的是副食品，主食也有很讲究的。张奚若家有时可以吃到绿面条，这东西是美味。面条是绿色的，里面有菠菜汁，面揉得很紧，煮的时间也不长，因此吃起来有嚼头，要用牙齿咬着吃，吃起来配上一两大勺肉末，味道美得很。

周培源、王蒂澂要同时写

我的时代已经进入通家时代。所谓朋友，十之八九是男女都是朋友。对于好些朋友，我是分别回忆的，对周培源、王蒂澂要同时写。王蒂澂女士是吉林人。周先生是很好的物理学家，在清华，他很快就当上了行政人员，我想好些人觉得可惜。王女士不只是觉得可惜而已。她知道周先生不笨，学问很好，但是，是不是太"傻"了一点呢？王本人是否真有此思想我不知道，我认为她有。根据这一看法，我就解释说，这不是傻，是急公好义。学校有要紧事，总是周公出来办理，他总是从保护

1929~1930 年间，（左起）陈岱孙、施嘉炀、金岳霖、萨本栋、萧遽、叶企孙、萨本铁、周培源在一起

学校出发出来办的；这是出于公，不是私。王蒂澂知道有人有此看法，也就不太当心了。

陈岱孙很能办事

哲学所从前有一位青年同事曾大声说："我发现知识分子不能办事。"我没有多少知识，可是早已被安排在知识分子之内，而我又什么事情都不能办，就证实了他的话。但是，还是要承认有非常之能办事的知识分子，陈岱孙先生就是这样一个。

我最早认识他是我们都住在清华学务处的时候。梅校长南下，委托他代理校事。有一天，我发现我没有手纸了，只好向他求救，给他写的条子如下：

　　伏以台端坐镇，校长无此顾之忧，留守得人，同事感追随之便。兹有求者，我没有黄草纸了。请赐一张，交由刘顺带到厕所，鄙人到那里坐殿去也。

　　陈先生不久搬到北院，同叶企荪先生同居。他们虽单身，可是有条件办伙食。张奚若同我都在那里包饭，这样我们也有了一个落脚点。这个办法维持了相当长的时间，可能在"七七事变"之前一个时期才解散了。

　　陈岱孙先生也是"星（期）六碰头会"成员之一。认识了这样长久的老朋友，他能办事，并且能办大事，我连一点影子都没有。怪事！

　　到了抗战快要胜利的时候，我们五个人住在昆明北门街唐家家庭戏园的后楼上。这五个人是朱自清、李继侗、陈岱孙、陈福田和我。那时虽有教学，但很少科研，经常吵吵闹闹。对陈岱孙先生，我可以说更熟了，但是，我仍然不知道他能办事。可是梅校长知道，他知道陈岱孙先生能办事，所以在大家回到清华园以前，他派陈先生回北京做恢复清华园的麻烦工作。

　　清华校园受到日帝军队的破坏，糟蹋得不像样。教员的宿舍也成为养马房子。陈岱孙先生居然在短期内把清华校园收拾到跟原先一样，重办大学。这就说明，真的知识分子是可以做工作的，可以办事的。

　　陈岱孙是能够办事的知识分子。

渊博正直的陈寅恪

陈寅恪先生，我在纽约见过，没有谈什么。后来到柏林，见过好几次。看样子，他也是怕冷的。我问他是如何御寒的。他说他有件貂皮背心，冬天里从来不脱。他告诉我说，前一天有一件很特别的事，一个荷兰人找他，来了之后又不说话，坐了好一会儿才说"孔夫子是一个伟大的人物"。陈先生连忙说："Ja Ja Ja"。这位先生站起来敬个礼，然后就离开了。

寅恪先生的学问我不懂，看来确实渊博得很。有一天我到他那里去，有一个学生来找他，问一个材料。他说，你到图书馆去借某一本书，翻到某一页，那一页的页底有一个注，注里把所有你需要的材料都列举出来了，你把它抄下，按照线索去找其余的材料。寅恪先生记忆力之强，确实少见。

我有好几次利用了"东西、春秋"四个字在中文里的特别用法。这不是我自己想出来的，这是寅恪先生教给我的。当然，他教时材料丰富得多，涉及宋朝语言方面的历史。我对历史没有什么兴趣，历史上重要的东西反而忘记了。

抗战时，他不在昆明的时候多。有一段时期他也来了，当然也碰上了日本帝国主义的轰炸。离郊区不远的地方，有些人在院子里挖了一个坑，上面盖上一块很厚的木板，人则进入坑内。寅恪看来也是喜欢作对联的，他作了"见机而作，入土为安"的对联。不久以后，他好像是到英国去了一次。

寅恪先生不只学问渊博，而且也是坚持正义、勇于斗争的人。清华那时有一个研究院，研究中国的古史。院里主要有王国维、梁启超、陈寅恪，也有一位年轻人李济之。前些时他还在台湾，现在是否也已作古，我不知道。看来当时校长曹云祥对梁启超有不正确的看法或想法，或不久要执行的办法。陈寅恪知道了，在一次教授会上，陈先生表示了他站在梁启超一边，反对曹云祥。他当面要求曹云祥辞职。曹不久也辞职了，好像外交部派校长的办法不久也改了。

解放后，寅恪先生在广州中山大学教书。郭老（即郭沫若）曾去拜访过他。郭老回到北京后，我曾问他谈了些什么学术问题。郭老说，谈了李白，也谈了巴尔喀什湖。这在当时一定有相当重要的意义，我不知道而已，也不好问。无论如何，两个国故方面的权威学者终于会见了。这是最好不过的事体。郭老还把他们凑出来的对联给我，对联并不好。郭老扯了一张纸写了出来给我。我摆在裤子后面的小口袋里。有一次得胃溃疡，换衣裤进医院，就此丢失了。

陶孟和令人钦佩

陶孟和先生是我的老朋友，后来在四川李庄同我发生了矛盾。但是，那是个人之间的小事。作为有大影响的知识分子，他为当时的人所钦佩，也是应该为后世的人所纪念的。从他的家庭着想，他是可以当蒋介石的大官的，可是他没有。我有一次在南京，疑心他要做南京的官了，因为他住的地方真是讲究得很。可等待了好久，他仍然没有做南京的大官，我疑心错了。他的思想偏"左"，不是旧民主主义者，也不是共产党人。

陶孟和在北京长住在北新桥，他的电话是东局56号，房子号码不记得了。这所房子很特别，南北两头是房子，中间是一个大花园。花可能主要是海棠、丁香。北屋是中式的，南屋是北京特有的早期西式的房子，它本身似乎没有什么可取的地方。整个房子的布局很特别，我觉得应该保存，也可以用此来纪念陶先生。

陶孟和也是介绍我在北京吃西餐的人。那时候，有不少人在前门外京汉路终点站（简称西站）吃西餐。孟和领我到那里吃过饭，那里的西餐似乎还可以。另有大的西餐馆，似乎叫撷英番菜馆，菜只是中菜西吃而已，似乎无此必要。

黄子通最得意董其昌的画

我在清华教书，不是一、三、五的课，就是二、四、六的课，一、三、五居多。我总是头一天晚上就到了学校，遇到这样的时候，我有一段时间总是到燕京大学去找黄子通先生。我们虽然都是教哲学的，然而谈的不是哲学。他有些中国山水画，其中有一张谢时臣的。他自己最得意的是董其昌的。我喜欢的是谢时臣的，有机会就要去看看它。因此，我同黄先生也成了朋友。

可是，黄先生同燕京大学的权威们打了一架，走了，到湖南大学去了。在燕京接替他的是张东荪。

我与张东荪的好与不愉快

我同张东荪的关系，一部分是好的，另一部分是不愉快的。

先说不愉快的部分。殷福生是当时要学逻辑的青年，写信给我要学这门学问。我问张东荪，有什么青年可以做的事，得点钱过过日子。他说那好办。我就让殷福生到北京来了。来了之后，张东荪说没有事给殷做。我只好维持殷的生活，多少时候，现在忘了。

另一件对我来说是极好的事。我加入民盟是张东荪安排或帮助安排的（以后我会有一段讲民盟帮助思想改造的特别作用），对我来说，那是极其有益，也是极其愉快的。这我应该感谢他。

这个人是一个"玩政治"的。这里的所谓"政治"和我们现在所了解的政治完全是两件事。"玩政治"究竟是怎样玩的，我也说不清楚，也不必知道。看来，在不同实力、地位之间，观情察势、狠抓机会……是"玩政治"的特点。林宰平先生曾同我说过："东荪太爱变了，并且变动得可快。"

儒者林宰平

林宰平先生是一个了不起的中国读书人，我认为他是一个我遇见的唯一的儒者或儒人。他非常之和蔼可亲，我虽然见过他严峻，可从来没有见过他恶言厉色。他对《哲学评论》的帮助可大，这个"评论"要靠自己的言论过日子是不可能的，宰平先生背后有尚志学社基金，维持《哲学评论》的存在主要靠宰平先生。

我的《论道》那本书印出后，如石沉大海。唯一表示意见的是宰平先生。他不赞成，认为中国哲学不是旧瓶，更无须洋酒，更不是一个形式逻辑体系。他自己当然没有说，可是按照他的生活看待，他仍然是一个极力要成为新时代儒家的人。

《哲学评论》时代，他一直是鼓励我的写作的。我一直也以他为长者看待。他过去时，我曾私作以下挽联：

　　攻读鹕形，空添马齿；
　　毵毵鹤翅，有愧羊公。

能用与否，不敢自信，未写出送出。

最雅的朋友邓叔存

邓叔存先生也是"星（期）六碰头会"的参加者。他参加的方式和张奚若、梁思成、陶孟和的方式不同，这三家都是男女一起参加的，邓先生只是单独参加。原因是他家仍然维持了男女分别活动的原则。"星（期）六碰头会"谈话的内容，除每次开始时有一小段时候谈谈政治情况外，主要的是谈美术，有时邓先生还拿一两张山水画来。他不只是欣赏美术而已，而且是美术家。他的字可写得好，特别是篆体字；他也能画。在一篇哲学论文里，我说"火炉一砌，老朋友的画就挂上了"，这里说的画就是叔存先生的画。

　　叔存是我们朋友中最雅的。雅作为一个性质，有点像颜色一样，是很容易直接感受到的。例如"红"，就我个人说，我就是喜欢，特别是枣红、赭红。雅有和颜色类似的直接呈现的特点，一下子就抓住了。可是，雅的本质是什么，我们大都不知道，我个人就是不知道。愈追本质，我愈糊涂。"红"那样的问题，自然科学家解决了它的本质问题。"雅"的问题，他们大概不会过问。这个问题看来还是要靠社会科学方面的或文学艺术方面的先生们来解决。

　　叔存去世了，我曾作挽联如下：

　　　　霜露葭苍，宛在澄波千顷水；
　　　　屋深月满，依稀薜荔百年人。

　　但是没有写出，更没有送出。

嗜好历史的黄子卿

　　黄子卿先生不久前过去了，我失去老友很悲哀。他的身世我不太清楚，只知道他和我有类似的情况。我原籍浙江，老家在湖南做官，说话仍带湖南音，他可能比我更厉害一点。他原籍广东梅县，可是，说一口湖南话。在我们住在唐家家庭戏园后楼的时候，他到楼上来谈话的时候特别多，谈的常常是秦皇、汉武，特别是汉武。对秦皇，可能只是谈他统一中国有大功，得到"车同轨、书同文"的局面。对汉武则有点崇拜英雄的味道。他好像曾说过汉武时中国版图同清康熙全盛时期的同样大。这可不是一句容易说的话，这涉及古地理学。显然，他下了许多功夫才得出这一结论来。我好像不大容易同意这一论点，也没有理由反对这一论点。无论如何，历史是子卿先生的嗜好，不是他的职业。

祖宗留给我们宝贵的遗产中有"车同轨、书同文"这样的好事。"车同轨"可能是整个的好事；"书同文"应该说是一半好事，另一半是字，而字不同音。从前看见药铺里挂着油漆得很讲究的木匾，上面刻着"屈成士……"，这匾我就不懂了。经解释后才知道，这是广东人用广东音翻译过来的译音写出来的匾。书虽同文，字音不同，仍有隔阂。有些笑话，并不是各省的人都能懂的。

我不大懂胡适

我认识的人不多，当中有些人还是应该研究研究，胡适就是其中之一。我不大懂他。我想，他总是一个有很多中国历史知识的人，不然的话，他不可能在那时候的北大教中国哲学史。顾颉刚和傅斯年这样的学生，都是不大容易应付的。

这位先生我确实不懂。我认识他很早的时候，有一天他来找我，具体的事忘了。我们谈到 necessary 时，他说："根本就没有什么必须的或必然的事要做。"我说："这才怪，有事实上的必然，有心理上的必然，有理论上的必然……"我确实认为他一定有毛病，他是搞哲学的呀！

还有一次，是在我写了那篇《论手术论》之后。谈到我的文章，他说他不懂抽象的东西。这也是怪事，他是哲学史教授呀！

哲学中本来是有世界观和人生观的。我回想起来，胡适是有人生观，可是没有什么世界观的。看来，对于宇宙、时空、无极、太极……这样一些问题，他根本不去想；看来，他头脑里也没有本体论和认识论或知识论方面的问题。他的哲学仅仅是人生哲学。对这个哲学的评价不是我的回忆问题。

按照我的记忆，胡绳同志告诉我说，他和毛主席曾谈到世界观和人生观的问题。毛主席说，对资产阶级，这二者是有分别的；对无产阶级，情况不同。无产阶级从自在的阶级转变为自为的阶级以后，世界观就是它的人生观，它没有独立于革命的世界观的人生观了。这是很重要的指导思想，现在也仍然是。

1944 年，赵元任、杨步伟、饶树人同我都在纽约胡适家里，讨论胡适到哈佛大学去讲学的事。赵主张胡租住一所有设备并可找临时厨师的房子，为期三个月。胡适说三个月不到。赵说："那就找一个人顶替房子。"我说："这样一个人不好找。"赵问为什么，我说："一个人总要替自己打算一番。"赵说："替自己打算为什么不行？"我说："他大概会认为太……"说到这里，我做难说姿态。赵追问"太"什么？我说："太伊于胡底了呀！"我们四个人都大笑。赵笑得特别厉害，说好得很，完全是临时想出来的。胡适没有笑。

在国外留学，写中国题目论文的始作俑者很可能是胡适。

他写的博士论文好像是《在中国的逻辑发展史》①。在论文考试中，学校还请了一位懂中国历史的、不属于哲学系的学者参加。这位学者碰巧是懂天文的，他问胡适："中国历史记载是在什么时候开始准确的？"胡适答不出来。那位考官先生说："《诗经》上的记载'十月之交，朔月辛卯，日有食之'，是正确的记载，从天文学上已经得到了证实。"

　　这个情节是我听来的，不是胡适告诉我的。虽然如此，我认为很可能是真的。

悼沈性仁

　　一月廿三日晚上我看到乙黎所发电报。当时就好像坐很快的电梯下很高的楼，一下子昏天黑地。等到我稳下来时，又只看见性仁站在面前。我总不大相信电报所说的是真的。我在十九那一天还写了封信给她，请她在成都买药，以免再发失眠毛病。廿四那天虽然是礼拜天，我还有考试，非进城不可。进城时经过上庄到岗头村的那一段堤。这是前年她和我走过的路，我还听见她谈那一段路的风景，还有点为她担心水牛。也许是看了 Carl Crow 那本书之后，她对水牛总有点子望望然而去之的神气。到了城里的寄宿舍，头一眼就看见桌子上有她一封信。

---

① 胡适的博士论文题目是《中国古代哲学方法之进化史》，1992 年由上海亚东图书馆刊行的英文本底稿的标题是 *The development logical method in Ancient China*，并有中文标题《先秦名学史》。1983 年学林出版社以《先秦名学史》书名出版了中译本。——编者注

我哪里能够相信那电报呢？信是一月十三写的，离廿一只有八天，八天的工夫就人天阔别吗？

那封信和平常的信差不多，条理分明，字句之间充满着一种淡味，一种中国人和英国人所最欣赏的不过火的幽默。看她的信总是如见其人。有时你也许感觉她连信也起草稿，有时你明知道她是顺手写来，可是无论如何，信总是那么有条有理。我所认识的朋友中对于事理的辨别能力如她那样大的很少。我常常劝她写论事文章，虽然明知道她是不会写的，因为她另一方面的性格不会允许她写。这从一方面看来固然可惜，但是我们既承认她是入山惟恐不深，离市惟恐不远的人，我们何必要她公开地论事论理呢？

昆明头一次的轰炸时我正住在昆华师范。就在那地方落了九个炸弹，我的生命介乎几乎无幸而免之间。她到了昆明之后，我们当然谈我那被炸的经验，我说我不愿意在最后胜利降临之前死去。她说她并不如此想法，她对最后胜利有坚强的信仰。我知道她不是说我的信仰不坚，她的意思实在是说如果一件事的结果尚在未定，也许我们要等结果；可是，如果一件事体的结果已定，我们何必一定要等它实现呢。她从来没有那"躬逢其盛"的心理。她也许在角落里欣赏一朵花，一只鸡，一个瓦罐，她决不会挤入人丛里去参加什么"盛典"。连最后胜利的愉快感她也不必躬自经验。现在她果然去了，她既然连点子等待心情都没有，就她自己说，她一定是飘然长逝。我认识性仁远在民国十五年。我和她常常寻开心，说认识了两三年之后，也不过说了两三句话。我的头脑是一种日耳曼式的，笨重而不灵敏。加上个人研究哲学的习惯，对于当前的现在总难免有点子麻木。我的哲学范围之外的欣赏差不多都是由朋友所介绍而得到的。我认识人也是这样的。我认识性仁是因为一位美国小姐开了我的眼睛，由这位小姐的钦佩，我慢慢地才认识她。也许有人感觉她门禁森严，认识她要费相当的时间，并且也许还要感觉到大门之内还有二门，二门之内还有三门。其实她是非常之单纯的人，不过她也许在人丛中住，却不必在人丛中活而已。我不大愿意说她有特别的精神生活，如果她在世，她也不会承认她会有什么精神生活。她不崇拜物质，也不鄙夷物质，她并不那么特别地注重精神；她不入世，也不出世，她并不见得特别地要求超脱。她只是对于大部分的事体站在旁观的立场。我不敢说我了解她，可是在这一点上，我可以说我稍微懂得她一点。她非常之怕人，我恰巧也怕人。她不挤入人丛中去，也就是因为她怕人。她怕别人给她以难堪，她更怕她自己给别人以痛苦。她和浑然自在的人说得来，至少她不至于在不知不觉之中使人难堪，虽然浑然自在的人也许于不知不觉之中使她难堪。她非常之欣赏感觉灵敏的人，感觉灵敏的人也许不容易给她以任何难堪，可是她自己也许不自在起来，也许她提心吊胆，怕于不知不觉之中会使别人难堪。为使自己比较地轻松起见，她当最好站得远一点，站在旁边一点。我也怕人，并且还不大看得起人类这样的动物。我总觉得世界演变到人类的产生，无论从方向或结果着想，总不能说是十分满意。性仁没有这样的思想。她并不鄙视人类。就在写这几句话的时候，我还能够听见她说她没有过分的要求，她只求站得远一点而已。

她非常之同情于人的苦痛。可是怕人的人不能应付人。因为她不能应付人，所以她怕人；反过来因为她怕人，她愈不能应付人。她何尝不想做点子小事以求在抗战期间稍微出一点子力，或者稍微减轻一点子别人的苦痛呢！可是话又说回来了。她是虚心的人，她感觉到不会做事，不能做事，并且即令有事可做，她不是做那件事体的人。结果当然是她个人的痛苦。她不但站在人丛的旁边，而且也站在自己的旁边，她自外于她自己的本事非常之大。不知道是培根还是别的人曾说了这么一句话："批评力强的人不能创作。"对于自己能够从旁观察从旁批评的人也不能做事。单就事说，性仁能做的事非常之多；就她的性格说，她能做的事体也许就不那么多了。近几年来她还有这一方面的困难问题。

认识性仁的人免不了要感觉到她彻底的雅。她的确雅，可是她绝对不求雅，不但不会求雅，而且还似乎反对雅。我记得我们在北平的时候，我们曾经讨论过雅的问题，她不大说话，她的理由如何我不敢说。我猜想，她虽然站在人群的旁边，然而对于人的苦痛她仍是非常之关心的；在大多数人十多年来生活那么艰苦的情形之下，雅对于她也许充满着一种与时代毫不相干的绅士味。雅当然是要不得的，求不得的，要想把它占为己有，它马上就溜了；可是它也许是不速之客，不召而自来。等到它来了的时候，你推也推它不走。性仁并不见得一定要以水为清以泥为浊，她对于马牛羊鸡犬豕，也许会怕它们脏，绝对不会以和它们接触为俗。她没有排俗的成见，她所要的生活只是求性情之所近所安、顺于兴趣之所适所至而已。

性仁虽然站在人群的旁边，然而对于朋友她又推赤心于人、肝胆相照、利害相关，以朋友的问题为自己的问题。她是想象力非常之大而思想又百分的用到的人；可是想象所及的困难有时比实际上的困难还要大。她在李庄听见昆明的物价高涨的时候，她深为奚若太太发愁，恨不能够帮点子忙，然而她无法可想，而在那束手无策的状态之下，她只有自己想象而已，想得愈多，困难也就愈大。这不过是一例子而已，这一类的景况非常之多。朋友的处境困难常常反比不上性仁为他们着想而发生的心绪上的忧愁。她的生活差不多不以自己为中心，有的时候我简直感觉到她的生活是为人的生活，不是为己的生活。也许她这样的心灵是中国文化最优秀的作品。一方面她非常之淡，另一方面她又非常之浓。我有一不大容易表示得清楚的感想，可是我也不妨说说。大多数人的心灵似乎是愈到中心点，自己的彩色愈重愈浓，愈到边缘愈轻愈淡；性仁恰恰给我以相反的感觉，她那心灵愈到中心点愈淡薄，愈到边缘愈浓厚。离开朋友的关系去找她本人究竟是如何的人，她的愿望要求等等究竟如何，你只会感觉到一阵清风了无牵挂；可是如果你在朋友关系中去观察她，她那温和诚敬的个性都显明地表示出来了。她似乎是以佛家的居心遇儒家的生活，此所以她一方面入山惟恐不深，另一方面又陷入于朋友的喜怒哀乐柴米油盐的生活之中。

　　朋友的关系不想则已，想起来虽是古怪，血统既不相干，生活方式可不必一样；它似乎是一种山水画的图案，中间虽有人烟山水草木土地的不同，然而彼此各有彼此的关系，而彼此的关系又各不同。就我个人说，我是在抽象方面思想能够相当精细而在人与人之间情感百分粗疏的人，在行为上难免不懂规矩，不守章法，不顾人情，不习世故，因此在生活道上难免横冲一阵，直撞一阵。不同情于我的人难免觉得我麻烦，甚而至于讨厌。同情于我的人又难免发生一种随时加我以保护的心思。性仁老是为我担忧。我使她难堪的地方非常之多，有时她明白地告诉我，在我比较清醒的时候有时我也能够感觉得到。可是她不说而我又感觉不到的时候又哪里能够以数目计呢？现在她已经去了。中年以上的人差不多完全靠老朋友，新朋友是不容易得到的，心思情感兴趣习惯等等都被生活磨成尖角，碰既碰不得、合也合不来；老朋友在同一历史道路上辗转而来，一见就会心领意会情致怡然。性仁这一去是不回头的。近两年来我常常想志摩，他离开我们已经快12年了，我觉得相别已经太久。十分年老的人还可以有一种"既见逝者行自念也"的感想，我们这班只在中年与老年之间的人连这点子感想都不容易得到，留下来的时候大概还相当的长，想起来未免太长一点。

（1943 年写于昆明）

我的老家庭

　　我的老家庭是清朝后期的洋务派的官僚家庭。父亲是浙江人，在湖南做小官，可能是一个知府级的官。他官虽小，可是后台有人。不然不会到黑龙江穆河去当金矿局的总办。在总办任上，他被抓到俄国的圣彼得堡。后来很快就回到了长沙。

金岳霖祖居

　　他培养他的大儿子的办法完全是传统的，走入学、乡试、会试、廷试的路。可是，大哥只走到举人这一阶段就打住了，死了。父亲要他自立，他就到外县去当家庭教书先生，不久死于住所。二哥呢，父亲把他送到上海圣约翰大学去读书。这是明显的转变。更突出的是，父亲把我的三哥送到黑龙江北岸的海兰泡，显然是要三哥去学些工程技术性的东西的。他是十足的洋务派。

　　四、五两个哥哥可能是我的母亲去安排他们的前途的。这我不清楚了。

　　虽然我的母亲、舅舅、舅母都是湖南人，我可不能因此就成为湖南人。辛亥革命之后，以中山先生为首的政府很快就颁布了一部法律，内中有一条说在什么地方生长的就是什么地方的人。按照这个标准，我是湖南人是毫无问题的。

　　封建制度之下的兄弟不能成为朋友，六个年纪比我大的哥哥当然都不可能是我的朋友。这也就是说，我跟年纪相差最小的哥哥——六哥也不能成为朋友。六哥比我只大几岁，淘气的时候也让我参加，在雅礼学校读书的时候也是同学。尽管如此，我们不是朋友。他比我大，管我。1913年，他在当时北京东城外的二闸淹死了。事实上，在这一年我已经是独立于封建家庭的人了。

我出生在有被瓜分恐惧的时代

　　清末有两个由南到北的政治运动：一是改良的，一是革命的。后来改良的失败了，革命的成功了。有一个文化移动，早就发生，可是清末时加速了。这个移动是由东向西的，很可能是由于长江水运加速而文化移动也加快了。加上武汉的影响，湖南成为一个朝气蓬勃的地区。这时，湖南人的雄心壮志是了不起的。

我们房子的西边就是玉皇坪广场。在这个广场上经常有学生结队做体操，同时也唱歌。头一首歌是：

学友们，

大家起来，

唱个歌儿听，

十万军人，

狠狠狠，

好把乾坤整。

下面还多得很，更有甚焉者，有人唱：

中国若是古希腊，

湖南定是斯巴达；

中国若是德意志，

湖南定是普鲁士；

若谓中国即将亡，

除非湖南人尽死。

余生也晚，没有赶上上面说的朝气蓬勃的时代，反而进入了有被瓜分恐惧的时代。这时，湖南是在对英、日的恐惧之中。航运交通差不多完全为英、日"火轮船"所垄断。我的大哥和二哥的分别是最好地反映了时代的分别：大哥是清朝的"举人"，二哥是上海圣约翰大学的毕业生。二哥是经常要坐轮船到上海去的。可是那时候轮船都是洋行所有的，不是英国的就是日本的。英国的船公司叫怡和公司，船停的地方叫怡和码头。日本的船公司的名字我记不得了。大概二哥坐的主要是英国船。这时候，就产生了被英、日瓜分的恐惧。中国已经被瓜分成为各国的势力范围。湖南和长江下游都属于英、日范围，云南是法国的势力范围。山东和德国好像是以后的事。

我的小学和中学

那时候，学校和教育好像还不是一个势力范围，学校是私立的。我小的时候进的是私立的明德学堂，是胡子靖胡九先生办的。他办这个学堂很吃力，很费工夫。胡先生花自己的钱可能就不少，但是，总还是要靠捐款，有的时候学生也参加捐款工作。我就参加了欢迎大官僚袁海观的会，据说那一次袁海观就捐了一万块钱。

胡先生有时也浪费。他盖了一座三层木头架子的楼房，我们这些小学生要到三楼去上课。那个楼房有点摇摆，后来只得放弃。可是，在那个楼上可以看见英国和日本的火轮船。

上面有一句话，"学校和教育好像还不是一个势力范围"。

1911年，金岳霖就读的雅礼学校的学生自治会成员合影（局部）

这句话当然是有文章的。学校和教育当然也是一个势力范围，美国人就到湖南来占领这个势力范围，中国的雅礼大学（以后改称为雅礼学校）就在这里开了张，校址是在坡子街。学校有圆柱大厅住房，好几进，并有楼房的旧住宅。人多一些的体育运动要到湘江中的水陆州去。跑百米最快的是周琦。监督当然是美国人，他住在偏院的楼房里。还有一位美国教员住在住房最后一进的后楼。医生不住在坡子街，住在南正街。这三个美国人在那个时候就这样在学校教育范围内建立了一个阵地。建立这个阵地是美国一个大学的事，是民间的事。从法律上说，似乎应作这样的理解。这个阵地的教会或宗教气味很重。但是办学校总是好事不是坏事，是花钱的事，不是赚钱的事。有一次监督要回美国去，李昶同学写了一篇长诗送行，最后两句是："何时玉肌兮口口临乎敝邑，欢迎而歌兮响震乎千山之穴。"显然这不是开火轮船赚钱所能办到的。

在清华学堂

学校教育这一势力范围的占领是头等重要的大事。头一点要强调，它的对象是青年，不是老年。老年就是争取到了也没有用。要占领的是青年的什么呢——意志、情感、思想，或者两个字"灵魂"。古人对于这两个字是有某种迷信的，这里的意义只是前三者的代名词而已。前三者非常之重要，占领了它也就是占领了整个的人。这也就是说，这一势力范围的占领制造了许多黄脸黑头发而又有中国国籍的美国人。当然这只是极其初步的美国人，单靠在中国办学校也只能做到这一点。

后来，美国政府也加入了对这个势力范围的占领。这可能缘于老罗斯福——长岛（纽约东边的长岛）的罗斯福，不是纽约州黑德笙公园的福兰克林·罗斯福。老罗是一个冲锋陷阵的角色，在古巴打过仗，在非洲打过猎。可是有武也有文。很可能在他的直接或间接影响之下，美国退回赔款，办留美预备学校。清华的最初历史就是这样一个预备学校（那时候叫学堂）。外交部设立了留美学务办事处，以该部的左丞（或右丞）周自齐为督办，学部（当时的教育部）的范源濂为总办兼学堂监督，外交部的唐国安为会办兼学堂副监督。入学考试由周自齐"点名"，到的学生站在广场，点到学生名字时，相应的学生就高声喊"到"。周自齐就在那个学生的名字上用银珠红点一下，如此，他就"正式"入场了。

重要的东西是头一场考试：国文、算学、英文。英文我觉得不怕，算学靠运气，怕的是国文。我在湖南考过留美预备的中等科，湖南的国文题目是《"士先器识而后文艺"论》。我不知道这是唐朝裴行俭的话。落选。北京考场的国文题目是《人有不为而后可以有为议》。这就好办。算学的运气好，题目极难，考生大都做错，我当然也做不出。题目是一位顾先生出的。我考取了。第二场考试的题目很多，可是，显然不重要。头一场考试得第一的是侯德榜。此公后来学化学，在天津工作，解放后仍在天津工作，并且还随团体到外国去过。

那时候清华学堂的伙食（即现在称之为饭菜的那东西）糟得很，四大碗、四大盘全是肉。外省来的学生吃不惯，富裕一些的学生不食，等学监走后，炒鸡子（鸡子即蛋，那时不叫"蛋"）。我讲实话，还受到批评。一天，长沙雅礼中学的美国人胡美来参观。学堂的监督已经是周贻春。胡美问我："伙食吃得来吧？"我说："不好，吃不来。"胡走后，周贻春还狠狠地批评了我。这一段说的事要晚一些，可我说不清晚多少。范源濂做监督的时间不长，他很快就成为大人物了，成为南北和谈中的使者了。

提起范先生，使我想到一件很特别的事，这就是地方话的问题。在清末民初，方言问题相当大。一般地说，福建人或广东人学北京话学得最好。发音相近的反而成绩差些。从前曾有流行的话，说"天不怕，地不怕，只怕山东人说北京话"。也有成绩不高而自负的人。范先生说一口的湖南长沙话，可是他对我说："我们没有这个问题，我们说一口的北京话。"

我到清华教书不久，有一次开学典礼是教务长郑桐荪先生主持的。用现在的话说，"报告"是他作的。礼毕，我们走在一块儿，他问我听得清楚否，我说："清楚，虽然你说的是上海话。"他大惊："啊！我还有口音呀！"这句话仍然是用上海口音说的。

在清华没有多久，南方革命了。清华的学生走光了。我是高等科最后一个走的。学校不开饭了，我非走不可。我到税务学堂我六哥处。做事情不考虑时机也是怪事。我把辫子剪掉了。进城我要经过庆亲王府，大门外的兵盯着我看，但是也没有管我。到了城里，才知道税务学堂没有停办。六哥留京，我应回湖南去。路费怎么办呢？想法子，找长沙郡馆。我们这些人就聚集在街旁一块空地上，派三个代表去找郡馆负责人。后来知道他是湖南的小京官郑沅。我的六哥是三个代表之一。不久六哥就回来了，说："他们要我回来，时间可能要长一些，只好耐心等。"等了好久之后，那两个人还不回来。我们又要六哥去找那两个人。六哥跑了回来说，那两个人走了，钱也拿走了。看来六哥同我都是既容易欺以其方，又容易枉以非其道的那时候的知识分子。

那时候，非常之乱。我只知道离北京的乱，没有经历过由南回北京的"乱"。离北京时乱得出奇。从北京到天津的途中，我同一群马在一个露天的车厢里，彼此相安无事。海船上只开两次饭，饿得难受，只好每次吃两份，吃了一份之后马上就从另一门进去，再吃一份。从上海沿长江而上，在城陵矶下船。下船就吓坏了，岸边挂了一个人头。无论如何很快就到了家。那时候，我家已乡居，打听消息不好办。不久后，有一消息说，"孙大总统南京坐殿"。这样，我也进了城。在城里碰见雅礼同学张逸。他肩上挂了一条红绸长条，说"巡逻巡逻"。不久我又回到清华。可是，北京是什么样的北京，我说不清。只能说一点，北京仍然是清朝的。一个证据是，我在高等科食堂前看见了孙宝琦，他是外交部的大官，可能是尚书，也可能已改成"大臣"。特点是他穿了一身英国官员的礼服。

回到清华之后，情况和上次完全两样了。英国来的教员很多，他们差不多全是年龄不大的美国大学毕业生。他们都住在东北角的小房子里，除了教课外，当然教我们学习美国人的生活方式。后者，特别是星期六晚上的会，在这些会上，很多次是学生用英文辩论，或者用英文进行演说竞赛。

美国人占领了教育这个势力范围，而又能使中国人不感觉到它是占领。甚至本来是美国替中国培养知识分子的事，到了"美籍华人"时代也可以说已经变成了中国替美国培养知识分子的事了。也许有人会说，不对，他们的知识分子是在美国得到的，不是从中国带去。不错，就知识的来源说，确实如此。但是，知识分子的头等重要问题是为谁服务的问题。就阶级说，问题是清清楚楚摆着的。有些美国人听见"阶级"两个字就不高兴。不摆阶级吧，就这一或那一听讲受教的人说，他们也不是姓赵钱孙李的人，而是 Dick 或 Hass。显然，现在的美籍华人是中国替美国培养的知识分子。这就是说，他们是美国的知识分子，我们从优招待是应该的。

到美国留学

1913 年我六哥的死，对我是很大的打击。他在我的兄弟中是我最好的朋友。

1914 年我到美国去了。

到美国费城后不久，我就幸运地住到故德家里。她家那时只有她这老太太和她的女儿，丈夫曾经在一家保险公司供职，早已过世。女儿是大学毕业生，比我大 10 岁，有对象在纽约。这家的房子是三层小楼，底层大房间是客厅，二楼临街的一间好房子租给学生，已住有人，我住三楼一间小房子。老太太对我可以说很优待，总说我远离父母，可怜。我也待她像母亲一样。我从 1914 年秋到 1917 年夏天毕业，都住在她家。我那时以为她们与政治不相干，其实那是错误的，她们只是不"玩"政治而已。她们常接待的朋友有两家。一家是一位律师，也是"怪"律师，他教我们唱歌，我现在还记得他教我们唱的一首歌。另一家也是母女俩，住得很近，差不多完全是那一家来做客，故德家从来不到那一家去。女儿一来就唱歌。我能装模作样地哼一哼的美国歌，除校歌外，都是从她那里学来的。1915年没有什么特别，过去了。1915 年袁世凯要做皇帝，我坐在故

1917～1918年间，（左起）金岳霖、张奚若、徐志摩在美国

德家临街走廊上大哭了一阵，没有告诉她们。1917年夏天我毕业了，暑假没有完我就转学到纽约哥伦比亚大学去进研究院了。到了1918年，故德全家搬到芝加哥去了。故德老太太不久也去世了。

　　她们这一家是有特点的，这也就是说她们是有一般性的。她们有文化，可是不是文化人；她们有相当多的知识，可是不是要推动知识前进的知识分子；她们没有多少钱，租房子给学生，可以帮助零用，可是她们也不靠房租过日子；她们没有势力，老太太娘家的侄子只是市政府的小职员，不是官。美国参战后，女儿和一个临时的海军军官结了婚，生了几个男女。看来这个新家庭和旧家庭差不多。

　　那时候的美国，这样的家庭何止千万，所谓"白领子奴隶"就是这种家庭的人。他们可能在工厂工作，可是他们不是直接参加体力劳动的、穿着很厚的蓝布裤子行动快速的工人，而是慢条斯理的普通人。这样的家庭是那时民主美国的背脊骨。他们没有他们自己的领袖，在近代最接近于他们的总统可能是第一次大战期间的总统威尔逊。这位总统在当选前是一个大学校长，在华盛顿衣冠楚楚的人当中难免有些土头土脑，后来他到欧洲去当美国的议和代表，比较起来，差不多就成为乡下人了。但是，在代表中曾有人想到要把世界变成一个对人民没有危险的世界，可能正是他。当然，他失败了，他可能不只是失败了，而且自以为成功了。这就不只是可笑，也可悲了。

由学商业转学政治

话还是要说回来。我到美国去，开头学的商业。这玩意引不起兴趣，转而学政治。

到了哥伦比亚大学，我着重选了两门课，一门是比亚德的"美国宪法"，一门是邓玲的"政治学说史"。前者不是简单地讲宪法的，而是讲宪法的经济理解。这门课不为学校的权势所容，教授也只得辞职。我对"政治学说史"发生了最大的兴趣，后来我的博士论文就是在邓玲老先生指导之下写的。这位先生的头光得可以照人，嘴唇上两撇白胡子往上翘，出门时戴一顶圆顶硬壳礼帽（久矣乎不存在了）。冬天里在讲台上，在办公室里都戴一顶中国式的瓜皮帽子。出门上街时，冬天里总是穿一件 Chesterfield 式的外套，夏天里他也穿一套黑衣服。喜欢讲笑话。张奚若和我都在他的班上。老朋友张奚若可以说是不写文章的，可是在那时候，他却写了《主权论沿革》一文，刊在上海印的《政治学报》上。我认为，主权论仍应该强调，我们的宪法里应该有主权论内容。

　　毕业后，我转而学习政治思想。我的博士论文就是写英国一位政治思想家的政治思想（那时我反对写中国题目，因为导师无法指导）。在 1918 年到 1920 年这一段时间之后，我就没有离开过抽象思想。这一习惯形成之后，我虽然是一个活得具体的人，但我的思想大都不能在活得具体的事上停留多少时候。这仍然是基本事实。

　　上面我曾提到我反对留美学生在写博士论文时写中国题目，尤其不要用英文写古老的中国古文格式文章。有一位先生用英文翻译了"闵予小子，不知天高地厚……"教师说："我也不知道天高地厚，你要知道那个干什么？！"这里说的是 70 多年前的事，现在这类的事想来没有了。

　　在 1918 年或 1919 年哥伦比亚大学也起了变化。Charb Beard 和 James Robinson 不满学校的陈旧办法，在市中心设立了一所研究社会的新学校。这个学校请了三位英国人来讲学。第一位是最年轻的，已经在哈佛大学讲学的拉斯基。他可能比张奚若还小一岁。可是，张奚若非常之佩服他。第二位是从英国请来的瓦拉斯（Graham Wallas），费边运动中心人物之一。我觉得这个人非常之可亲。看来这些英国学者和美国学者不一样。

　　他们的希腊文似乎是家常便饭，瓦拉斯每年暑假要读一遍柏拉图的《共和国》。最后来讲学的是拉斯基的老师巴克

（Ernest Barker）。这为我们三个人以后到英国去，打下了基础。

这里说的三个人，除张奚若和我之外，加了一个徐志摩。他和我们很不一样。头一点是阔，我只有60美元一月，张大概也差不多。徐是富家子弟。他来不久，就买了一套72块美金的衣服。不久裤子不整了。他不知从哪儿借来了熨斗，烫裤子时和别人争论，把裤子烫焦了一大块。只得另买一条灰色裤子。

资产阶级学者费力研究的三门学科

社会科学方面有三门学科是资产阶级学者花了相当多的时间和精力去研究的。一是经济学，一是政治学，一是社会学。

我没有学过经济学，唯一靠了一点边的是上了一位有名的经济学家所讲的课。可是，这位教师所讲的那门课碰巧又不是经济学，而是英国农民史。他所着重讲的是烟囱。我在英国的时候也正是凯恩斯出风头的时候，可是，我不认识他。他好像写了一本小册子叫作《和平（第一次大战之后的和平）的经济后果》。罗素说，"凯恩斯本人就是和平的经济后果，他本人已经成为富人"。

这门学问最像自然科学那样的科学，它确实发现了一些规律，随时运用也能得出一些结论。其余两门都赶不上。

政治学，我在美国读书的时代就叫作政治科学，其实它离科学甚远。可是，它收集了大量的关于政府的材料，因此也大量地集中了这方面的知识。

那时候有一个很特别的情况：最好的一本关于美国政府和

政治的书是 James Boyo 写的，而他是英国人；关于英国政府和政治的最好的书是 Lowell 写的，而他是美国人。

我的印象是社会学最坏。教我的教授是当时鼎鼎大名的 Yidinop。在一次讲演中，他大骂俄国革命，可是大大地恭维了列宁。他说："列宁行，列宁是贵族。"这真是胡说吧！他认为社会就是同类的自觉。英国的斯宾塞耳也是一个社会学家。此人专搞老生常谈，连篇累牍，书写得很多，可是毫无真正建树。据我的记忆，他的坟离马克思的墓很近，现在去瞻仰马克思墓的人，早已忘记了或者根本不知道曾经有斯宾塞耳这样一个人存在过。

当然，社会学和别的学科一样总是有几本好书的。我的印象中，William Graham Sumner 的一本书就是好书，书名我忘记了。

在英、法两国曾出现一种学说，叫社约论。持此论的人有霍布斯、洛克，而主要的人是卢梭。看来这是一些极端的个人主义者，根据形而上学的思想方法提出来的关于社会起源的学说。对于它，马克思主义可能早就得出科学的结论，不过我不知道而已。在这里我之所以提到它，是因为我们这里还是有喜欢它的人。从前有一位马君武先生，他就是喜欢这一学说的人。我看见他的时候，他的年纪已经相当大了。张奚若也是比较喜欢卢梭的。我有时还听见他朗诵卢梭书里的一句话："人生出来是自由的，但是无论在什么地方，他又是用铁链子锁起来了的。"（可能译得不妥。）

到英国我进入了哲学

在英国，我也有以老师相待的人。

一位是瓦拉斯，我在美国听过他讲课。他住在伦敦，找起来很方便。看来英国人不大喜欢人到他家去，他要我找他的地方是他的俱乐部。他那时候喜欢谈心理与政治。看来他谈的时候多，既没有发表文章，更没有写成书。他读书还是相当勤的，每年暑假他都要读一次希腊文的柏拉图的《共和国》。

另一位是巴克，我也是在纽约听过他讲课。他本来是在牛津大学教书的，我到伦敦的时候，他已经是伦敦大学国王学院院长，是美、欧闻名的研究柏拉图、亚里士多德的专家学者。要他做院长，可惜。1958 年，我又有机会到英国去，在剑桥看见了他。我说我有机会就要拜访老师。

巴克已经是 80 以上的人，一个人孤独地住在一间小房子里。他见了我大流眼泪。无儿无女，也没有人理他，日子是不好打发的。在资本主义社会里，不及时作古，无论有无儿女，日子总是不好过的。儿女总是要摆脱父母的。

到英国后，我的思想也有大的转变。我读了休谟的书。英国人一向尊称他为"头号怀疑论者"。碰巧那两三个月我不住在伦敦市中心，没有逛街的毛病。就这样，我比较集中地读了我想读的书，从此我进入了哲学。这是在对逻辑发生兴趣之前的事情。我说"从此进入了哲学"，是说我摆脱了政治学或政治思想史学的意思。显然，我找瓦拉斯的时候，我还没有摆脱政治学说思想。到了读休谟的时候，政治思想史已经不是我致力的方向了。脱离政治学说史，也就是离开伦敦大学的经济学院。但是，走牛津的道路还是走剑桥的道路呢？

回国后教逻辑

有一次，一个美国姑娘同张奚若和我在法国巴黎圣米歇大街上边走边争论。哪一年的事我忘了。他们彼此都说不通，好像都提到逻辑，我也参加了争论。但是，我可不知道逻辑是什么，他们好像也不大清楚。

可是，不久同逻辑干上了。回到北京以后，赵元任本来在清华大学教逻辑，不教了，要我代替，就这样，我教起逻辑来了。我也只好边教边学。1931年，我又有机会到美国留学一年，就到哈佛大学的谢非先生那里学逻辑。我告诉他说，我教过逻辑，可是没有学过。他大笑了一阵。这时，怀特海也在哈佛大学教书。这样，我这个本来同牛津思想关系多一些的人变成与剑桥思想关系多一些的人了（怀特海本人不是剑桥大学的，可是罗素和穆尔都是）。无论如何，我搞上了比较着重在分析的哲学了。

参加《哲学评论》的工作

我在北京或北平也参加了《哲学评论》的工作。我当然写了些形式逻辑或哲学的文章，形式逻辑的文章可能多些。但是，哲学文章也有，主要是关于休谟的文章。"休谟"这两个字不是我英文念错了，而是故意的。有些英国人称休谟为"特级怀疑家"，"休谟"两字的用意是他把所有的"谟"都怀疑掉了。英国的哲学家通常是把霍布斯、洛克和休谟连在一起谈的，因为他们都涉及社约论。这就把培根排除出去了。这三人中洛克的知识论或理性论是最有体系的，但是，他的影响不限于哲学，而主要是政治。休谟的影响反而最大。康德曾说过，休谟使他（康德）从教条主义的酣睡中惊醒过来。

那时候，我对于休谟是有兴趣的，我还开了休谟的课，主要是读书。

有一个学生，后来曾在政法学院的曾秉钧先生，我们经常是以推敲的方式读书，这对我的益处也是很大的。

参加《哲学评论》的人有冯友兰，有我，以后有贺麟。但是，特别重要的两位先生是瞿菊农和林宰平。具体的事情，主要是瞿先生去办的。钱是尚志学社提供的，而这就靠林先生。这里说具体的事情，其实就是一大堆琐琐碎碎的事情，不知道瞿先生是如何处理的。这使我非常之感激。他是学教育的，对哲学很有兴趣。不知是在这以前还是以后，他参加过定县乡村工作。抗战以后，我就没有看见过他了。

《哲学评论》是在北京出版的，在北洋军阀时代没有出什么问题，可是后来问题发生了。南京要我们去开会，瞿、林都没有去。那时候，贺麟和沈有鼎先生都回国了，都预备去开会。我们的安排是冯友兰为理事，贺自昭为秘书，同南京的人打交道。我的任务是坐在沈有鼎先生的旁边，阻止他发言。南京的人出来讲话的是陈大齐先生。他原来是北京大学的校长（或教务长），这时是南京的大官，可能是考试院的副院长。他说了什么我没有听见。沈先生果然有两三次要发言，都是我把他的衣服抓住，阻止了他发言。在这里我借回忆的机会向他道歉。为什么有这个安排的必要，我不太同意，可我还是执行了。这件事有机会应同贺、冯两先生谈谈。他们碰到了什么伤脑筋的事，我不知道，要他们自己写才行。

谈谈我的书

我要谈谈我的书。我只写了三本书。比较满意的是《论道》，花工夫最多的是《知识论》，写得最槽的是大学《逻辑》。后面这本书中介绍一个逻辑系统那部分简直全是错误，我也没有花工夫去改正我的错误。我的学生殷福生先生曾系统地作了更正，也不知道他的改正正确与否，竟以不了了之。理由是我错误地认为我既没有数学才能，形式逻辑就搞不下去了。这里说的只是介绍一个逻辑系统那一部分。

花时间最长、灾难最多的是《知识论》那本书。这本书我在昆明就已经写成。那时候日帝飞机经常来轰炸，我只好把稿子带着跑警报，到了北边山上，我就坐在稿子上。有一次轰炸的时间长，天也快黑了，我站起来就走，稿子就摆在山上了。等我记起回去找，已经不见了，只好再写。一本六七十万字的书不是可以记住的，所谓再写只可能是从头到尾写新的。这个工作在1948年12月的某一天（可能是12或14日）完成了，寄给商务印书馆了。这时书局也就不忙了，因为北京已经在解放的前夕了。

《论道》是我比较满意的书，当然也是形而上学最突出的书。直到写这本书的时候，甚至写了相当一部分的时候，我才下决心把"间"和"时"分开来提。现在用"时间"两个字表示分割了的时间，用"时"一个字表示"洪流"的"流"。要很好地利用"时间"这一对象，我看我们非分开来讨论不可。"时间"非分割开来不可，不然用处不大。无论是就分、秒、点说，还是就年、月、日说。例如1982年，它一来就置当不移，不属于它的挤也挤不进去，属于它的逃也逃不出来。可是，好些重大的事情，可以安排在这一年里，使它们得到历史上的确切的位置。

但是，《论道》那本书的重点仍然是时流。这表示在那几句话："能之即出即入，谓之几。""能之会出会入，谓之数。""几与数谓之时。"这就使我回到无极而太极中的宇宙洪流上去了。

我只写了三本书。

我的客厅

这里要说说湖南饭店。所谓湖南饭店就是我的客厅，也就是我的活动场所，写作除外。房子长方形，北边八架书架子。我那时候是有书的人，并且书相当多，主要是英文的。院子很小，但是还是有养花的余地。"七七事变"时，我还有一棵姚黄，种在一个八人才抬得起的特制的木盆里。一个"光棍"住在那样几间房子里，应该说是很舒服的。如果说的是白天，那几间房子确实舒服。到了晚上，特别是上床后，问题就不同了。只要灯一灭，纸糊的顶棚上就好像万马奔腾起来，小耗子就开始它们的运动会了。好在那时候我正在壮年，床上一倒，几分钟之后就睡着了。

30 年代，我们一些朋友每到星期六有个聚会，称为"星（期）六碰头会"。碰头时，我们总要问问张奚若和陶孟和关于政治的情况，那也只是南京方面人事上的安排而已，对那个安排，我们的兴趣也不大。

我虽然是搞哲学的，但我从来不谈哲学，谈得多的是建筑和字画，特别是山水画。有的时候邓叔存先生还带一两幅画来供我们欣赏。就这一方面说，"星（期）六集团"也是一个学习集团，起了业余教育的作用。

我不知道洪深先生在哪一年翻译了 Oscar Wilde 的 *Lady Windermere's Fan*。我猜想他有困难，Lady 这个词怎么办呢？中文里没有相应的词。我想，洪先生虽然多才多艺，也没有想出好办法，只是用"少奶奶"这个名称应付应付而已。

在 30 年代里，有人写了一篇文章，题目是《少奶奶的客厅》。这样一来可真是把英国乡居富人的社交情况形容出来了。英国的乡居富人请客时，大吃其牛肉，吃完之后，男的进入他们的盛满雪茄烟和 Whisky 酒的房子里去了，女的则进入她们的客厅去聊天。她们当中虽然也有老太太，但总还是以少奶奶为主。这篇文章确实有这一好处。但是它也有别的意思，这个别的意思好像是 30 年代的中国少奶奶们似乎有一种"不知亡国恨"的毛病。

少奶奶究竟是谁呢？我有客厅，并且每个星期六有集会。湖南饭店就是我的客厅，我的活动场所。很明显，批判的对象就是我。不过，批判者没有掌握具体的情况，没有打听清楚我是什么样的人，以为星期六的社会活动一定像教会人士那样以女性为表面中心，因此，我的客厅主人一定是少奶奶。哪里知道我这个客厅的主人是一个单身的男子汉呢？

我忘记了自己的姓名

在30年代，我头一次发现我会忘记我的姓名。有一次，我打电话给陶孟和（东局56），他的服务员问："您哪儿？"我忘了，答不出来，我说："不管它，请陶先生说话就行了。"我不好意思说我忘了，可是那位服务员说"不行"。我请求两三次，还是不行。我只好求教于王喜，他是给我拉东洋车的。他说："我不知道。"我说："你没有听见人说过？"他说："只听见人家叫金博士。"一个"金"字就提醒我了。

有人告诉我说，潘梓年在重庆的某一签名场合上，恍然起来了，也记不得自己的名字了。旁边的人说他姓潘。可是，他还是想不起来，并且问："阿里个潘呀？"这就是说，说一个字还是不够。

我做吴宓的"思想工作"

解放前也有思想工作，那时候不叫"思想工作"，叫"劝劝"。吴雨僧先生有一时期在报纸上发表了他的爱情诗，其中有"吴宓苦爱毛彦文，九州四海共惊闻"。有一个饭团的同事觉得这很不对头，要我去劝劝他。我不知道为什么要我去，现在想来，更不知道我为什么就去了。我对他说："你的诗如何我们不懂。但是，内容是你的爱情，并涉及毛彦文，这就不是公开发表的事情，这是私事情，私事情是不应该在报纸上宣传的。我们天天早晨上厕所，可是，我们并不为此而宣传。"这下他生气了，他说："我的爱情不是上厕所。"我说："我没有说它是上厕所，我说的是私事不应该宣传。"

现在我觉得我的话确实不妥当。我同张奚若的来往中，有几次他当面批评我，说我的话不伦不类。我没有理会。现在看来，他批评我的情况，就如我同吴先生的对话一样。把爱情和上厕所说到一块，虽然都是私事情，确实不伦不类。

回忆看来是有益的事情。不回忆的话，我不至于发现上面的错误。

我坐办公室而"公"不来

解放后调整到北大，周培源先生说要我做北大的哲学系主任。我说我不干，还说艾思奇摆在那里，不去找他，反而来找我。周培源说："要你做，你就得做。"我就做起系主任来了。不久，就有人当面大骂我一顿。这样的事，在旧社会不是开除他，就是我辞职。

在新社会怎么办呢？不知道。结果他不走，我也不辞。事也办不了，更谈不上办好办坏。

到哲学所不久，我就听见汝信同志说："知识分子不能办事。"我那时候是同意他的观点的，我自己就是不能办事。到清华，我比冯友兰先生早，可是，管行政事情的是冯先生，我办不了事。解放以前，学校的官我没有做过，唯一例外是我做过一次评议员。

到了哲学所，另一副所长张镈说我应该坐办公室办公。我不知道"公"是如何办的，可是办公室我总可以坐。我恭而敬之地坐在办公室，坐了整个上午，而"公"不来，根本没有人找我。我只是浪费了一个早晨而已。

这以后没有多久，哲学所的同志作出决议，解除我的行政职务①，封我为一级研究员。显然，他们也发现我不能办事。如果我是一个知识分子的话，我这个知识分子确实不能办事。

我到哲学所后，曾听见同事讨论级别问题，我没有考虑过这个问题。哲学所的领导小组曾解除我的行政工作，封我为一级研究员。我想，一级研究员当然是高级干部，无论如何我认为我是高级干部。可是，一次在首都医院住院，他们把我安排在一间前后都是玻璃，通明透亮的大房间。我是怕光的，眼罩子戴了几十年的人住那样一间房子真是苦事。要单间房，首都医院不能照办，据说是因为我不是高级干部。后来我住到邮电

---

① 据查，哲学所没有作出过解除金先生行政职务的决定，只是决定金先生不必天天到所坐班了。——编者注

医院去了。病好出院，我向梁从诫提及此事，他说我根本不是高级干部。我看他的话是有根据的。这样，我这个自以为是高级干部的人，才知道我根本不是高级干部。

我接受了革命哲学

在政治上，我追随毛主席接受了革命的哲学，实际上是接受了历史唯物主义。现在仍然如此。在宇宙观方面（也可以说世界观，不过不局限于人的社会而已），我仍然是实在主义者。解放后，我有一篇实在主义的文章，即《思维规律的客观基础》[①]。我的实在主义是从早期的罗素、穆尔那里来的。这两位先生都在维特根斯坦的影响下变成了马赫主义者。罗素还著书立说（《物质的分析》《心灵的分析》）宣传马赫主义；穆尔没有著书立说，但是他上维特根斯坦的课，曾同我一道听讲。看来他们都放弃了实在主义。现在世界上还有没有实在主义和实在主义者，我不知道。

我那篇文章是实在主义的文章。文章发表后如石沉大海，只有钱锺书先生作了口头上的反对，但是他没有写文章，我也不能反驳。我还是要谢谢他，至少他读了我那篇文章，并且还反对。至于平日搞逻辑学的人，没有人赞成，也没有人反对。也许他们认为这篇论文是一篇哲学论文。但是它总仍然是一篇

---

① 即《客观事物的确实性和形式逻辑的头三条基本思维规律》，载《哲学研究》1962 年第 5 期。

逻辑论文。有一次我看见倪鼎夫同志，我问他，他说我当时说那篇文章是唯物主义的。想起来了，那时说实在主义没有人懂，说唯物主义也没有大错。尽管如此，那篇文章应该是受到讨论的。它既没有受到讨论，我就难免大失所望。

我写的文章比较得意的有三篇：一篇是解放前写的《论手术论》[①]，写后有点担心，因为批判的对象好像是叶企荪先生的老师。后来知道他并不在乎。有两篇是解放后写的，一篇是对实用主义的批判，在什么刊物上发表的忘记了（不是《新建设》，就是《人民日报》）。得意点是找到了杜威在他的论达尔文文集中某一页的页底注中，直截了当地反对物质存在的赤裸裸的表示。另一篇就是上面提到的那篇论思维规律的客观基础的文章。

有生之年已经到了88，比较得意的文章只有三篇，并且在这里也只是"老王卖瓜"。

解放后，《人民日报》又重新发表了毛主席的《实践论》。我读了之后很高兴，写了一篇学习《实践论》的文章，很可能刊登在《新建设》杂志上。[②] 我的文章提到了学习新思想的涓涓之水可成江河，《新建设》把"涓涓之水"印成"渭渭之水"。本是小事情，可是，我仍然生气。

提起《实践论》，我又想起钱锺书先生。英译处要我多负

---

① 《论手术论》，载《清华学报》1936年1月第11卷1期。
② 即《了解〈实践论〉的条件——自我批评之一》，载《新建设》1951年8月第4卷第5期。

晚年金岳霖

一点英译责任。我碰到"吃一堑长一智",不知道如何办才好。
我向钱先生请教,他马上翻译成:

A fall into the pit, a gain in your wit.

这真是再好也没有了。

我喜欢作对联

小的时候,大人(主要是几个哥哥)经常讲对联。我也学
了背对联,背的多半是曹丕的。到北京后,也喜欢作对联,特
别喜欢把朋友们的名字嵌入对联,有时也因此得罪人。

梁思成、林徽因和我抗战前在北京住前后院,每天来往非
常之多。我作了下面这一对联:"梁上君子,林下美人。"思成
听了很高兴,说"我就是要做'梁上君子',不然我怎么能打
开一条新的研究道路,岂不还是纸上谈兵吗?"林徽因的反应
很不一样,她说:"真讨厌,什么美人不美人,好像一个女人没
有什么事可做似的,我还有好些事要做呢!"我鼓掌赞成。

　　我也给老朋友兼同事吴景超和龚业雅夫妇作了对联。上联是"以雅为业龚业雅非诚雅者",下联是"唯超是景吴景超岂真超哉"。这里上联不只是拼凑而已,也表示我当时的意见。

　　这就追到唐擘黄先生同我的讨论。30年代相当早的时候,唐先生同我从晚8点开始讨论"雅"这一概念,一直讨论到午夜两点钟以后。我们得出的结论只是这东西不能求,雅是愈求愈得不到的东西。不知道唐先生还记得否?

　　以上说的对联只是口头上说说而已,不只是口头上说说的也有三次。一是送沈性仁女士的"性如竹影疏中日,仁是蓝香静处风";另一是送清华建筑系青年讲师的"修到梅花成眷属,不劳松菊待归人";第三次就是前面提到的给毛主席祝寿作的"以一身系中国兴亡,入此岁来已七十矣;行大道于环球变革,欣受业者近卅亿焉"。

　　好了,我又想到过去的一副对联。太平军革命失败之后,曾、左手下的武官也发财致富了。自项羽、刘邦带头后,衣锦总是要还乡的。这些还乡的武官都成为乡下的大地主,这也就产生了一些专门"敲竹杠"的落第文人。这些文人自备抬着走的轿子,他们到了地主家,抬轿的人就走了,地主就得招待他们。有一个自称为流落在湖南的湖北江夏的文人,到了一个大地主家,抬轿的人走了,他就坐在轿子里,要求会见主人。主人见了他之后提出上联说:"四水江第一,四时夏第二,先生来江夏,还算第一,还算第二?"那位"敲竹杠"(现在记起来了,那时叫"打秋风")先生对曰:"三教儒在前,三才人在后,游士本儒人，亦不在前，亦不在后。"

英文也可以作对联，张奚若和我是好朋友、老朋友，但有的时候也吵架。有一次话不投机，争论起来了。我说他真是 full of pride and prejudice，他马上回答说：你才真是 devoid of sense and sensibility。

我喜欢山水画

我喜欢中国的山水画，其余的虫鱼鸟兽（齐虾除外）等我都不喜欢。我欣赏以大观小的原则，在画上执行这个原则就是怎样留空白的问题。我认为这是布局中最大的问题，还有一些其他的问题，因为比起来次要就不必提了。解放后，我当心山水画后继无人了，哪里知道这完全是杞人忧天。我认为，解放的时间虽不长，然而伟大的山水画已经画出来了。前些时我欣赏钱松嵒先生的《密云水库》，最近我认为陈徽先生的《蜀江烟雨》更是伟大。直到现在，我天天都要看看这张画。说的是报纸上剪下来的照片，尽管是报纸上剪下来的照片，然而我看时仍然是最大的喜悦。这些时候天天如此，真是百看不厌。

留空白不是简单的事，在能者手里有非常之灵巧处理的办法。《人民日报》上印出戴慧文先生的木刻《晴雪》。我谈的是照片，不是木刻本身。照片就是一张印出来的画。作为一张画，它也有空白问题。奇怪的是它堆满了画，可是我看了又看，并不感觉到挤。黑白两颜色虽然是接连的，然而从观看者的感觉说，两山相隔至少也有几十里路。真是不画空间或不刻空间，自有空间了。多灵呀！

　　报纸上登了一些无山的水乡画，我剪下了两张。一张只有房子没有人，另一张有许多人在工作。头一张水乡画给人的印象很特别，我一想就想到那是地主的水乡。地主早已不存在了，可是我想到的仍然是地主的水乡。不但是地主的水乡，而且想到黄公望、黄鹤山樵、倪云林、沈石田、文徵明等，这又给我很大的愉快的感觉。尽管如此，这个水乡仍然是死的，水是死水。

　　另一张完全不一样，在水上或水旁的是劳动人民或小资产阶级，他们都在工作。这张水乡画充满了紧张气氛，画里的人都在劳动，他们当然也都是活泼泼地生活着。这张水乡画是活的画，水乡是活的水乡，水也是活的。

　　在报纸上我也剪下了一张可以说是完全宁静的画。画面是一湖水，远处有山，水上有两只渔船。这张画宁静得很，似乎可以听见下雨的声音。印象是"千山鸟飞绝，万径人踪灭"的味道。

　　我还剪下来黄树文先生画的《湖岩春色》。这张画给我的印象是，它完全忠实于它的对象。它是用笔墨把肇庆的风景画出来。从前对于人物有所谓"画影"（不知是否此两字），我的父亲曾照过相，可是，他死后我母亲曾请人画了一张他半身官服的像。这张画是忠实于父亲的形象的。我的印象是黄树文先生的《湖岩春色》画的是肇庆的风景。不知对否，但是我的印象是这样的。从前有副对联说"春水船如天上坐，秋山人在画中行"，看了黄先生的画，我也在画中行了。

在站立和走路都不方便之后，我没有努力克服困难，政治活动参加得越来越少，思想也越来越落后了。在这种情况下，参观画展这样的事情也就提不到日程上来了。

在艺术方面，中国对世界文化的最大贡献之一，就是山水画。古人论山水画，确实有许多玄学。我认为，这许多玄学与山水画都不相干。这不是说山水画没有哲学背景或根源，这个背景或根源就是天地与我并生，万物与我为一。这个哲学有弊，也有利。弊很大，克服天地的能力小了。但是这个哲学也有有利的一面，它没有要求人自外于他自己的小天地（天性），也不要求人自外于广大的天。"松下问童子，言师采药去，只在此山中，云深不知处。"这位童子对于他所在的山何等放心，何等亲切呀！比这更好的例子一定很多，不过我读的诗极少，想不出更好的例子而已。

我个人对山水画也是有偏爱的，来源主要是邓叔存先生。他收藏的画非常之多，山水画尤其多。我一有机会就到他家看山水画。故宫也有好些水印出来的古画，我也有，现在遗失了。邓先生懂山水画，如请教的话，他也乐于讲解。看来中国山水画和西洋的山川风景画不一样。它没有西洋画的"角度"或"侧画"，它有的是"以大观小"。叔存先生送给我一张他自临朱德润的山水画，这张画就是很好的以大观小的例子。我在夏天仍然挂着它。他讲南宗、北宗，自己倾向南宗，喜欢用笔的中锋，喜欢写画，不喜欢画画。他对画有这样的要求，我也跟着有这样的要求。这是就画本身说的。

山水画的中心问题是意境。这里看来有一个哲学问题，我没有很好地思考过这个问题。我的初步看法是，一张画可能有两方面的意境，画者的意境和看画者的意境，二者完全符合恐怕很少。我们最好用钱松嵒先生最近的伟大的作品为例。

上面既然提到钱松嵒先生，我要借此机会表达我的敬意。我头一次看见他的画的印品，是在《人民画报》上，画的是密云水库。我看了那张画，也就看见了劳动人民的伟大建设，既有长城，也有帆船乘风远去，既古老而又崭新，高兴极了。可是那张画远远比不上最近为了庆祝党的第十二次代表大会而画的《山欢水笑》。我认为，这张画不是中国山水画的最高峰，也是顶峰之一。当中国的劳动人民举国同欢的时候，山山水水也沸腾起来了。这就是这张画的伟大意境。仅仅有了伟大的意境当然还不够，还要看画得怎样，执行得怎样。钱先生的执行也是头等的，也应该说是伟大的。先讲笔墨吧，钱先生没有把大块的墨汁涂在纸上，看来整张画是用笔的中锋写出来的。画中的空白怎样处理的呢？它既是空白，又是画，好些画家都能够这样用空白，钱先生所留的空白是水蒸气似的泡沫的飞扬。瀑布的声音虽大，若没有泡沫的飞扬，腾欢的气氛仍然得不到。声音靠瀑布，声势靠所留的空白。空白的意义和作用就和画家普通所留的空白大不一样了。最后，还要提一提那几只鹿。鹿在古时一直象征君民和睦，现在当然没有什么"君民"了。但是最高层的领导和最低层的干部，比起古时候要配合得多、密切得多的共同奋斗，才能得到预期的结果。说了上面一大堆的话，只表示我的学习而已。

现在提一提作者的意境和看者的意境问题。一张山水画是一件客观事物，它对作者和看者来说是一样的。但是，意境可不一定，它很可能完全不一样。画与意境的关系有点像语言与思想的关系，不过一般地说，除文学作品之外，要复杂得多。画者的意境看者可能得到，也可能得不到；不能得到时，仍然有看者自己的意境。作者的意境因画已经画出，好像已经摆出来了，推动他画的动机也已经实现了，他没有什么话要说。看者不同，他没有画，可是他有意境。看者之间，可能因意境的不同而引起意见的不同，也可能因意见的不同而发展为争论。显然，这是好事。这很可能引起画家的努力，使山水画来它一个"百花齐放、百家争鸣"的新局面，这样，中国山水画就得到复兴。

我对古树有兴趣

对于古物，一般地说我的兴趣非常之小；对于古人，有些我有很大的兴趣，包括汉武帝、汉光武和唐太宗，对武将的兴趣可能大于对文人，对孔子一点兴趣也没有；可是对于现在还活着的个体古物，兴趣很大。我说的是树，不是活的火山那样的东西。

头一类我注意的古树是银果树。北京有一棵相当大的银果树，在潭柘寺。现在到潭柘寺去很容易，可惜我不能去看它了，想来它仍然健康地存在。另一棵在山东莒县，有照片。据说还有一棵在日照，没有看见过照片。南方有没有同样大的，不清楚。

中国最古最大的树在台湾，它是红桧树。照《辞海》的条文说，它的尺寸如下：高 58 米，直径 6.05 米，按直径计算，身周应为 20 米。这确是庞然大物。年龄在 3000 年以上，在孔子活着的时代，它已经是古树了。就现有知识说，它是中国最古最大的树。

湖北的神农架有很古的树，有些也是很大的，例如铁杉树。有一棵高 46 米，直径 3.38 米。这也就很大了。这种树在湖北还不少。别的地方多不多，不清楚。它有一特点，它的分枝向外伸时，同时也向下伸。这，我不觉得难看，反而好看。它有点像人伸出胳膊似的。南方樟树很多，也有很古很大的。有一位向昌明先生说："湖南会同县有一棵樟树高 40 米，胸围 13.1 米，直径应为 4.12 米。"根据尺寸，这是特大的树。据向先生说，这棵树 100 多年前已经上了会同县志。可见很早就有人注意到它。樟树不是长得快的树，曾有人要把它砍掉，万万砍不得，应该承认它是国宝，同时它也是现在所知道的中国的第三棵大树。

离这棵樟树不太远的地方，广西龙州县有一棵"橡树王"，高达 12 层楼那样高，胸径 2.96 米。橡树是硬木树，长得慢。它能够长到这样的尺寸，应该承认是很少见的。

最后，我们提到中国第二棵大树，它是西藏林芝县的一棵柏树。柏在中国是一种常见的大树，北京公园见到的就不小。山西的那棵"秦树"已经是少见的大柏树，可是，远没有林芝县这棵大。林芝这棵高 52 米，胸径 4.5 米，胸围 14.2 米。它是现在所知道的中国的第二棵大树，可是年龄没有估计，但是一定很古，它也是长得慢的树。

松与柏是经常并提的。我没看见过，也没听说什么地方有特别大的松树。古的可能有。北海前面的团城里有一棵白皮松，可能相当古了。有人曾说，白皮松，皮愈白，树也愈老。有没有根据我不知道，如果对的话，方才说的那棵就很古了。它不只是白，而且很美。"松年"有长寿的意思，但是究竟什么地方有两三千年的古老的松树呢？

我喜欢栀子花

多年不同花打交道，也没有从前玩花的条件；怕想它，也就不想它了。其实，从前我也没有玩花的条件，我不是房产或地皮所有者，因此，对有些心爱的木本花，住在北京的人是没有办法的。例如，昆明龙头村李老师家那样的大红茶花树，在北京是无法养成的。邓叔存先生在安徽的老家、也就是邓完白先生在安徽的老家的黄梅树，在离家 40 多里远的地方都可以看得见的，在北京也是没法办到的。我还有相当悲哀的经验。我曾在花市上买到一棵荷花玉兰，是盆中长大的。北京的玉兰是酒杯玉兰，花是酒杯形的。荷花玉兰形似荷花，叶的特点是面绿底棕色，香有 acid 的感觉。这盆花的问题是盆太小，树太大了。我想，最好的办法是种在清华图书馆前面。有位姓金的馆员反对，理由是挡住了阳光，不能工作。有道理，没办法。看来在盆养的条件下，荷花玉兰迟早总要死去，不久花就死了。

栀子花是我最喜欢的花之一。在南方因易活而贱，在北京可不容易养。它喜欢酸性的水和土，而这又是北京所不容易办到的。北京的水土都是碱性的。几个月之后，花叶就变黄了，花也不开了。茶花在北京容易活，可是不能在室外过冬，也就不能成大树。黄梅在北京易活，也可以在北京露天过冬。据说原在西城的广济寺就有两棵露天的大黄梅，但是我没有去看过，不敢肯定。我从前有两大盆，冬天开花时都是由两个人抬到客厅的。牡丹除姚黄外，我并不喜欢，而姚黄我也只喜欢起楼的或双层的。我买过一棵姚黄，有花房的时候好办，不然事就多了。在北京能把箭兰养好，那就是养花事业的大成绩。

我不是研究植物的，不敢说花有无社会性，但是种和养都是有社会性的。现在可能还有人住平房，平房将来总是要被淘汰的。私人不可能养木本花。木本花归国家后，养花事业会更加发达。北京可建好些花林，如玉兰林、海棠林、丁香林（紫白都有）、黄梅林（北京露天安家还要花工夫）。每一林区都要夹杂地种些紫藤，搭起棚架，供游人喝茶休息。有些"林丁"（即办事员）同时是警察，折枝应是犯法的。

北京没有露天的大红色的花。我们应该请植物学家想办法让云南大红茶花和石榴花逐步北移，移到北京来。

北京有一种花不太大、色也不太红的海棠花，颐和园乐寿堂从前有两棵，很好。旧燕京大学西门对过的吴达铨花园里有几棵很好的海棠，不知道现在还在否。中山公园的海棠从前是不够理想的，现在怎样不知道。无论如何，北京应该有海棠林。黄刺玫应保留，不要太多，小孩可能碰出毛病。榆叶梅，花不易落，容易变黑，可以淘汰。花的形只能用花形本身来形容，例如起楼的姚黄形或多瓣大花形，如云南的茶花形。英国人的宝贝叫作 Rose 的花，北京叫作"月季"，不是玫瑰，后者是京西妙峰山产的那样的花。我曾有过两盆很好的月季花，开花时我曾把它摆在睡房里。这办法不卫生，不要照办。那时比较难得的是黄的，现在这花养的人多，黄的可能不少了。虽然是木本花，然而是盆景，现在楼房条件下仍可以养。

花的色主要是红、黄、白及深浅方面的变化。有绿牡丹，我所看见的只略有绿意而已，并不真绿。有黑牡丹，据说从前的崇孝寺有很多。中山公园有一棵名叫众生黑，名字为什么带佛教味，我不知道，颜色只是深紫而已。我看见过的真正的黑花是在蜀葵上生出的。蜀葵的茎相当粗，也相当高，但是它是一年生的，应该是草，只是又高又粗的草而已。

花的很重要的一方面是香，可是形容起来很不容易。上海从前有些女人头上喜欢插几朵白兰花。人们习惯于把那些女人的俗气转移到花上。这不是"不白之冤"，恰恰是"白之冤"，白好像也俗起来了，白兰花的香好像也俗起来了。香不可俗，也不能雅。

这涉及箭兰。你把箭兰摆在旮旯里，你走到它的旁边，左闻一下，右闻一下，它不理你，只好回到座位上去；这时，忽然间最美妙的香味来了。这香也不能说"雅"，最恰当的字是"幽"或"清"。

在楼居条件下不成大树的木本花仍然可以养。月季就有人养，据说黄的已经很多，我听了很高兴，当然大红的也很好。只要有高脚瓦盆，姚黄牡丹也可以养。云南的大红茶花也容易养，只是高大了，仍不能立地顶天。

从前秋天有菊花。这种花是我们的祖宗花了很大的力气，并且用很长的时间培养出来的。若提万紫千红，万黄千白，只有这类花能担得起。我同它的接触是偶然的。清华从前有一位学监杨先生，他的一大兴趣是种菊花，并且每年秋天他都有一个小型展览，我每年都去参观，有时他也参加大的展览会。杨先生有培养菊花的嗜好。他在清华大学工作，又得到培养菊花的场地这样一个优越条件，所以他能做出很大的成绩。看来菊花事业也要公家来办理才行。

前清末年曾有过要唱"清国歌"、选"清国花"的问题。前"清国歌"定了，我也唱过，现在只记得头两句："乌万斯年，亚东大帝国……"选"国花"不知道干什么，可能是制定"国徽"，无论如何要的是"国花"。我们现在没有国花问题。但是，从我们一些人所爱的花说，我认为它是玉兰，酒杯玉兰，不是荷花玉兰。树也有类似的问题，同我们的历史纠缠得最多的很可能是银杏树。我们也没有国树问题。但是，就我们看见树就好像看见了我们的古史时，我们也会是看见了银杏树，而不是什么别的树。作为树，银杏最能代表我们的国家。澳、新国家曾以桉树送给我国，这次总理访澳、新时以银杏回送，这是最妥当的事。

斗蛐蛐

　　斗蛐蛐（或斗蟋蟀）是中国历史上人们广泛进行的游戏，我参加过这种游戏，这游戏涉及高度的技术、艺术、科学，要把蛐蛐养好、斗好，都需要有相当的科学。头一个好蛐蛐，我听见形容过的是萍乡煤矿局的职员养的，当其时有人形容它说："它是乌鸦全身黑，好似怵侯张翼德，千员战将不能当，大小三军皆失色。"当时的想法是先打长沙。长沙攻下的话，不在武汉停留，直下上海。当然没有能够执行，财权和蛐蛐所有权的阻碍都很大。"英雄无用武之地"，不只是人有时的悲哀而已，蛐蛐——特出的蛐蛐，也可能有类似的遭遇。

　　在北京，头一次养蛐蛐就得到一只红牙黑蛐蛐。它不算大，只有九厘八。可是，在试斗的头一天，它一口就打败了一个一分重的翅子（这是不应该的，应该完全分量平等）。不是乱斗的话，这个蛐蛐是有相当好的前途的。次年又看见了一只很美的蛐蛐，是一个知识分子样子的青年拿了一只油光四射的黑蛐蛐，问我买不买，他要15块钱。我没有买，我疑心那是一只人工孵出来的蛐蛐。究竟是否如此，不敢说。

　　我养蛐蛐的时候，传说余叔岩先生有一只一分六的大蛐蛐。一分一二已经了不得，何况一分六。这样大的蛐蛐得配对来斗，至少在北京是不可能的，它有点像印度人的大白象，非常尊贵，可是毫无用处。假如余先生有今天的飞机之便，他的大蛐蛐可以打到上海和广东，也可能成为中国那一年的"全国蛐蛐大王"。

车是极端重要的

下面我要谈谈我所接触到的北洋军阀时期的小京官的生活，接触当然只能是极小极小的面。

头一个是陆小曼的家庭。她的父亲是财政部的左右丞之下的小官。家里有一匹马、一辆四方的马车，这就是说，已经不是骡车了。母亲身体短小，能说会道，父亲不大说话。家里还有一个年轻的新姑娘，是预备做亲的。在徐志摩追陆小曼之后不久，新姑娘被解放回家了。

另一家是外交部的小官唐在章家。唐在章的两个哥哥可能都是相当大的官，他的太太也是当时的有名人焉，好像还参加过民主革命。她是很能干、很有见识的人。家里有三个小孩，大姐、二哥、小"老薛"，为什么叫"老薛"？直到今天我也不清楚。

我和这一家的朋友关系时间长了，现在和小"老薛"仍然是隔些时总要见几次面的老朋友，她曾说我是她最老的小男朋友，我听了高兴极了。友谊的开始也很特别。小孩总是要听故事的，我那时能讲的故事最方便的是福尔摩斯的侦探小说，这可合他们的口味了。我没有记住讲的次数，总是不少的。

　　唐家很可能有一辆汽车。有一次，唐在章先生约我到他家吃午饭，他是坐汽车来请我的。但是，是自备的汽车，还是临时叫的就不知道了。

　　在对这两家的介绍中，都着重地介绍了这些京官的车。在北京，车是极端重要的。从交通工具与速度说，面积如此之大的现在的北京市，比起封建的清朝末年的北京城可能还要小些。我到北京来考清华的时候，住在西单北边不远的一个学堂里。我的六哥住在金鱼胡同的税务学堂里。我到他那里去，要坐车经前门、大清门南的棋盘街才能去金鱼胡同。据说更早的时候就更麻烦些，要出宣武门进崇文门。我这样的学生可以坐从日本介绍来的洋车，路远一些的话，洋车也就不行了。我考取了之后，是坐骡车到清华学堂的。那时候，要从清华进城的话，我的习惯是骑驴到海淀，然后从海淀坐板车到西直门，板车只是没有罩而可以多坐一些人的骡车而已。（那时候，从清华进城也可以坐火车到西直门，可是时间很不方便，我没有坐过。）

中国菜世界第一

　　我在北京的日子长，旧北京是无奇不有的地方。在清华教书的人大部分住在学校，也有一些因种种理由住在城里，我就是住在城里的。下面我先提"食"或"吃馆子"来谈谈。早期馆子不太多，可是有能同时开出几十甚至百多桌酒席的。隆福寺街就有这样一家馆子，名字忘了。前门外大栅栏也有一家。隆福寺的那一家，我在那里吃过饭，不是特别好。小馆子却有特别好的，例如前门外的恩承居，再往南一些的春华楼。还有很特别的正阳楼，它是小馆子，但是螃蟹上市时，它似乎有一种优先甚至垄断权，无论如何，最好的螃蟹就到它那一馆子去了。

还有一种是小官僚家庭，家里的太太或者姨太太能够做一些很特别的菜，如果你认识或你的朋友认识这一家庭，你可以在他家请客。谭家菜就是这样出名的。

最后，还有单枪匹马的厨师。林宗孟先生遇难后，他家的厨师失业了。知道他的人还是不少，还是可以请他做菜。胡适就请他做过菜，地点在北海董事会堂。我在座，很好吃。这位厨师后来一定回福建去了。

中国菜世界第一，这是毫无问题的。中国菜中很可能是北京菜或在北京的山东菜第一。广东菜、四川菜、福建菜都是各有专长，而又各自成体系的中国菜，能与北京菜媲美。别的地方的菜虽有专长的，可是不成体系，只是独特的菜而已。例如湖南菜中有谭延闿先生的"鸡油冬笋泥"，油少泥多特别好吃。这只是独特的菜而已。湖南的腊肉好吃，并且相当靠得住的好吃，但是我们也不能开出湖南的腊肉席来。所谓"席"，就是请客的主人就当时所请的客，特别是主要的客所考虑到的、最好能起招待作用的一桌菜。席在从前是分等级的。所谓"满汉全席"可能是最高的，余生也晚，没有看见过。除此外，最高的是烧烤席，主菜是烤得焦黄的、无头的、无内脏的、无尾的、一尺左右长的小猪。这个菜的的确确的好吃，可现在又的的确

饰厨师照

确的不能提倡，这显然是极端的浪费物资。现在主要的席看来是鱼翅席，在 50 年代或 60 年代我所参加过的国宴，差不多都是鱼翅席。在湖南，从前还有次等的席，如海参席、蛏干席。我小的时候没有吃过鱼翅，我最讨厌海参，可是话要说回来，北京出名一时的谭家菜中主要之一是焖成溶质的海参，蛏干还不坏。北京馆子里似乎不分什么席，而是用钱来衡量，有一时期 8 块钱是最低的。

　　关于中国菜，有两点我要提出谈谈。首先，它一直是各地方的菜，一个很自然的发展趋势是仍然各自发展下去。我看这是好事，应该鼓励。另一点是现在还没有的，要有意识地创造的比较可以代表全国的中国菜。这不只是汉族的菜而已，而且包括少数民族的特别好菜。有一次，我记得是周扬同志安排的，我们在民族文化宫吃了一大碟烤羊肉，真是美味呀！在外国时，我特别喜欢到土耳其馆子去吃那里的烤羊肉，喝他们所特有的浓咖啡。没想到在文化宫又吃到了那样好的烤羊肉。这里说的只是新疆维吾尔族的好菜之一而已，别的民族一定也有他们的好菜，我们也可以加以推广。这样，人民大会堂的厨师，天长日久之后，在招待各国元首或其他领导人的时候，就能展示出真正代表中国的中国菜。

回忆录中提到饮食的地方很多，下面还有。这是有理由的，古人曾说"饮食男女，人之大欲存焉"。本文不提男女，一是因为男女是神圣的事情，不能随意谈；涉及别人，并且异性，也不应随意谈。饮食是大家所关心的，也是大家所经常谈论的。我第一次出国（那时叫"出洋"）后，也和其他的青年一样感觉到洋饭难吃，星期六晚上总要到中国饭馆去"过瘾"。可是，吃洋饭不到半年，好些人都长胖了。这就是说味不行，营养还是好的。

其实，当然也不只是营养而已，英、法、德、意、美的伙食都有专长。比较起来，法国最突出，这里我只提我在巴黎的两次经验。一次是在法国总统府附近的海味馆。在那里我第一次尝到大龙虾的美味，那一次也是所吃到的最大而又嫩的大龙虾。以后我一有机会就吃龙虾，可是没有一次可以和那次媲美。另一次是在圣米歇尔广场吃到马塞的特别菜，名字写不出来，声音读如"布呀贝斯"，这个菜可与四川的鱼头豆腐媲美。德国菜似乎无特长，最可靠的是烤鹅。这个菜到处都有，也到处都可口。英国的早饭很好。有一家很特别的烤牛肉店，客人要牛肉，堂倌就推出一车整个牛来，要你挑选你所要的那些部分的肉。那个馆子的烤牛肉特别好吃。可是，英国人把蔬菜或青菜埋葬在"煮"这一做法中，青菜的好味都没有了。

我只会吃菜，不会做菜，烹饪这一艺术无法谈论，可是，有些做法我听见厨师说过。西菜的主要做法是烤，中菜的长处很多，但是别于西菜的做法是炒。法国有一种近乎炒的做法，看来不完全是炒。但是有两种蔬菜，法国人做得特别好，一种是生吃，另一种有点像百合似的，一片一片地吃。

说说喝酒和抽烟

提到喝酒，想起醉。解放前喝黄酒的时候多，醉也大都是黄酒的"醉"。黄酒的"醉"有恰到好处的程度，也有超过好处的程度。前者可能增加文学艺术方面的创作，超过程度就只有坏处。白酒的"醉"我就不敢恭维了。就"醉"说，最坏的"醉"是啤酒的醉，天旋地转，走不能，睡不是，坐也不是，吐也吐不了。

上面说的是因酒而醉。

我从前是抽烟的。水烟抽过，不太喜欢。纸烟抽得最多，曾有瘾。好的抽惯了，贱的简直抽不得。斗烟我很喜欢，并且把烟斗作为美术品来欣赏。烟味最好的是雪茄。在德国，我曾抽过一支奇大无比的雪茄，一次抽完，醉了。在抗战困难时期，四川人曾在"得"字、"不"字、"了"字三个字上做文章，说当时的日子"不得了"，可是将来的日子会"了不得"。烟醉只是"不得了"而已。

我这个人从来乐观，唯一想"自寻短见"或"自了之"的时候，就是那一次烟醉的时候。

我更注意衣服

上面说食。其实，在生活小节中，我比较更注意一些的是衣服。这不是怪事。我的父亲是清朝的小官，我不直接知道他属几品，可能是三品，因为我母亲后来被称为"金母唐太淑人"。据说"淑人"属三品，据此可以推出父亲可能属于三品。他的官虽小，衣服可多。其中有特别怪的，例如用切成了一寸或半寸长的空心小竹，用丝线穿连成三角形或四方形的图案织起来的贴心小褂。穿上这样一件小褂，当然等于不穿。可是在这样一件衣服上面可以穿上蓝的铁线纱袍，黑的铁线纱马褂，这两件衣服也都不会沾上汗水。冬天的衣服没有特别怪的，可是数量多。其中袍子和普通袍子不一样，它的袖子是马蹄袖，下部不只开左右两衩，而是左右前后共开四衩。我特别欣赏花衣。花衣是上面有盘龙图案，下面有海水图案，左右前后都开衩的马蹄袖长袍，冬夏都有。衣服看得多了，也就很早产生了对衣服的辨别。我爱母亲，从来没有反抗过她，可是也有例外。有一次，她带我出去做客，要我穿上绿袍红马褂，我大哭一场硬是不穿。就这样，我从小就注意衣服了。

辛亥革命后，类似花衣、马蹄袖长袍、套子那样的衣服不能穿了。可是，在北洋军阀割据和蒋介石军阀专政时代，长袍和马褂都保存了下来。不但是保存了下来，而且成为这一时期的礼服。徐志摩同陆小曼结婚的时候，我是他的伴婚人。那时候我本来就穿西服，但是不行，我非穿长袍、马褂不可。我不知道徐志摩的衣服是从哪里搞来的，我的长袍、马褂是从陆小曼的父亲那里借来的。

礼服的构成部分只是马褂。那时在北京，长袍是冬天里必备的衣服。皮的长袍我就有两件。有一件是我在冬天里日夜穿着的，它是所谓萝卜丝羊毛制成的。另一件是以喇嘛红色的局绸为面子，以白的猞猁狲为里子的皮袍子。这里要特别提出讨论的是局绸，我买袍面的时候，卖料小伙子就告诉我说"这是局绸"。我要他解释，他说他"不知道"。我后来问沈从文先生，他说："江南织造局本局制造的叫局绸。"这才知道那袍子的袍面是古物。我本来是穿着它到处跑的，包括到北京大学去兼课。知道了之后，我就不穿它了。

局绸是古物，古物当然要保存下来。敬古物而远之，当然也好。但是，是古物的只是局绸而已，并不是一般的宁绸。

我认为，我们应该恢复宁绸的生产。这种料子不像缎子那样发亮，也不像湖绉那样站不起来。素的男人可以做制服，女人可以做上衣，也可以做裙，并且可以利用有花的宁绸做各式各样的衣服。宁绸也和别的丝织品一样可以出口。

我养过黑狼山鸡

旧北京，每逢一四七，或二五八，或三六九有庙会。我经常去的是东城的隆福寺和西北城的护国寺的庙会。有一次，我买到了一对黑狼山鸡。养了不多的时间，公鸡已经到了九斤四两，母鸡也过了九斤。这对鸡对我虽然是很宝贵的东西，可是我没有让它们过夜的房子。冬天来了，我怕它们冷，找书做参考，书上说可以喂点鱼肝油，我用灌墨水笔的管子灌了它们一管子的鱼肝油，结果，它们很快就在窝里寿终了。这是头一次养鸡。

到了昆明之后，我有一个时期同梁思成他们住在昆明东北的龙头村。他们盖了一所简单的房子，我们就在这所房子里养起鸡来了。这一次不是玩，养的鸡是我们的唯一荤菜。尽管如此，我仍然买了一只桃源的黄色毛腿公鸡。它也是油鸡，不算大，可是比起柴鸡来还是要大得多。

公鸡这东西生来就是霸权主义者，这个黄公鸡一战就把人家的柴公鸡打败了，从此，小黄就在这村子里称霸起来了。我看这并不碍事，可是谢家的人不同意，管家出来，一棍子把小黄打死了。

回到北京后，类似的经验重复了一次，又是我的公鸡逞凶被人家打死了。

这里我想就鸡发一点议论。从吃鸡说，北京从前有很好的条件。第一有两种油鸡，一是小一点的，二是大的。小一点的油鸡特别好吃，它容易辨别，差不多全是绛红色的。就家庭说，现在的家庭都是小家庭，小油鸡最适合于小家庭。如果已经绝种，最好想法子进口一些，恢复起来是很快的。

大油鸡还是有用，用处应该说很大。国家招待外宾，如此频繁，大鸡更是不可缺少的。十只大种鸡的肉可能等于几十只小种鸡的肉，各机关的食堂都可以用大种鸡。

同时，中国的大种鸡非常之多。东北和山东有寿光鸡，江北有狼山鸡（即北京从前的"九斤黑"），上海有浦东鸡，也有养了多年而成为中国种的波罗门鸡，湖南有桃源鸡。好些大种鸡在云南保存了下来，恢复大种鸡好办。

关于鸡我要提出一个问题。解放前和解放后，我都主张所谓线鸡。我的了解在这里"线"是动词。"线"这个字代表我小时形容这一做法时说出来的声音，写时是否应该写"骟"，现在我也说不清。我看见过好些次线鸡。做法很简单，把小公鸡的某一（不记得是左是右）边的翅膀下的皮切开，把生殖器取出，然后把切处用线缝上。线过后的小公鸡有一天的时间不好过，第二天就好了。这样线过的公鸡，即使属于柴鸡种，也可能长到六七斤，甚至更大些，吃起来又肥又嫩。

这种处理鸡的办法，并不只是限制到长江以南而已。长江以北的安徽有，江苏可能也有，河南有没有不清楚。黄河以北，好像都没有。笼统地说，广大的北方没有。在广大的北方，农民只要学会线鸡，市场的鸡肉量是可以大大地增加的。这样的好事为什么不做呢？

方才说的鸡是就多余的公鸡说，无论是大种鸡还是小种鸡，油鸡还是柴鸡，线了都可以增产。我小的时候，只看见过线公鸡。长沙有没有线母鸡的，我不知道，云南有线母鸡的。线了的母鸡没有什么好吃，连头上都长了一层厚厚的黄油。谭延闿先生所发明的鸡油冬笋泥确实好吃。所谓"鸡油"是否就是方才说的那样的黄油，不清楚；如果是的，这个菜就不是日常所能吃到的了。

我认为鸭也有问题。在北京，提起鸭似乎就只有北京烤鸭，烤鸭很好吃，但不是唯一吃法。我们说"烤"，美国人也跟着说"烤"，按照美国人的说法，"烤"是在有高温而无火的箱子里成熟，所烤的东西并不直接挂在火中。北京鸭是直接在火中成熟的，这在美国应该说是 Barbeque。这又是一个文字是约定俗成的东西的例子。

我吃过一次姜丝炒鸭丝，"二丝"当然是以鸭丝为主，非常之好吃。这里用的就不必是北京的白鸭了，也不必是江北的淮鸭了，可能只是江南常见的小鸭。我小的时候，长沙有一个官僚地主式的人，在北门外的新河里养了一大群鸭。无巧不成故事，他的大名叫陈海鹏，喜欢弄文墨的人就作了一副对联："欲吃新河鸭，须交陈海鹏。"

我回国后，没有吃过鹅。在德国的时候，经常吃鹅。烤鹅很好吃。人们有一个很怪的先入之见："那么大的东西好吃吗？"有这一奇怪思想的人所假设的前提，是禽兽愈小愈好吃。所谓"小"有两个意义，一是与"老"相对的，一是与"大"相比。

就家禽说，"老"的大都不如"子"的好吃，这并不是说"大"的一定不如"小"的好吃。一只大的线鸡和一只小的公鸡，味会有些不同，可是同样好吃。大的鹅和北京白鸭味会不一样，可是都好吃。我建议北京大量地吃鹅，也建议除直接在火中烤鹅外，也在高温烤箱中烤鹅。

我最爱吃"大李子"

上面说的是鸡、鸭、鹅，事情好办。我个人的兴趣主要在水果、蔬菜方面，这一方面的问题要麻烦得多，它涉及区域、气候、水土等等问题。

我小时候最喜欢吃一种水果，卖水果的人把这种水果叫作"苹果"（那时长沙没有苹果）。在美国四五年之后，忽然在纽约第五街看见了这种水果。它是用盒子装着的，每盒六个，一盒价两元四角美金。那时候我每月只有 60 块钱（美金），可是拒绝不了，还是买了吃了。美国人叫它做 plum，我就叫它"李子"，不过形容它为绿皮红肉的"大李子"。那是 1919 年或 1920 年的事情，以后我都没有吃过这种"大李子"。在 60 年代的头几年中，有一个 8 月间休息的机会，我到大连去休息。在 8 月底正预备回京的时候，在大连的大街上有许多农民样子的人卖这种"大李子"。我高兴极了，买了四篓，在大连就吃起来了。大连的这种"大李子"比美国的大多了，每个大都是半斤以上的。这东西就是我最爱吃的水果。我最爱吃的水果，我一生只吃过两次，小时吃的不算。

　　芒果也是我喜欢吃的，但吃的次数也不多。苏东坡一天要吃"三百颗"的东西，我也爱吃。这件事我们要谢谢飞机和人造冰。假如我们过的是何绍基的日子，非到广东去吃不可的话，过迟过早的问题，仍然避免不了。

　　关于水果（我把瓜也算在一起）我也曾发点议论。某些事情我们非坚持统一不可，例如行政、领土，吃的东西的种类就大可以不必。我们现在供应的鸡，从照片看来似乎都是来亨鸡，或由它产生的白鸡，有人不喜欢吃这种鸡，我就是一个。现在供应的西瓜好像全是绿皮上有黑花样的西瓜。我喜欢吃"三白"西瓜（白皮、白肉、白子）。"三白"停止供应之后，我就不吃西瓜了。这对我来说是一个相当大的改变，也是不受欢迎的改变。

　　我又想到一种很特别的果，这种果名叫"火拿车"。它有点像苹果，可是从我的感觉说，比苹果好吃多了。它的名字本身就怪，暴露了它是按声音翻译过来的。好像曾有一位先生或女士名字叫傅乐焕的写过一篇考证文章，说这水果是金人占领北京时引进来的。果然如此的话，这水果不只是水果而已，就历史说，它有文物的身份。我们应该搞清楚实际情况究竟如何。如果树还在，只是果太小、太少，进入市场不合算，那不要紧。要是树也毁了，那就真糟。这不是纸上谈兵，而是重要的实际问题。如果发现有农民把这种树保存了下来，那确实是好事，要鼓励他保存下去。如果事实上树已经毁了，那我们应该承认，我们做了一件对不起祖宗的事。

我欣赏的甜

蔬菜问题，更麻烦些。有一次我在上海碰见郑铁如先生，有人问他到上海干什么事，他说他是来吃塔姑菜的（这里是按声音写的，究竟应如何写，我不知道）。郑先生当然只是在说俏皮话，可是，这也表示，某些蔬菜，只是限于某些地方，别的地方吃不着。后来我在上海也吃了这个菜，它确实好吃。回北京后，我打听过几次，回答总是没有。

甜是大都喜欢吃到的味，但糖的甜是一件相当直截了当的事，西洋式糖果的甜非常之甜，似乎是一种傻甜，好些人欣赏，我不欣赏，我欣赏的反而是杂在别的东西里面的甜。"大李子"的甜、兰州瓜的甜都是特别清香的甜，"清"字所形容的品质特别重要，可能只有生吃才能得到。芒果和荔枝都甜，我都喜欢吃，可是它们似乎在"清"字上都有不足，虽然它们也是生吃的。

在这里，我要特别提出的是两种炒菜中的甜。一是炒胡萝卜丝的甜，说的是丝，不是片。炒菜总是有汤的，炒胡萝卜丝的汤是甜的，这种甜我很欣赏。另一种是炒丝瓜的汤的甜。这里说的都是炒菜的甜，不是煮菜的甜。

我对猫的认识

回忆录中难免要夹杂一些议论，我现在就特别提出一种没有发展开来的议论。我好像听见过这样的议论——资产阶级爱动物，给它们盖房子、穿衣、吃肉，就是不爱人。我不同意这个论点。论点涉及的只是猫、狗、马，也不是猫、狗、马类，而只是这一或那一猫、狗、马而已。

在历史上，马居很特别的地位。中国历史上名马很多。我读书太少，只在一本书上见到元世祖有一匹很好的黑马。《三国演义》说关羽有匹好马。这可能是有根据的。那时没有照相，样子如何，不知道。直到1944年，美国有匹差不多全国知名的名马，本名译音大可以不必，别名叫"大红"。"大红"为它的主人赢了好几百万美金，主人也优待它，让它在一个地方养老传代。我们大概不需要个别的特别的马，但是好马还是需要的。十多年或二十年前，我看见一匹套车用的英国种的大马，在东单商场外面，这种马在农村里可能还有用。私人养马的时代大概已经过去了。

狗的命运最差，专门看家的狗看来是没有用了，不但城市里这样，农村里也是。但是猎狗还是要，可能品种还要增加。我看我们还应该引进一些专门猎狼、猎狐、猎野猪、猎禽鸟的狗。猎狗是要训练的，而训练只能在使用之中才能得到。这些猎狗无论有无本能，训练总是需要的。打猎总是业余的吧，在城市养狗不好办。就打猎说，最好似乎是城乡合作，工农合作，猎狗仍然可以养在农村。

在现在居住的条件下，私人能养的只能是猫了。我小的时候住在长沙，家里有一只黑母猫，对它，我一点好感也没有。隔壁屋里有一只黄公猫，黑猫经常找黄猫谈情说爱，黄猫不大响应。可是，家里后院鸡房底下经常有一尺长的老鼠，晚上就出来了，它也不管。对猫的认识，只是近几个月才得到的。原来，猫的生活同人的生活是紧密地结合在一起的。在这里我要介绍一下我们这个综合的家庭，成员现在只有五人：梁家共有三人——梁从诫、从诫的爱人方晶、他的女儿梁帆，我的护士和厨师倪镜兰，我本人。家里养了只猫，据说这只猫对方晶的感情最好，其次可能是梁从诫，又其次是梁帆、倪镜兰（或倪镜兰、梁帆），最后是我。近来它对我的感情有进步，我对猫的态度也完全改过来了。

有一天，我正在写回忆录，猫一跳就上了我的桌子，并且站在我的稿纸上。从前的"江城五月落梅花"说的是音乐，我现在说的不是音乐，而是绘画，我把猫赶走之后，才发现它老先生已经在我的稿纸上"首都六月落梅花"了。

书信

致胡适

适之兄：

　　北京大学所寄的一百十镑零七克，已经收到，感激得很。但是我要说明，二年以内总不能回来，好在徐志摩的信没有说明一定的回国日期，或者当有商量的余地。但是，如果大学的意思，觉得费了大款，收款的人应该从早回来的话，请你老兄写信给我，那时候我或者可以在别的地方想法，奉还原款亦未可知。

　　第二本《哲学史》已经动笔否？经农去年想做一本《中国教育史》，他老先生想到就要做到，大约已经动手了，见他的时候请你请他写信给我。奚若下月想到法国去，但是进德国容易出德国难，所以能够动身与否，现在上（尚）难说。

金岳霖

二月十二号

（王中江提供）

致贺麟

自昭兄：

　　您的信那么客气，我的信那么不客气，两相比较，未免使我太难为情。能不能要求您别那么客气？

今天下午和芝生谈谈，觉得我们要聚聚才行。礼拜六下午两点钟成不成？我这里的湖南饭店欢迎主顾。因为时间的问题，我们或者要讨论文债才行。汤先生、郑先生、胡先生最好请你去，我已经找过荫鳞，明天也许跑到城外去找宰平。至中州诸先生，请芝生去劝驾。讲大约是有人讲的，就是恐怕没有人把文章写好去宣读，这一点想来只好等以后想法子求进步。能示复不胜感激之至。

弟　金岳霖　礼拜四

（贺　麟提供）

致梅贻琦

校长先生赐鉴：

霖休假一年，现已期满。兹将研究情形略为报告如下。

霖原拟在去年一年内完成《知识论》一书，但因霖精力日衰，居处设备愈坏，未能完成，有负学校允许休假盛意，抱愧殊深。此书原拟分十六章，去年一年内共写完十一章，约三十余万言。最近重读已写各章，仍多（需）修改之处，故实无成绩可言也。

专此报告。顺请

合安

金岳霖谨启

卅一年九月廿七日

（陈为蓬提供）

致费孝通

孝通：

　　打电话没有结果。要和王森同志当面谈谈我们请他帮我们进行的工作。你能否代我约约时间？约的时间的灵活性要稍微大些，我什么时候可以去找他？从明日下午起到下星期，已经知道的时间：星一或二上午，星三整天，星四似乎也可以整天。如能在这些时间去找他，就很好。地点也请示知为盼。

　　不见费太太久矣，请代问候。专此

　　顺致

　　敬礼

金岳霖

（1956 年）十二月廿三日

（王　湛提供）

致张奚若

奚若：

　　中午喝酒影响到下午的工作。与其不顺利的拖下去，不如抽出时间来搞点别的玩意儿。

一九四六年挽联如下：

本直道而行　何须世情曲顾　肝胆相照　过失相规　休戚更相关　卅载交情同骨肉

坚义利之辨　不为奸党所容　盛德不彰　善言招忌　是非终有定　一生疑谤尽皮毛

在重庆的时间颇长，不断修改才俱上述形式。秋日黄花，残冬落叶，春雷一扫而光！但当时情况，似仍有忠实处。

敬礼

金

（邮戳日期：1961-6-4）

（张文英提供）

致陈克明

克明同志：

信收到。借钱想来是可以的。数目字看不清楚，不知是一百五十元还是另外数目，示知为盼。钱寄明港呢？还是另外什么办法，亦请示知。

词我认为还是很好的。主要的是有情感。声调大概是会有毛病的。觉得有些句子得考虑考虑。例如，雄师过大江时你用了"铁舰"两字，这说的不只是船而已。"宽济猛"我看不能用。渡江是灭敌，根本无所谓宽。"宽猛"是封建治"民"的权术，不好用。类似的问题可能不少。

敬礼！

金岳霖

1971 年 7 月 12 日

（陈克明提供）

致冯友兰

芝生兄：

大作已拜读，这次反应与上次不一样。我不喜欢专门谈理论的诗，这次理论、情感、思想融在一起，我觉得很好。从第十九首起更好，第十九首本身就很好，其它的类似。也有一两点意见：

第三首中"理论实践各擅扬"中的"各"字如改为"都"字是否更妥些？"都"字与前一句中的"俱"字放在一起，似乎更顺溜一些。我原来想，"各"有"分有"的意思，如果只是联系到韩非与李斯的升堂，那就没有问题；但如果联系到他们两人的理论与实践，用"各"字容易使人误解为他们一个是搞理论的，另一个是只搞实践的，而事实并非如此。

二是第十首中的"因果"是否宜加注解？我想，这"因果"是佛教式的因果，是因缘的意思，不是因果律的因果。

……

这封信好像是 10 月 12 日开始写的，执笔的是方晶同志，她是梁从诫的爱人。她的时间不多，只能够断断续续地写。

任大嫂请代问好。

金岳霖

1973 年 10 月 20 日

（蔡仲德提供）

致钟肇鹏

肇鹏同志：

你写给我的信早已收到。研究成果十分正确。问题我看是解决了。向你谢谢。

我本来早就要写这封信，奇怪的事是我只记得你的名字的声音，写不出你的名字的字。我常有这样的经验，英文方面也有。年轻时曾在美国国会大图书馆后楼书架上看书，看见了下面这个字"seven"，我硬是不认识。下楼到正厅去查字典，这才知道是"七"字。

再谢谢你。画面上的对联总算懂了。

敬礼

金岳霖谨上

1980 年 2 月 27 日

（钟肇鹏提供）

致周礼全

礼全如见：

不见久矣，这使我回忆。回忆起来，大吃一惊。记得好像有点像不欢而散。我可能有语言或行动，得罪了你。如此，务请原谅。

我的日子总是不多的，总得要斗争才能延长一些时候，而这需要你这样的老朋友来帮一手。所里的情况不明，我也要知道一些。你可能很忙，也可能有病，否则请来谈谈所里情况。

敬礼

金岳霖

1982 年 2 月

（周礼全提供）

致哲学所党组

党组负责同志：

我可能很快结束。我要借此机会表示我感谢党，感谢毛泽东同志，感谢全国劳动人民，把中国救了。（被）瓜分问题完全解决了。四个现代化问题也一定会解决。

我死后请在我的存款中提出叁仟元，献给党。

方晶在地震期间照顾我，备尝艰苦，我非常感谢，请给她壹仟伍佰元。

老倪长期做饭，并作看护，我同样感谢，请给她壹仟伍佰元。

其余一切东西交给梁从诫。

请勿开追悼会。骨灰请让风吹走。

此致

敬礼

金岳霖谨书

一九八二年三月七日

（刘培育提供）

致人民画报社的信

敬启者：

贵报 12 月 2 日刊登了《老骥仍要万里行》的报道，内中主要介绍了钱松喦先生。就我个人说，我看了他画的《密云水库》之后，我就高兴得很，以为革命后中国山水画后继有人了。最近看到他的《山欢水笑》更是"五体投地"，应该说这是中国山水画的顶峰（包括古人的山水画）。这里说的不只是笔墨而已，笔墨是头等的，不只是用笔画画，而是用笔写画；留了空白没有呢？留了，可不单纯地是空白，也是画，并且是重要的画，没有它就没有声势；最重要的当然是意境，意境就是山水与人民同样腾欢。

我不认识钱先生，他也不认识我。他已经八十四岁，我已经八十八岁了。我们也不必认识了（要认识还要把我们运来运去，那会浪费很多汽油）。我们的存在同一时期，我们的生活同一时代，前者只是巧遇，后者是幸福，我们都看到中国的复兴，伟大的祖国的复兴！

金岳霖

1982 年 12 月

（刘培育提供）

谈话录

一

1980 年 5 月 20 日，星期二，上午。

来访者：刘培育

金：（听到敲门声，亲自去开门）"啊，刘培育！"

刘："金老，您好！"

金："你好。我以前从未给客人开过门，电话铃一阵阵响，我也不接。今天保姆不在屋，我第一次为客人开门。"

刘："真是难为您了。金老，《晋阳学刊》编辑部要出版一套《社会科学家传略》，让我代他们向您征稿，您看写不写？"

金：（坚决地）"不写。他们又不是党中央、国务院，怎么可以随便指令别人写自传？我过去写过什么，自己也记不清了。他们想编书就自己去查，去写，编书哪有那么容易的事！"

刘："前几天清华校庆您去了没有？"

金："清华学堂开学时间是宣统三年四月初一，即 1911 年 4 月 29 日，以后学校就把每年 4 月最末一个星期日定为校庆日。今年我原来想去，不，是准备去。后来没有去。是因为怕他们对我要求得太多。根据清华过去校庆的经验，要会餐，第一句话就是一九一九，为老校长祝酒。我去参加校庆要坐车，又要到会场，穿什么衣服？很麻烦，在外面吃饭我更不行，所以还是不去的好。"

刘："金老，我想问一下，您是怎么搞起逻辑来的？"

　　金："我搞逻辑是因为两个偶然的事情。一是1924年，我同张奚若和一位美国姑娘在巴黎大街上散步，看见一些人在辩论，他们都说对方逻辑不通，张奚若和美国姑娘各支持一方。我也参加了争论，但是我可不知道逻辑是什么，他们好像也不大懂。于是，我对逻辑发生了兴趣。二是1925年回国后，本来在清华教逻辑的赵元任教授调到中央研究院去了，清华的逻辑他不教了，要我代替，我就教起逻辑来了。我是先教逻辑后学逻辑，到1931年才有机会到美国哈佛大学跟谢非老先生系统地学了逻辑。后来有一年，我在北大未名湖畔散步，从背后走过来一个人叫我'金逻辑'，从此，'金逻辑'这个名就叫开了。"

二

1981年12月30日，星期三，上午。

来访者：刘培育、孙煜

　　刘："金老，这位是孙煜同志，在河北师院教逻辑，是逻辑与语言研究会的秘书长。后天就是元旦了，我们给您拜年，祝您新年快乐！"

　　金："谢谢你们。"

　　刘："金老，我们向您汇报一件事：逻辑与语言研究会为了向全国普及逻辑和语言知识，正在筹备一所中国逻辑与语言函授大学，您是中国逻辑学会会长，我们商量想请您担任名誉校长。"

　　金："普及逻辑知识是大好事，社会各方面应该支持。可我

1981 年，赵元任到北京看望金岳霖

已经不'名誉'了。现在逻辑发展很快，很多东西我都读不懂，落后了。过去河南有一个人，叫刘 xx，搞物理的。后来他发现自己落后了，很多东西读不懂了，就自杀了（用手在脖子上做了个自杀的手势）。我不自杀。我们祖国正在搞'四化'，方兴未艾，我要争取看到'四化'。我今年87岁了，再过3年有把握。要说再过20年，我就不干了。到时还要刷房子，又搬东西，又搬人，受不了。如果再刷房子，我就不活了。"（说完哈哈大笑起来）

　　孙："吕叔湘、王力老已经同意出任中国逻辑与语言函授大学名誉校长和顾问，请您也支持我们。"

金："吕先生是搞逻辑、语法、修辞的。好，他们干我也干，说定了！"

刘：（指着孙煜）"筹办函授大学的事主要是靠他在干。"

金：（把手举到帽檐边，对着孙煜）"向你致敬！"（停了一会儿又说）"我看《逻辑与语言学习》上有一篇逻辑文章，写得非常之好，完全不像过去一讲逻辑就佶屈聱牙。"（说完从桌子上拿起年初赵元任来看望他时的合影）"我到清华讲逻辑就是接赵元任的班，一下子就是 20 多年。"

三

1982 年 12 月 31 日，星期五，上午。

来访者：刘培育

金：（高兴地）"刘培育来了！你今天真运气，正巧老倪在家。不然要我去开门，可就'工程浩大'了。"

刘："金老，送给您一张贺年卡，祝您新年快乐，健康长寿！"

金："谢谢。"

刘："我受中国逻辑与语言函授大学的委托，把学校的教材和《函授通讯》送给您，请您指教。逻大今年 4 月份招生，不到一个月就有 6 万人报名。"

金：（惊讶状）"6 万人，没想到，没想到有这样大的发展。"（举起大拇指，连声说）"真了不起，了不起，我向你们致敬！

在解放前，一所很大的大学一年只培养几个、几十个学逻辑的学生。现在一年就有几万人学逻辑，这应该感谢伟大的时代。没有国家的发展是办不到的，一定不要忘记这个条件。"

刘："对。"

金："逻辑是人们不可缺少的。过去说一个人'不讲逻辑'，是个很大的罪名，是骂人话。现在看，最有前途的是我们'贵国'。"

刘："我在《函授通讯》上写了篇《记金老的几件事》，您看看有没有写得不对的。"

金：（拿过《函授通讯》）"放在我这吗？"

刘："是送给您的。"

金："好，我好好看看。"（翻阅目录，看到刘写的《以辞抒意》一文）"你搞起中国古代逻辑来了，很好。"

刘："有些古籍一下子看不太懂。"

金："不要紧，你可以向沈公（有鼎）请教，他懂。"

刘："您还在写回忆录吧？"

金："我每天上午写回忆录，今天上午太冷，不写了。"（说着站起来，围着方桌转了5圈。）"社科院宿舍的暖气还是按老规矩早晚送热，以为白天都上班了，家中无人。这个理论总不改。"

刘："您该休息了，我走了。"

金：（拿出一盒"十里飘香"绿茶）"送你一盒茶，祝你新年好！”

　　刘：“谢谢。”

　　　　　　（本谈话录是乐逸鸥同志根据刘培育日记整理的，

　　　　　　　　　　　　　　　　　原载《哲意的沉思》）

//他说//

怀念金岳霖先生

冯友兰[*]

一

金岳霖先生离开我们已经一年了。《哲学研究》1985 年第 9 期发表了他的《中国哲学》一文，也是出于纪念的意思吧。在这篇文章里，金先生提出了中国哲学的四个特点。第一个特点"是那种可以称为逻辑和认识论的意识不发达"。金先生说："这个说法的确很常见，常见到被认为是指中国哲学不合逻辑，中国哲学不以认识为基础。显然中国哲学不是这样。我们并不需要意识到生物学才具有生物性，意识到物理学才具有物理性。中国哲学家没有发达的逻辑意识，也能轻易自如地安排得合乎逻辑；他们的哲学虽然缺少发达的逻辑意识，也能建立在已往取得的认识上。意识到逻辑和认识论，就是意识到思维的手段。中国哲学家没有一种发达的认识论意识和逻辑意识，所以在表达思想时显得芜杂不连贯，这种情况会使习惯于系统思维的人得到一种哲学上料想不到的不确定感，也可能给研究中国思想的人泼上一瓢冷水。这种意识并不是没有。受到某种有关的刺激，就不可避免地要发生这种意识，提出一些说法很容易被没有耐性的思想家斥为诡辩。这类所谓诡辩背后的实质，其实不过是一种思想大转变，从最终实在的问题转变到语言、思想、

---

[*]　冯友兰：北京大学哲学系教授。——编者注

观念的问题，大概是领悟到了不碰后者就无法解决前者。这样一种大转变发生在先秦，那时有一批思想家开始主张分别共相与殊相，认为名言有相对性，把坚与白分离开，提出有限者无限可分和飞矢不动的学说；这些思辨显然与那个动乱时代的种种问题有比较直接的关系……然而这种趋向在中国是短命的；一开始虽然美妙，毕竟过早地夭折了。逻辑、认识论的意识仍然不发达，几乎一直到现在。"

金先生的这些论断，我一向是同意的。在近代生理学和逻辑学建立以前，人类已经存在了不知多少万年，在那漫长的岁月里，人本来是照着近代生理学所讲的规律而生存的，照着近代逻辑学所讲的规律而思维的。一门科学的对象，是先于那门科学而本来如此的。并不是先有那门科学，然后才有它的对象，而是先有它的对象。中国无发达的认识论和逻辑学，并不妨碍中国人有认识和正确的思想。认识论和逻辑学的根本问题，是共相和殊相的分别和关系的问题。这是金先生的特识，但是，认为对于这个问题的讨论在中国早已夭折，这一点我现在不能同意。

在我近来写《中国哲学史新编》的过程中，我自以为对于中国哲学有了进一步的了解。我现在认识，这个问题是贯穿于中国哲学发展的过程中的一个根本问题，不过，随着各个时代的不同，其表现形式有所不同。从先秦诸子说起，儒家讲正名，法家讲综核名实，名家讲合同异，离坚白，道家讲有无，说法不同，其根本问题都是共相与殊相的问题。魏晋玄学继续发挥有无问题。宋明道学所讲的理欲道器问题，归根到底，也还是

1937 年时的金岳霖

共相与殊相的问题。这个问题一直到现在还在讲，这是活问题，
不是死问题。论者多认为金先生和我是现在讲这个问题的代表
人物。我，不敢当。我不过是在这方面做了一点工作，至于代
表应该是金先生，其理由如下所说。

二

1937 年中日战争开始，我同金先生随着清华到湖南加入长
沙临时大学。文学院设在南岳，在那里住了几个月。那几个月
的学术空气最浓，我们白天除了吃饭上课以外，就各自展开了
自己的写作摊子，金先生的《论道》和我的《新理学》都是在
那里形成的。从表面上看，我们好像是不顾困难，躲入了"象
牙之塔"。其实，我们都是怀着满腔悲愤无处发泄，那个悲愤

是我们那样做的动力。金先生的书名为《论道》，有人问他为什么要用这个陈旧的名字，金先生说，要使它有中国味。那时我们想，哪怕只是一点中国味，也许是对抗战有利的。

金先生和我的那两部书，人们认为内容差不多，其实也有不同。在金先生的体系里，具体共相保留了一个相应的地位，我的体系里没有。我当时不懂得什么是具体共相，认为共相都是抽象，这是我的一个弱点。当时我如果对于具体共相有所了解，在50年代讲哲学继承的时候，我的提法就不同了。

三

后来我们到了昆明。金先生担任了认识论这门课程，写了一本讲稿。以后，他逐年修改补充，终于成为一部巨著——《知识论》。他把定稿送给我看，我看了两个月才看完。我觉得很吃力，可是看不懂，只能在文字上提了一些意见。美国的哲学界认为有一种技术性高的专业哲学。一个讲哲学的人必须能讲这样的哲学，才能算是一个真正的哲学专家。一个大学的哲学系，必须有这样的专家，才能算是像样的哲学系。这种看法对不对，我们暂时不论。无论如何，金先生的《知识论》可以算是一部技术性高的哲学专业著作。可惜，能看懂的人很少，知道有这部著作的人也不多。我认为，哲学研究所可以组织一个班子，把这部书翻译成英文，在国外出版，使国外知道，中国也有技术性很高的专业哲学家。

金先生在清华、联大也担任逻辑这门课程，写有讲稿，后来发表为《逻辑》这本书。金先生是中国第一个真正懂得近代逻辑学的人。有人可能说严复是这样的一个人，可是严复只是翻译过穆勒的《名学》，没写过系统的哲学著作。金先生又是中国第一个懂得并且引进现代逻辑学的人。说到这里，金先生在《中国哲学》中所说的那一句话倒是对了。他说"逻辑、认识论的意识仍然不发达，几乎一直到现在。"金先生可以说是打破这种情况的第一个人。他是使认识论和逻辑学在现在中国发达起来的第一个人。

四

金先生还有一种天赋的逻辑感。中国有一个谚语："金钱如粪土，朋友值千金。"金先生说，他在十几岁的时候，就觉得这个谚语有问题，如果把这两句话作为前提，得出的逻辑结论应该是"朋友如粪土"。这和这个谚语的本意是正相反的。

有一个笑话说，有一个二郎庙碑文，其中说："庙前有一树，人皆谓'树在庙前'，我独谓'庙在树后'。"说笑话的人都认为这两句话是自语重复，没有什么意义。金先生说这两句话并不是自语重复。《世说新语》有一条记载说，有人说："小时了了，大未必佳。"孔融说，你小的时候，必定是了了的。孔融的意思是说，看你现在不佳，可以推知你小的时候是了了的。金先生说，不能这样推。在这三个例中，第一例的错误是很显然的，可是大家都是这样说。金先生在十几岁的时候，就能看出它的错误，这是他的天赋的逻辑感。至于后两例，在我听金先生说的时候，也仿佛了解金先生的意思。可是怎样用逻辑的语言把这个意识明确地说出来，我没有追问。

金先生擅于运用中国的成语说明一个道理。有两句成语——"理有固然""势所必至"。金先生在《论道》中，运用这两句成语说："理有固然，势无必至。"他只把"所"字改成"无"字，就准确地说明了一般与特殊的不同，而且中国味十足，"文约义丰"。

五

金先生对艺术有很高的欣赏力。他欣赏中国画。已故北京大学教授邓叔存先生是清代大书法家邓顽白之后，收藏甚富。他常给我们讲画，他指着一个作品说："你们看这一笔！"听的人都期望下边必定讲出一番道理，谁知下边就完了。道理尽在不言中了。这种不言之教，金先生倒能了解。他常学着邓先生的这种姿势，以为笑乐。但他并不同鉴赏家们辩论某一作品的好坏真伪问题，他只说喜欢某一作品，不喜欢某一作品。

金先生也欣赏诗，如他在《中国哲学》中所说的，他最喜欢《庄子》，他认为庄子是一个大诗人，他对于《庄子》的欣赏，大半是从它的艺术性说的。

六

金先生的风度很像魏晋大玄学家嵇康。嵇康的特点是"越名教而任自然"，天真烂漫，率性而行；思想清楚，逻辑性强；

欣赏艺术，审美感高。我认为，这几句话可以概括嵇康的风度。这几句话对于金先生的风度也完全可以适用。

我想象中的嵇康和我记忆中的金先生，相互辉映。嵇康的风度是中国文化传统所说的"雅人深致""晋人风流"的具体表现。金先生是嵇康风度在现代的影子。

金先生的著作，我们可以继续研究，金先生的风度是不能再见了。

（该文原载《金岳霖学术思想研究》）

回忆金岳霖先生

陈岱孙*

　　我和金岳霖先生论交始于 1927 年。金先生 1914 年毕业于清华学堂，比我高六班。但我们在清华只是先后的同学。我于 1918 年考入清华高等科三年级时，金先生已经去美国四年了。金先生于 1925 年学成回国，1926 年来清华任教。而我则于 1927 年回国，来清华工作。

　　我来清华工作后，长期和叶企荪先生同住清华北院 7 号住宅。我们纠集几位单身教员和一两位家住城内的同事，在我们

1914 年，金岳霖（左三）告别清华学堂时与友人合影

---

* 　陈岱孙：北京大学经济系教授。——编者注

住宅组织一个饭团。金先生是饭团最早成员之一。在抗战以前的十年期间，他一直住在城内，每星期来校三天。在校之日他住在工字厅宿舍，都在我们这个饭团就餐，就是这样开始了我们在清华、西南联合大学和北大三段相处的时间。

金先生是一位对工作十分负责的人。他认为，作为一个教师，教书是他的第一个职责。在他当年每星期来校上课三天的日子里，他得一早从城里赶车来清华园。这样，一部分的上午时间已经花在旅途上了。但他又不肯请注册组将他的课程全排在下午，以便腾出三天的一部分上午时间干他自己的治学工作。于是，他实际上每星期只有四个上午可供自己治学使用，因而他更珍惜这四个上午的时间，更严格地遵守他所自立的上午例行不见客和不干其他事务的规矩，而集中精力研读写作。他的习惯是先冥坐思考，有所得才笔之于纸。他的朋友们都知道他这一习惯，绝不在这些日子的上午去走访他，以免吃闭门羹。

抗战时期，他把这一习惯带到了昆明。这个习惯有一次几乎为他带来了不幸。1938年8月，西南联大文、法两学院在蒙自上完第一学期课后，奉命搬回昆明。当时，昆明多数本省的专科学校因避免空袭干扰，都已于是年春间陆续疏散下乡开学。于是，西南联大得以借赁这些学校的校舍暂供理学院春季始业做教室和宿舍之用，并以之暂供安顿从蒙自搬来的师生居住之用。金先生被安顿在昆明城西北城厢区的昆华师范学校，我则被安顿在昆华师范学校北面城外二三百米处的昆华农业学校。联大在昆师借赁的宿舍楼有三栋。南北二楼为学生宿舍，二楼中间的中楼住了部分的联大教职员。1938年9月28日，昆明受到敌人飞机在云南的第一次空袭。这次空袭被炸的地区恰为昆师所在的西北城厢区。空袭警报发出后，住在这三个楼的师生都按学校此前已作出的规定，立即出校，向北城外荒山上散开躲避。金先生住在中楼，当时还正在进行他的例行工作，没理会这警报。没想到，昆师正处在这次轰炸的中心，中了好几枚炸弹。联大所借赁的三座楼中，南北两楼均直接中弹。所幸的是两楼中的联大学生已全体躲避，无一伤亡。但不幸的是，有两位寄住在南楼、新从华北来昆明准备参加西南联大入学考试的外省同学，未受过空袭的"洗礼"，当敌机临空时，尚在楼上阳台张望，被炸身亡。中楼没中弹，但前后两楼被炸的声浪把金先生从思考中炸醒，出楼门才见到周围的炸余惨景，用他后来告诉我们的话，他木然不知所措。

空袭时，我躲避在农校旁边的山坡上，看到了这次空袭的全过程。我们注意到昆师中弹起火。敌机一离开顶空，我和李继侗、陈福田两位教授急忙奔赴昆师，看到遍地炸痕，见到金先生和另两位没走避的联大同事。金先生还站在中楼的门口，手上还拿着他一直没放下的笔。

我们在昆师、农校又住了一段不长的时间。后来，金先生和我们十几个同事租了城内翠湖旁边一民房居住。但住了不长的时间，这一座小院子在另一次空袭中中弹被毁。我们收拾余烬，和另十来个同样无家可归的同仁一起迁往清华航空研究所租而未用的北门街唐家花园中的一座戏台，分据包厢，稍加修缮，以为卧室。台下的池座，便成为我们的客厅和饭厅。金先生和朱自清先生、李继侗先生、陈福田先生及我五个人合住在正对戏台的楼上正中大包厢。幸运的是，我们在这戏台宿舍里住了五六年，直至日本投降、联大结束，不再受丧家之苦。在这一长时期中，金先生又恢复了他的旧习惯，除上课外，每日上午仍然是他的雷打不动的研读写作时间——但他答应遇有空袭警报，他一定同我们一起"跑警报"。我们也照顾他的这一习惯，在大包厢最清静的一个角落，划出一块可以容纳他的小床和一小书桌的地方，作为他的"领地"，尽量不去侵乱干扰。他的力作《论道》一书就是在这种环境下写出来的。

我回忆起来的另一件事，就是在抗战前十年中，每星期六下午在金先生家的茶会。在抗战前，金先生一直住在北京城里，其中有六七年他住在东城北总布胡同一小院里。这座房子有前后两院，前院住的是梁思成先生和林徽因夫人一家，金先生住的是后院。他经常于星期六下午约请朋友来他家茶叙。久而久之，这就成为一习惯。他在每星期六下午都备些茶点在家恭候朋友的光临，而他的朋友也经常于是日登门作不速之客。其中有的是常客，有的是稀客，有的是生客。有时也还有他的心血来潮时特约的客人。我是常客之一。常客中当然以学界中人为最多，而学界中人当然又以北大、清华、燕京各校的同仁为最多，但也不排除学生们。我记得，在我作为常客的一两次，我就遇见了一些燕京大学的女学生。其中有一位就是现在经常来华访问的华裔作家韩素音女士。学界

1982年，美国著名学者费正清的女儿、舞蹈家费鹤立到北京看望金岳霖

中也还有外籍的学人。我就有一次在他家星期六茶会上遇见了 30 年代美国哈佛大学校长坎南（Walter B. Cannon）博士。他是由他的女儿慰梅（Wilma）和女婿费正清（John K. Fairbank）（也是金先生常客）陪同来访的。此外，他的座上客还有当时平津一带的文人、诗人和文艺界人物。有一次，我在他的茶会上遇见了几位当时戏剧界的正在绽蕾的青年演员。另一次，我又遇见了几个玩斗蟋蟀的老头儿。人物的广泛性是这茶会的特点。

抗战爆发后，后方颠沛流离的生活不允许有这种的闲情逸致。抗战胜利后，金先生不再离群索居，而从城内搬来郊外校内宿舍居住。他多年的生活习惯不能继续了。我不知道金先生是否会引此为憾事，但我相信这些过去曾为其常客、稀客、生客者倒会感到若有所失的。这雪爪鸿泥也只可成为留下的模棱记忆了。

（1993 年 5 月于北京大学燕南园）

［该文原载《金岳霖的回忆与回忆金岳霖》（增补本）］

金老的道德文章

贺　麟*

我和金老相识有半个世纪了。

金老在美国哥伦比亚大学写的博士论文是研究一位偏重康德的新黑格尔主义者 T. H. Green 的政治思想。格林注重分析人们形成认识的逻辑条件，在政治上他虽然反对大英帝国对殖民地的剥削，是当时六大激进派之一，但他认为国家主权建立的基础是"公意"。金老的论文首先指出格林的政治思想为神秘主义所笼罩，但是金老也部分同意格林对于批判休谟的分析和论证。这说明金老青年时代就注重对政治思想的研究。

解放前，金老专门搞教学和科研。表面上他好像不过问政治，自己欣赏艺术，经常在家里约少数朋友茶叙漫谈，超俗而有风趣，与当时的谈道德境界、谈儒家思想的教授迥然不同，深知他的人都认为金老应属于"道家"。但事实上，他有政治眼光，有政治见解，也有一定的办事能力。

30 年代，中国哲学会成立，金老是学会的核心人物之一。他在首次哲学会上所宣读的《道、式、能》一文，后来成为他"论道"体系的起源。

金老素不愿管理钱财，可是当哲学会推举他担任会计工作时，他却愉快地接受了，而且连任了十几年，足见他对哲学

＊　贺麟：中国社会科学院哲学研究所研究员。——编者注

会工作的重视和支持。解放前，由于通货膨胀，金老所经管的700多元经费后来变得不值几文了。当时金老还考虑过，他是否应该赔偿损失。

金老钻研形式逻辑和数理逻辑，他是在为使形式逻辑和数理逻辑脱离传统哲学独立而成为一种专门的科学开辟道路。他不仅为此作了卓有成效的开创性的研究，而且培养出不少优秀的接班人。

金老主张独立思考，学术民主，自由辩论。他培养学生的办法是让学生在讨论会上公开辩论。在学术上，学生有时与他意见不同，甚至于争得面红耳赤。尽管如此，和他意见不同的人仍然很尊敬他，甚至也接受他的影响，继承他的学问。

解放后，金老曾当过北京大学新成立的工会的首届主席，侯后任北京大学哲学系主任。

他写过《罗素批判》一书。罗素是他素来所尊崇的人，他受罗素的影响也很深。为了坚持党性，并与罗素划清界限，他对罗素的批判不免有点过苛。不过，这本书实质上也含有自我批判的意思。

在逻辑和认识论方面，中国哲学界比金老早或同时研究并且出版著作的人并不少，但为研究指出方向，走出一条路，并且卓有成效的只是金岳霖同志。

（1982 年 10 月 11 日于北京国际俱乐部）

［该文为作者 1982 年在"金岳霖同志从事哲学、逻辑学教学和研究工作 56 周年庆祝会"上的发言，由乐逸鸥同志根据记录整理而成，原载《金岳霖的回忆与回忆金岳霖》（增补本），标题为编者所拟］

忆金岳霖先生

张岱年[*]

　　去年（1984 年）10 月 4 日，我和冯友兰先生由李中华同志陪同进城到 305 医院看望金岳霖先生。那天金先生病势好转，连说："你们来看我，不容易，不容易！"临别时再三握手。过了几天，金先生出院回寓所休养，不料到 19 日病势突然转剧，遽尔逝世！这是哲学界一大损失，是非常令人悲痛的！

　　金岳霖先生是现代中国著名哲学家之一，早在 20 年代末、30 年代初，金先生在《哲学评论》和《清华学报》上发表过哲学论文多篇，如《论自相矛盾》《外在关系》等。当时，吾兄申府曾著文赞扬说："如果中国有一个哲学界，金岳霖先生当是哲学界的第一人。"（见申府所著《所思》附录。）金先生以严密的逻辑分析方法讨论哲学问题，分析之精，论证之细，在中国哲学史上可谓前无古人。30 年代中期，金先生完成大著《逻辑》之后，转而研究元学。元学，旧译形而上学，即关于本体论宇宙论的研究（不是黑格尔所谓形而上学思想方法的意义）。当时，吾兄申府译为元学，元即一元论二元论之元。金先生著《论道》（1940 年商务印书馆出版）主要是讨论中国古代哲学所谓理与气的问题，亦即西方古代哲学所谓形式与质料的问题，这个问题虽然由来已久，但在 20 世纪西方哲学中仍然是一个活

---

[*]　张岱年：北京大学哲学系教授。——编者注

问题。《论道》没有用传统哲学的名词，而提出所谓"式"与"能"。书中第一章"道、式、能"是全书的总纲，而"绪论"则叙述此书思想的由来。"绪论"说："本书底式类似理与形，本书底能类似气与质，不过说法不同而已。"理与气是朱子的名词。形与质是亚里士多德的名词。形指形式，质指质料。所谓式即形式之式，这个能字却是一个独创的用语。金先生解释说："我最初用英文字 Stuff 表示，后来用质这个字表示，最后才用周叔迦先生所用的能字表示。……它不过是名字而已。"周叔迦所提的能字来自佛家。但金先生所谓能却非佛书所谓能的意义。实际上，能字虽可避免质字的含糊之病，却也会引起误解。

《论道》的《序》中说："我也要谢谢叶公超先生，他那论道两字使一本不容易亲近的书得到很容易亲近的面目。"看来，《论道》的书名是叶公超建议的。道的观念是从中国传统哲学接受来的。道是"能"与"式"的综合。"虽有能而能不单独地有，虽有式而式也不单独地有，……单从式这一方面着想，它是纯形式，单从能这一方面着想，它是纯材料。在本书它们都是最基本的分析成分，它们底综合就是道。"为什么要用道字呢？金先生有较详的说明，他从一个文化区的"最崇高的概念"来讲："每一文化区有它底中坚思想，每一中坚思想有它底最崇高的概念，最基本的原动力。"而中国的中坚思想的最崇高的概念就是道。他说："中国思想我也没有研究过，但生于中国，长于中国，于不知不觉之中，也许得到了一点子中国思想底意味与顺于此意味的情感。中国思想中最崇高的概念似乎是道。……

我底情感难免以役于这样和道为安，我底思想也难免以达于这样的道为得。"这真是肺腑之言，表现出一个当代中国哲学家的真挚深沉的胸怀，实在给我们以无穷的启发。金先生不是专门研究中国哲学的，但对于中国哲学确实有深刻的理解。1948年，有一天金先生忽然问我："你觉得熊十力的哲学怎样？"我说："您觉得如何？"金先生说："熊十力的哲学有一个特点，就是他的哲学背后有他这个人。"这一点与熊十力先生的态度也能相互印证。熊先生多次对我讲，研究哲学要有真情实感，他是把对于真理的情感与对于真理的体会融会为一的。这正是中国传统哲学的特点。事实上，金先生的《论道》一书也寄托了他的情感。《论道》中说："知识论底裁判者是理智，而元学底裁判者是整个的人。"我认为这是一个极其深刻的观点。

《论道》中提出了许多精湛而正确的命题，如："无无能的式，无无式的能"；"式与能无所谓孰先孰后"；"个体的变动，理有固然，势无必至"，这类深刻的见解很多。书中对于所谓"逻辑的先后"的分析亦发人深省。惜乎此书文字比较难懂，解者盖寡，这是非常遗憾的。

金先生另一本哲学名著是《知识论》。1948年我曾问金先生："您的《知识论》写完了？"金先生答："已经写完了。这本书写出来，我可以死矣！"足见金先生对于此书的重视。这确实是一本"体大思精"的专著，在中国哲学发展史上更是空前的，拿来与罗素、穆尔、桑塔雅那的认识论著作相比，至少是毫无逊色。

1950 年，清华大学的一次"大课"，由金岳霖先生讲唯物论，由我讲辩证法。当时金先生在讲课中曾说："我和唯心论斗争了 30 年。"后来有人对他提意见，说你以前讲的那一套也是唯心论。以后，金先生完全接受了马克思主义的辩证唯物论，不再讲自己的体系了。平心而论，金先生解放前在《论道》《知识论》中的哲学观点，还不能简单地归结为唯心论。金先生确实是反对主观唯心论的，但他的哲学也不同于客观唯心论。我曾经认为，《论道》的宗旨比较接近于亚里士多德，而论证的精密远远过之。列宁评论亚里士多德，说他是动摇于唯心论之间。列宁的这个评语是值得我们深切体会的。无论如何，解放以前的金先生在元学和知识论上都提出了自己的理论体系，卓然成一家之言，确实作出了巨大的贡献。解放以后，金先生欣然接受了辩证唯物论，这应该说是哲学史上的一件令人赞叹的大事。现在，金岳霖先生的《知识论》重新出版了，《论道》也已重新排印，这是值得庆幸的。我们对于金岳霖先生在哲学理论上的伟大贡献，应当有一个充分的认识。

（该文原载《金岳霖学术思想研究》）

我跟金师学逻辑

王宪钧[*]

1930—1984 年，54 年中我与金师共有约 49 年在一单位（清华、西南联大、北大）或一地（北京、昆明）。先是学生听课，后在一起开会，但个别谈话很少，不过几次。

清华 1925 年开始办大学，1926 年建哲学系。金师 1925 年冬返国，1926 年应聘来清华。杨步伟在《杂记赵家》中说是来讲逻辑的。我 1930 年由南开二年级转学来清华。原学理科，对人生哲学有兴趣，同时也受了黄子坚先生的影响，拟学哲学。当时南开大学规模较小，特别是文科，有不少教师和学生转学，我也随之转清华。

来清华以前，不知金岳霖其人，在南开时曾读过 Wallas 的 The Art of Thought 及英文名学。到清华后，逻辑学为二年级必修。金师第一课就说，逻辑学近年来有很大的发展，就是符号逻辑。旧的逻辑或传统逻辑乃自 Aristotle 至近代西方学校讲授的逻辑，后世虽有增加，但基本内容未变。欧洲中世纪很重视，称为经院逻辑。

现代逻辑打破传统逻辑的框框，不只是主宾词逻辑，重视关系逻辑，完全用符号，扩大了范围，增加了很多丰富的内容，已成为一独立的学科，具体地说就是 B. Russell 的 Principles of Mathematics（1910—1925，三大本）。

当时的逻辑课是全学年课程，每周三小时。金师每周一

---

[*] 王宪钧：北京大学哲学系教授。——编者注

般讲课两小时，讨论一小时。讨论时，用点名册依次要求学生解答或表示意见。课程内容分为三部分，第一部分为传统逻辑和对传统逻辑的评论及批评；第二部分为 B. Russell 的 Principles of Mathematics 的命题演算和谓词演算（似乎还有摹状词部分）；第三部分为归纳法。

现在回忆起来，我当时应是哲学系三年级生，对于哲学并没有全面的了解。对于金师，我觉得他很喜欢逻辑，钻研得很深，善于思考，对于某些和逻辑有关的问题，善于作精确细致的分析，也得到了一些结论。也觉得他受了 Moore 和 Russell 的影响，搞的是分析哲学，思想上属于新实在论。大约在 1934 年读到了一本书，书名为 Cambridge University Studies。其中第一篇就是 R. B. Braithwaite 写的关于剑桥的哲学传统。他说，近有一中国哲学教授访问剑桥，他很同意我们剑桥的哲学传统，就是用现代逻辑的方法，心平气和地一个一个地解决哲学问题，而不应急于建立大的形而上学系统。他说这话时正是金师访问以后，我估计其中指的很像金师的学风。我一直有此想法，直至 1938 年我由德返国后，看到金师已出版了《论道》，而且正在写《知识论》，这才使我理解到，逻辑规律的性质，或者说逻辑和数学命题的性质，它们为什么是必然的，正是知识论所要解决的问题之一。知识不外 formal science（形式科学）和 empirical science（经验科学），而 empirical science 的有效性正是归纳法所要解决的问题。从此我得到的结论是，金师研究逻辑，固然是有他本身的兴趣，但主要的还是为他的哲学服务的，是他建立哲学系统的依据。

　　金师对于 Principia Mathematica 以后的逻辑的发展，除了多值逻辑以外，很少关切。记得我于 1933 年本科毕业以后留校做研究生，开始时曾和金师谈过两三次，他总是说："你自己读书吧！"这是表示，他不愿担任我的导师。1934 年张荫麟先生由美返国，讲了一学期的布尔代数，得到了一些收获。1934—1935 年，沈有鼎先生自德国返校，开过数理逻辑问题课一年，似乎无甚新的内容，现在已经记不清楚了。金师后来对于逻辑不感兴趣，看来原因是多方面的，一则他其时的兴趣已转向哲学本身，再则是由于 20 年代末期以后，数理逻辑的研究有了飞跃的发展，从推理形式的研究转入公理系统的研究。由于集论中逻辑悖论的发现，出现了数学基础的危机，引起了有关实无穷（完成了的无穷大的集合）和数学存在是什么的争论。Hilbert 提出了他的有穷观点，计划用以证明数学公理的协调性。Hilbert 计划的数学和逻辑的内容和证明涉及一些数学的知识及论证的技能，因之没有较深的和足够的数学训练是很难理解和进行研究的。这情况发生在 Godel 两个定理的证明发表以后，在 1931 年，英美的哲学界也反应极慢。金师在数篇文章内都谈到自己的数学差，未注意到这方面的发展也是很自然的。

（1993 年于北京大学燕南园）

[该文是王宪钧先生未完成的遗稿，由邢滔滔、诸葛殷同同志略加整理，原载《金岳霖的回忆与回忆金岳霖》（增补本），有删节，标题是新拟的]

我的启蒙老师金岳霖先生

周辅成[*]

金岳霖先生是中国近代自海禁开启以来屈指可数的有成就、有影响的哲学家。对我来说，他是我的启蒙老师。我一到清华大学哲学系做学生，就听他的课。如果我的记忆没有错，大概听了他开的"知识论""休谟哲学""知识论问题"三门课。记得清楚的，是我们在他的课堂上细细地研读而且严肃地讨论休谟的哲学著作，以及罗素的《哲学问题》《我们对于外在世界的知识》。在这时候，哲学界很多人都称他是中国的 G. E. Moore，因为他对哲学问题的分析，精审入微，有时甚至超过Moore 的分析。

金岳霖先生的哲学，虽然我并不完全同意，但他的哲学发展过程我却能十分理解，因此在彼此之间还常有可供讨论的共同题目。我记得有一次在课余休憩时间，他见到我当时在北平《晨报》副刊上发表的一篇关于 T. H. 格林的文章，就急忙告诉我，他过去也曾研究过 T. H. 格林。在大学读书时，他本是搞政治思想史，后来对格林的政治哲学发生兴趣，从而也对格林的哲学有兴趣，但很快就从格林的新黑格尔哲学转到英国本有的经验哲学。我从金先生哲学思想的发展过程看，尽管他和罗素等人一样，是从反对格林、柏拉德雷的路数而重新以休谟

---

[*] 周辅成：北京大学哲学系教授。——编者注

哲学为出发点；但也知道金先生还是很理解英国新黑格尔派思想的，也正因此，我认为我正可从金先生的思想中往反面看到新黑格尔学派思想的短处或成问题的地方。老实说，当时我也有一些奇异的想法，我还要看金先生或罗素驳新黑格尔派是否真正驳倒了。

师生之间，也不是没有互相讨论。金先生在课堂上太严肃，除了他忽然向学生提问、要求作答外，很难于互相交论；下课后，他又急着回城内家中。但系里曾安排过几次全系师生讨论会，十分热烈。那时，全系学生不过八或九人，专任教授不过三四人。但每次开会，学生并不比教授到得整齐，而教授几乎每次都全到。我记得几次讨论会都是从小问题分析，逐渐到大问题、最根本的问题。

金岳霖先生在这种会上，总是边听边深思，直到差不多最后才发言。他说的每句话、每个字几乎都是三思之后才讲出的。他在真理面前，似乎是不分同事和学生的区别的。30 年代前后的清华大学哲学系，教师人数并不多，学生人数更是少得惊人。平时除上课和偶尔开会外，师生们都各自埋头努力。然而事隔半世纪之后，回想起来，却令人无限怀念。这个精神中心，金先生是起主导作用的。金先生以他的认真、刻苦的治学态度，不仅在著作上作出了卓越的成绩，而且在课堂上也是十分严肃并有高度教学效果的老师；在下课后，在生活中，他对同事们、同学们又十分平易近人。有一位从朝鲜来的同学方淳谟（志彤），就和金先生常往来。他（现在用名 Achilles Fang）在哈佛大学任教授多年，退休后把珍藏的 8000 多册西文书籍捐赠北大图书馆，作为他怀念清华大学哲学系（当然也是为了怀念金先生）的纪念品。我记得过去在清华时，还是他告诉我，乔冠华同学去日本的路费，乃是金先生赠给他的。前年乔冠华快要逝世时，我在医院见到他，他还说他非常想念金先生，并又重复地说起我们在清华大学图书馆内开上述讨论会的情况，他提起精神说："金先生当时是一位怀疑主义者，不过，这不是从消极意义上说，而是从积极意义上说的。"当年在清华大学哲学系，不论是做教师或做学生，不论哲学观点是否相同，都无一不佩服金先生的为人与学问。

　　1946 年抗战胜利，很多人都从大后方各地赶到重庆，等飞机或轮船回抗战前所在地。我在西南联大设在重庆的接待处见到了金先生。金先生还是那么亲切地待人，首先就说他看到了我和唐君毅、牟宗三等编的《理想与文化》刊物，说了鼓励的话。同时，我看到在他的桌上摆了一张似乎正要发出的伸张自由民主的宣言，那上面有金先生的签名，似乎也有他的朋友张奚若的签名，还有和我同时的物理系同学赵九章的签名。我知道，经过八年抗战，经过他的同学闻一多的惨案，金先生已经不是只关在门内或课堂内思考与讲学的金先生了。他的正义感，使他能倾听关于自由民主的呼声，并且随之自己也发出民主与自由的呼声。由此可见，八年的艰苦抗战，不仅收回了国土，而且大家都自觉关心国家和人民了。无怪整个民族已经不是束手待毙自愿为奴的民族了，不仅异族不能压服我们，而且垂死败坏的国内的反动势力，也不能放肆无阻了，也濒临死亡了。

解放后，1952年院系调整，把全国各大学哲学系师生都集中到北京大学。组织上派金先生来主持这个新的哲学系，使我们都团结在党的周围，也在金先生的周围。金先生没有辜负党的厚望，他勇敢地担负起这个重担，与大家一起边工作，边学习，让大家都能为新社会作出贡献。大家都知道，解放前，金先生是不愿做行政工作的。但是，解放后，他深受时代进步精神的感染，宁愿暂时放弃毕生专心致志的著作生活，与哲学界的同志们和学生们共同进步。同志们和同学们也以他为榜样，为国家为人民做了不少有益的工作。我想，党和人民以及哲学界同仁，是永远不能忘记的。

在金先生的安排下，我和一些老同志们先整理中国近代思想，然后整理中国哲学史。过去从来不注重集体研究的同道，今天也同心协力专做一事了。新的事业，寄托在新的同事关系上，这也是社会主义事业的创造。尽管有的人最初还不习惯，但久了，终于习惯了。

金先生在解放初就参加了民主党派中国民主同盟，在主持哲学系后，不久即光荣地参加了中国共产党。他响应党的号召，在50年代中期，曾对自己解放前的著作择要写出自我批判的文章。他先批判了他过去的逻辑思想，然后批判他的《论道》一书。金先生是一位十分谦逊谨慎、虚怀若谷的学者，他写完《论道》的批判长文后，一定要我这位事事落后的学生为他提意见。我惶恐地接受了这任务。解放后，他的思想变了，大变了，也因此才决心批判过去的《论道》，希望能有所超越。解放后，自从金先生发现马列主义哲学后，我们一起听苏联专家的课，常在一起讨论，他再也不说"道、式、能""出于几、入于几"了。他相信世界有"本"，即"物"，社会人生有"律"可言，也因此非常热心自己的事业，乐于完成组织上交给的一切任务，勤勉而又乐观，为我们树立了榜样。他在 1957 年光荣地参加共产党后，更严格要求自己了。我永远记得，当大家庆祝金先生从事教学和研究工作 56 周年的时候，许多同志盛赞金先生的成绩之后，金先生最后的答言是："我改造得不好，为党为人民做的事太少，还要争取同志们的帮助。"（大意如此）这种谦逊而又十分严肃的态度，令人异常感动。

金先生离开我们已有两年多了，愿他的人格和学术长留在未死者和后代的心中，成为大家治学和生活的动力！

（1987 年 2 月于北京大学朗润园）

[该文原载《金岳霖的回忆与回忆金岳霖》（增补本），

有删节，标题是新拟的]

我和金先生的一些接触

任　华[*]

　　我本来是崇拜西方的理工科，可是 20 年代我家乡（贵州）
文化比较落后，北京比较有名的中学，心向往而考不上，所以
考上了当时新成立的一个中学。这个中学实行"道尔顿制"。这
个"道尔顿制"很糟糕，老师不讲课，以学生自学为主，数理
底子没有打好，心想学理工科，但办不到，因此就想学文法科。
本来想学历史，中学毕业那一年，我的同乡亲戚熊伟当时在北
京大学上学，从他那里听到了金岳霖先生。说金先生在清华任
教，并在北大兼课，很受欢迎。听到如此赞美，当时虽然还没
见到金先生，已心领其人。后来我考上了清华，熊伟说："得
了，你就学哲学吧，历史可以自学。"听了熊伟的话，我改学了
哲学。可是，我刚进清华那一年（1931 年，"九一八"事变），
金先生到海外去休假了。

　　第二年，金先生从美国回来，我们开始接触。金先生本来
是搞政治思想的，是以政治思想家出名的。当时我听说，搞政
治思想的高逸含写了一本《欧洲政治思想史》的书，在那上面，
他提到，当时国内搞政治思想的两个人，一个就是金先生，一
个是张奚若。我到清华时，金先生已不讲政治思想了，我只是
知道他早年是搞政治思想的，写的是 T. H. Green 的政治思想，

---

[*]　任华：北京大学哲学系教授。——编者注

是他的博士论文。

当时哲学系的学生，只有十来个本科生。那时，我同班的只有两个人。与我差不多的还有乔冠华、周辅成，是先后同班。

金先生上课的特点，开头几年，有些课用英文讲，后来就没有了。同时，在讲课时，他喜欢提问题，有时还让学生自己上去讲讲。他不搞集体灌输，而是启发式，让学生发挥主动性，提出问题叫你回答。如讲休谟、洛克，上课时两三个人，金先生拿着他的书，一边念，一边提问题；他一边解释解释，一边让学生解释解释。他在英国时，受罗素、摩尔等剑桥那些人学风的影响，注重分析，即所谓的概念分析，他也把这种方法在清华进行实践，就喜欢分析。那时，他在清华哲学系影响比较大，所以，跟他学的学生也比较多些。当时一些人认为清华是中国的剑桥大学，是中国的剑桥学派。金先生不是完全停留在那里搞分析，后来他去搞他的哲学体系，譬如他的《知识论》《论道》，建立了他自己的体系。当时，金先生很严格，他早上向来不见人，早上念书、思考、写作，下午以后才从事别的活动。

他的朋友有梁思成、张奚若、邓以蛰等。他很有风趣，很幽默，好开玩笑。清华每个星期有一个晚上，在图书馆楼底下举行哲学讨论会，有一张长桌子，大家围着坐，他自己讲或找别人讲。记得有一次，请黄子通讲，黄子通讲怀特海，说："按照怀特海的理论，金先生在我耳朵里。"金先生立刻说："我不在你的耳朵里。"金先生很有才华，昆明有一大观楼，楼上有对联，对联很长，金先生看一遍，就能把它背了下来，是风流才子。

我在清华哲学系本科四年、研究生两年，金先生是我的导师。要做论文，我的论文是《信念之分析》，分段写，让金先生看，有问题，我再修改，最后通过答辩，毕了业。

金先生住在城里。他每星期来上课时，就在学校住。在清华他有一间房子，住上一天半天，有时住一夜。那时当教授，生活比较富裕，金先生喜欢花，跟养花的有来往。他家有个做饭的师傅，还有个人力车夫。他在城里活动，坐人力车，他要到清华，人力车送他到车站，坐清华的公共汽车；回城去，人力车到车站去接他。

解放后不久，院系调整，我们都到了北大哲学系。金先生来了，当系主任。说起来，金先生是很爱新中国的。怎样看呢？解放前他在清华时连系主任都不愿当的，可是解放后让他当系主任，他也就当了。又比如，蒋介石要他加入国民党，他就不加入，可是解放以后，1956年他就入共产党了。事实上，他在北大当系主任这一段时间，他没讲课，干行政工作。后来他到了哲学所。

（该文是王中江根据访问整理的，原载《金岳霖的回忆与回忆金岳霖》（增补本），有删节，标题是新拟的）

忆在昆明从金先生受教的情况

冯　契[*]

　　刘培育同志来信通知我，金岳霖学术基金会将为龙荪师诞生 100 周年举行纪念活动，这促使我回忆起过去从金先生受教的种种情景，特别是 1941 年之后在清华文科研究所那一段时间，得到金先生给我的严格的思维训练和特别亲切的教诲，并讨论了"超名言之域"等问题，那真是对我一生影响至深的。

　　我 1935 年考进清华哲学系，大一时听了金先生的逻辑课，便对他严密的逻辑分析方法十分钦佩。1937 年抗日战争爆发，清华、北大、南开三校南迁成立长沙临时大学，文学院在南岳。当时有些进步学生在地下党领导下组织战地服务团，决定到北方前线去参加抗战工作，我也报名参加了。临走之前，去向金先生告别，他非常赞赏我的行动，连声说："好，好！我要是年轻 20 岁，也要到前线去扛枪。"我后来一直记着他讲"扛枪"二字时的那种满腔热情，这对我的确是最好的鼓励。我在北方两年，1939 年又回昆明西南联大复学。金先生一见到我，就约我到他住处去谈谈。他特别为我准备了咖啡和点心（这在当时大后方是很难得的），详详细细地问我在前线的情况和所见所闻。我如实地讲了自己到山西前线，又到延安，并随八路军到了晋察冀和冀中等地的主要经历，介绍了敌后根据地军民如何

───────────

＊　冯契：华东师范大学哲学系教授。——编者注

英勇抗敌的许多事迹。他显然听得很高兴，不时地插话："八路军真能打仗！""噢，游击队神出鬼没！""照你说，中国人一定能打败日本鬼子！"……他还说，他们这一代人，一直担心中国要被瓜分，要亡国；能把日本鬼子打败，中国就有希望了。

我早就认为金先生是个热爱祖国、热爱真理的学者，在感情上和他比较接近。不过在大学期间，我热衷于进步学生的种种活动，和老师接触的时间较少。只有到1941年成为研究生之后，才真正和金先生建立起特别亲密的关系。这时正是皖南事变之后，大后方被白色恐怖所笼罩，地下党实行"长期埋伏，积蓄力量，以待时机"的方针，学生运动暂时沉寂了。于是，我便搬到昆明郊区司家营清华文科研究所居住，下决心埋头读书。这期间，为了躲避日本飞机对昆明的轰炸，许多教授到郊区农村借房子安家。金先生从四川李庄休假回来后，住在龙头村钱端升先生家中，离司家营约二里路。他决定为我这个学生单独开课，叫我每星期六下午到他住处去读书（先是 Hume，后是 Bradley）。开始读休谟（Hume）的 *A Treatise of Human Nature* 时，只有一本书，由我捧着朗读，金先生半闭着眼睛听我读，读到其间，他会说："打住"，然后向我提问，要我回答。往往是这样一个问题，那样一个诘难，使我感到仿佛突然落到荆棘丛中，不知如何才能摆脱困境。于是，他就给我详详细细地分析和批判休谟的思想，从这方面解析，从那方面探讨，又从第三方面考虑，等等，不一定得结论，但把问题引向深入了。金先生对休谟的书真是熟透了，哪一页上有句什么话，有个什么重要概念，他都记得。并且不仅一次地提醒我："要认真读几本书。不要浮光掠影把书糟蹋了！"他这种严谨的治学态度和严密分析的思维方法，给了我极深刻的影响。

当时，金先生正在把他的"知识论"讲稿整理成书，他把写成的手稿一章一章地交给我带回来读，送回去时也要我提出问题和意见进行讨论。同时，除金先生指定读的书之外，我自己开了两个有关西方哲学和中国哲学的书单子，按历史顺序选读各大家的原著，也常有一些疑问和看法要向老师请教。在那一时期，我和金先生讨论的问题是很多的，而且这种讨论不限于为我解惑。我好标新立异，敢于提出自己的见解；金先生也喜欢学生有独立见解，但要求我每提出一个论点都必须经过严密论证。因此，讨论往往是热烈的，富于启发和引人入胜的，不知不觉间，一个下午便在边读边议中过去了。

接触次数多了，互相了解加深了，师生间便建立起真诚坦率、充分信任的关系，交谈的范围也扩大了。金先生虽不愿多谈政治，但他反对法西斯统治和种种腐败现象，态度是鲜明的。在他面前，我可以毫无顾忌地批评国民党反动派。我有时还喜欢讲一点唯物辩证法的观点，金先生也读过一些马克思主义著作。记得有一次他对我说："马克思的著作有种理论的美。"这也就是说，马克思的哲学是一种创作。但他瞧不起苏联的教科书，特别对他们批评形式逻辑很反感。他说："形式逻辑怎么好反对？你反对形式逻辑的那些话，也要遵守形式逻辑。"金先生这些观点，我也是赞同的。

当时在边读边议中讨论得最多的是认识论问题。我在这期间曾经写下不少读书笔记，其中包括读金先生的《知识论》手稿的笔记。这些笔记，我从昆明带到了上海，一直珍藏着，但很不幸，在十年动乱中都丢失了。现在当然已不可能把半个世纪前的事情原原本本地回忆起来。不过其中有些问题、特别是涉及"名言世界与非名言世界"问题的讨论，至今仍留下深刻的印象。

记得有一次，金先生忽然颇为感慨地说："《论道》这本书出版后，如石沉大海，一点反应都没有。没有评论，……也没有人骂！"他的语气中包含有一种深沉的寂寞之感。我便说："曲高和寡，人家读不懂。但经过时间的考验，这本书的价值是会显示出来的。"他说："哲学理论和自然科学不一样，不能用实验来验证。所谓考验，通常要通过讨论、批评，有人从东边来攻一下，又有人从西边来攻一下，攻来攻去，有点攻不倒的东西，那就站住脚了。"我说："我们这些学生都是认真读了的。在讨论、论辩时也常常会提到《论道》。"金先生便问："那你有什么意见？"我说："《论道·绪论》中区分'知识论的态度'和'元学的态度'，以为'知识论的裁判者是理智，而元学的裁判者是整个的人'，这个提法可以商榷。"我认为，理智并非"干燥的光"，认识论也不能离开"整个的人"。我主张用 epistemology 来代替 theory of knowledge，以为认识论不应限于关于知识的理论，它也应研究关于智慧的学说，讨论"元学如何可能"和"理想人格如何培养"等问题。金先生听了我的意见，说："我的《知识论》确实只讲知识经验领域，即名言世界；你说的智慧，涉及那超形脱相、非名言所能达的领域，理智无法过问，只好交给元学去探讨……不过，你的话也有道理，可能还更接近中国传统哲学。"他鼓励我循着自己的思路去探索。讨论到后来，他说："大概有两类哲学头脑：一类是 abstract mind，一类是 concrete mind。不晓得这看法能不能成立？"他觉得自己有点偏于 abstract，而认为我可能喜欢concrete。

　　虽然金先生说自己偏于"抽象"，但他在《势至原则》一文中提出"何以有现在这个世界"的问题，却正是在探求"具体"。该文作于 1940 年，发表在 1943 年的《哲学评论》。当时，我已在协助冯友兰先生处理一些有关"中国哲学会"的具体事务，主要是《哲学评论》杂志和《中国哲学丛书甲集》的编辑工作。因为《哲学评论》每期都要求有英文目录，我在发稿前就去问金先生："《势至原则》应该怎样翻译？"他说："译作 *Principle of actualization*。"我记得寄给开明书店的杂志目录上就是这样写的。我认认真真地读了这篇文章，对金先生提出的"何以有现在这个世界"的问题甚感新鲜，认为该文对"这样的世界与这个世界""名言世界与说不得""命题与本然陈述"的分析都十分精辟。但我也提了两点意见：一是所谓现在这个世界，金先生说，"我们可以假定其为宇宙洪流在这一分钟中或一年中的平削的现实"，又说"Why is there such actualization?"的问题，从小范围着想，"就是问我何以坐在这间房子里，这张纸何以摆在桌子上，……"等等。我觉得这些提法有点把原来探求"具体"的问题抽象化了。但究竟应如何更具体化，我也说不清楚。二是金先生《论道》中的"能"是"说不得的"，他以为只有"作一种理智上的跳跃，跳出名言世界范围之外"才能抓住它。这"跳跃"是如何实现的？其机制如何？我觉得还需深入研究。

在我对金先生的思想以及他的为人了解得更多之后，便越来越感到他内心里有个矛盾，很有点像王国维的"可爱"与"可信"的矛盾。他不止一次地对我说：本世纪以来哲学有进步，主要是表达方式技术化了，这是不能忽视的；但因此，哲学理论和哲学家的人格分裂了，哲学家再不是苏格拉底式的人物了。他这些意见后来也写在《中国哲学》一文中（这篇用优美的英文写的论文，原是供来华参战的美军战士阅读的）。他为苏格拉底式的人物一去不复返而深感惋惜，正说明他对重视身体力行、追求天人合一境界的中国传统哲学是多么留恋。他内心中的矛盾，客观上是科学主义和人文主义两种思潮的对立以及东西方不同文化传统互相冲撞的反映；而在主观上，他感到这矛盾难以解决。

大约在1942、1943年间，金先生的《知识论》第一稿已接近完成。我问他："《知识论》写完之后，还打算写什么？"他说："还打算对'名言世界和非名言世界'问题作些探索。"我说："金先生是想把《论道》和《知识论》沟通起来？"他说："有这意思。但不止是这一点，非名言所能达的领域很宽广，譬如说诗的意境、宗教经验等等。这个问题很复杂。"我意识到，金先生可能是想解决自己内心中的矛盾。当时我就表示也想碰一碰这个问题，写篇论文，并以为中国哲学讨论"有名"和"无名"、"为学"和"为道"、"转识成智"等都与此有关。金先生鼓励我循自己的思路去搞，还说涉及中国哲学的问题可以向冯友兰先生、汤用彤先生请教。这就是我选《智慧》为题做研究生论文的缘起。

大约也是在这期间，金先生在西南联大作了一次公开演讲，听的人还不少。讲的题目我已经忘了，但记得主题就是讲治哲学和文学都要碰到一个"说不得"的问题，说不得当然难以言传，但还要用语言来传达，那么，这种传达是借助于人的什么能力和工具来做到的？在这一次演讲之后不久，金先生曾整理出一篇文稿，记得它的题目为《名言世界与非名言世界》，内容比公开演讲更丰富、更深奥一些。我看过这篇文稿，其中讲文学部分给了我特别深刻的印象。金先生很爱读文学书，他知道我也喜欢文学，所以平日交谈和讨论时也常常涉及。他读过的中外小说比我多，唐诗、宋词及古文的许多名篇他都记得很熟，而且还特别欣赏庄子的文采，因此，他在这篇文稿以及公开演讲中把哲学和文学联系起来进行考察，绝不是泛泛之谈，而是很有深度的。记得我听完讲演后回司家营，第二天见到汤用彤先生，向他介绍了金先生演讲内容的大意，汤先生也说："金先生的思想真深刻！"

这篇文章至今没找到，很可能金先生当时没有拿出去发表，也有可能他把它和《知识论》手稿夹在一起，在一次空袭警报中一起丢失了。金先生后来又重写《知识论》一书，因学校搬迁、时局动乱、生活艰苦等客观原因，直到1948年底才写完，那已经是北京解放前夕了。这时，他大概已没有心情再来探讨超越名言世界的元学问题了。

最近，我的学生从图书馆中找到了1947年出版的《哲学评论》，把刊登在上面的《智慧》一文复印了一份给我（我留的底稿在"文化大革命"中被抄走了）。重读自己这篇旧作，难免感到汗颜，但也使我回想起在昆明时和金先生讨论超名言之域问题的生动情景。《智慧》一文运用了比较多的中国哲学资料，但它受金先生的影响是明显的。术语基本上都按金先生的用法，文中如利用"无量"这一概念来解释元学上的飞跃等，也是对金先生思想的发挥。虽然论文写成后我自己便感到不满，以为它太学院气了。但回顾自己数十年来的哲学探索，却确以此为起点。我现在整理《智慧说三篇》，主旨还是在探讨知识和智慧的关系问题，经过曲折的历程，仿佛又在向出发点复归。而这个出发点是和金先生的引导分不开的。

1946年我到上海之后，和金先生见面的机会少了。但解放后我每次到北京时去看望他，他总是很关心地问我的哲学研究工作。1957年春，我把我的通俗小册子《怎样认识世界》的清样寄给金先生过目，并趁我到北京开会之便，请他跟我当面谈谈他的意见。金先生当时住在北大燕东园。他约定一个晚上叫我到他家去，特别准备了几样下酒菜，请我喝泡了枸杞子的酒，跟我边喝边谈。他仔仔细细地对我的小册子提了意见，也说了许多鼓励的话，勉励我顺着辩证唯物主义的路子前进。并说："我那个《知识论》不行，许多问题搞成唯心论、形而上学了。"又说："形而上学，自古已然，于今为烈！我的《论道》特别严重。"他如此严格要求自己，在学生面前作自我批评，使我深为感动。但我觉得老师的自我批评有些过分了，便说："金先生太谦虚了。你的著作有许多合理的东西，谁也不能抹煞。譬如说，我这小册子中讲概念对现实有摹写和规范的双重作用，还说在科学研究中即以客观现实之道还治客观现实之身，理论便转化为方法，这都是金先生的见解，我不过换了两个字，略加引申罢了。我以为金先生的《知识论》讲概念的'摹状与规律'，讲以得自所与的意念还治所与，是合乎辩证法的。"金先生沉吟了一下，说："咦，这一点，我大概讲对了。"接着，我们便就如何研究和发展辩证唯物主义认识问题，作了长时间的讨论，直至深夜。

十年浩劫之后，我到干面胡同社科院宿舍去看望他。他虽经受了折磨，已进入衰弱多病的耄耋之年，但见到我还是兴致勃勃地跟我讨论问题，并问我在研究些什么。我告诉他，虽然在"文化大革命"中全部手稿、笔记、资料被抄走了，我还是决心使原来计划要写的几种著作复活过来。我把我的写作计划大体向他介绍了一下，说明主要还是想围绕知识和智慧、名言之域和超名言之域的关系问题作深入的探索。他听了很高兴，连声说："好，好！你写出来！现在像你这样多年来一直专心搞

晚年金岳霖

哲学问题研究的人不多。"我说:"等书印出来就寄给金先生,那时我再到北京来跟你讨论。"我当时期望有一天还能像40年代在昆明或1957年在北大燕东园那样,和金先生再作一次长时间的讨论。这个期望是不可能实现了!

可喜的是现在研究金岳霖哲学的人多起来了,而且《金岳霖文集》即将出版,将给研究者以极大便利。金先生无疑是中国近代最有成就的专业哲学家之一,他会通中西,建立了自己独特的博大精深的哲学体系,在认识论、本体论、逻辑哲学等领域都作出了创造性贡献。诚如金先生所说:"哲学既不会终止,也不会至当不移。哲学总是继续地尝试,继续地探讨。"但后继者只有通过对先行者的认真研究,才可能作出真正的新的尝试。金岳霖哲学不自封为"至当不移",它期待着后继者将通过它来超过它,所以是富有生命力的。金先生在哲学上作出的贡献和对若干重大问题的探讨(如本文所说的超名言之域问题），将如薪传火，随着后继者的不断增多而产生深远的影响。

（1993 年 2 月于上海华东师范大学）

［该文摘自冯契《忆龙荪师以及他对超名言之域问题的
探讨》和《论"以得自现实之道还治现实"》两篇文章，
分别载于《金岳霖的回忆与回忆金岳霖》（增补本）和
《金岳霖思想研究》，标题是新拟的］

忆金先生一堂教学和两则轶事

任继愈*

　　"七七"事变后，北大、清华、南开三校合并，成立了西南联合大学。我在北大毕业后，在西南联合大学哲学系教书，有机会旁听金先生开设的"知识论"课。

　　金先生讲课，不带书本，不带讲稿，走进课堂只带一支粉笔，这支粉笔并不使用，经常一堂课讲下来一个字也不写。他夏天穿西装，不系领带，冬天穿棉袍。昆明号称"四季如春"，实际冬天相当冷，陈寅恪、刘文典两位先生都穿皮袍。金先生眼睛怕强光，不论冬夏，都戴一顶网球运动员戴的遮阳帽。冬天戴着遮阳帽，显得很特殊。金先生冬天戴遮阳帽与朱自清先生冬天穿西装外披一件昆明赶马的驮夫披的白色斗篷，成为西南联大教授中引人注目的景观。

　　金先生讲授"知识论"课程，有的学校称为"认识论"。金先生说，这门课只能叫"知识论"，不应叫"认识论"。人们对某事物可以有一定的知识，却不一定认识它。因为认识一个事物要受众多条件的影响和制约，有主观方面的，也有客观方面的。

　　比如说，事物之间的比例（Proportion）就是影响认识的一个因素。假使世界上所有的东西一夜之间都按比例缩小了一

＊　任继愈：曾任中国社会科学院世界宗教研究所所长。——编者注

半（房子、门窗、桌、椅、人……），这个变化不能说不大，可是人们对已发生变化的这个世界并未察觉，认为和平常一样，认为没有变化。

金先生又说，我平时好大，却不喜功，常摆几个大的苹果在桌上。刚摆出时，它们大小差不多，几天后，有的苹果缩小了，苹果 A、苹果 B、苹果 C……之间差别逐渐显出来，因为它们之间的比例拉大了。如果这些苹果同时同步缩小，我会认为它没有缩小。可见，"比例"在人类认识中的作用不能不考虑。比例不过是众多关系中的一种。

再比如天气的冷热，可以用温度计测出其绝对值，但人们对冷热的感受与温度计显示的数值并不一致，有时甚至相反。甲说今天冷，乙说今天热，丙说不冷不热。人们叙述天气的冷热，只能按多数人的感受为准。好像大家有一个共同认同的冷热标准。如果对冷热感受者人数比例刚好一半对一半，究竟以哪一半为准？

金先生又说，人们嗅到某种花香的气味，有人觉得沁人心脾，有人为之头昏脑胀，感受因人而异。形成气味的还是那个化学分子结构，香和不香的感受因人而异，认识不尽相同。

金先生又说，对于桌、椅、木、石等死的东西，哲学家可以通过分析，论证其不真实，认为不过是众多感觉的复合体，好像言之成理。如果认识的对象不是呆板的死物（桌、椅、木、石等）而是一个大活人，哲学家作出上述的分析和判断就会遇到麻烦。讲到这里，金先生指着坐在他对面听课的同学陈龙章，并代替陈龙章回答："你不承认我的存在，我就坐在你的面前，你把我怎么办？"讲到"你把我怎么办"这句话时，金先生把头一摆，胸一挺，脖子一梗，做出不服气的样子，听课同学们会心地笑了。

金先生总结说，人们用概念、判断等方式表达事物性质的特点，构成人们的知识，知识可以通过各种媒介、工具表达清楚，传达给另外的人。不论这种过程是复杂还是简单，总归可以讲清楚，我们可以说对某事物有知识，关于这种过程的学问叫作"知识论"。但我们只能说有关于某事物的知识，却不能说有关于某事物的认识，因为这个"所与"（Given）对不同观察者的认识很不一致，也无法取得一致。金先生说，所谓"Thing"，实际上是人们对它（Thing）的加工，"Thingize"，是人加给物的。

金先生晚年接受马克思主义哲学，并非偶然，有其哲学理论的结合点。

金先生为人通情达理，平易近人。对个人利害得失，从不放在心上；对学术问题却严肃认真，半点也不迁就。听金先生讲过，30年代初，中国哲学会在南京举行一次年会。有学术报告，也有讨论。金先生带着年轻的沈有鼎去开会。金先生深知沈有鼎这个学生自由散漫，性情古怪，生怕他在会上乱发言，有意安排他坐在自己旁边。沈有鼎有好几次想站起来发言，被金先生按他坐下，制止了。沈有鼎实在憋不住了，趁金先生不注意，猛然站起来，金先生一把没拉住，沈有鼎滔滔不绝地讲了一通，沈没有讲他熟悉的逻辑，而是讲未来的新哲学将是博大的三民主义唯心论大体系。金先生被这位性情乖僻的天才学生的突然袭击弄得措手不及。事隔多年，抗战时期沈有鼎也在西南联大教书，别人问起这件事，沈有鼎早已忘记，金先生却总未忘记当时的尴尬局面。

50 年代初，北京解放不久，清华大学哲学系请艾思奇作报告。报告会由金先生主持。当时艾思奇同志说，我们讲辩证法，必须反对形式逻辑，形式逻辑是形而上学，我们要与形式逻辑作坚决斗争。艾思奇讲的中心是学习辩证法的重要性，形而上学必须反对。报告会结束后，金先生以主持会议者的身份总结这次报告，他说："听说艾思奇同志坚决反对形式逻辑，要与形式逻辑作坚决斗争。听他讲演以前，我本想和艾思奇同志斗一斗，争一争。听艾思奇同志讲演以后，我完全赞同他的讲话，他讲的话句句符合形式逻辑，我就用不着斗、用不着争了，谢谢艾思奇同志。"

（1993 年 6 月 22 日于北京图书馆）
［该文原载《金岳霖的回忆与回忆金岳霖》（增补本）］

言传身教　春风化雨

张遂五[*]

从 30 年代起，我就是金先生的学生，亲侍讲席。金先生对我言传身教，春风化雨，在各方面给我的教益，都使我终生难忘！

在旧中国时代，金先生不仅传授知识，而且首先是在品德和人格方面给学生以感染。在当时国民党的黑暗统治下，金先生一向关心政治，但不同流俗，对反动势力傲然不失其志，没有丝毫奴颜和媚骨。正像毛泽东同志说鲁迅先生的骨头是最硬的，金先生的骨头也是最硬的。"七七"事变后，日本军国主义者从东北到华北，强占了我大片国土。日寇强占北平后，先生随学校南迁，从湖南衡阳岳麓山下的临大，又转辗到云南昆明的西南联大，不辞辛劳奔波万里，坚守培育下一代的神圣职责。我也从北平流亡出来。感谢冯友兰先生来信告知，清华研究生院已在昆明恢复，这对我是一个吸引力量。1939 年，我从四川赴昆明复学，继续在金先生的教诲下学习。先生在政治上丝毫不苟，对黑暗现实不屈服、不妥协的高风亮节，我作为学生看在眼里，是由衷敬佩的。这也增强了我在生活中抵制恶势力侵袭的勇气。

金先生对科学和真理不知疲倦地追求，给青年时代的我指

---

[*]　张遂五：四川大学哲学系教授。——编者注

出了一条人生的道路。我对哲学发生兴趣，并且以之为终身事业，要感谢金先生的启蒙。初进清华，我学理科，也对哲学有些兴趣。后来读到金先生在《哲学评论》上的文章，如《论自相矛盾》《外在关系》等，使我觉得自然科学固然包含着真理，但似乎还有更高的真理值得我们去追求。我隐隐约约地感到，要以科学知识为基础，进一步去探讨那种带有更大普遍性的问题，才能理解关于这些知识的所以然。于是，我转到哲学系。到哲学系后，金先生给我们讲课，有时约物理系的周培源教授讲课。周先生结合主题给我们讲一些物理学上的新成果，并从哲学上给以评论，引起我们很大的兴趣。现代控制论的创始人维纳教授给我们讲量子力学的哲学意义。冯友兰先生主持会，周先生、金先生都发了言，同维纳教授展开了讨论。这使人感到，要讲哲学，离开科学寸步难行。法国的世界知名物理学家、英国卡文迪许实验室出身的郎之万来清华讲学，如数家珍地大讲微观物理学方面的新成就，把人带进一个神奇的世界，令人惊奇，令人神往。金先生讲的"哲学问题"一课，经常选印一些外国杂志上新发表的有关哲学的文章作教材。记得当时美国物理学家布里治曼写了一本《近代物理学的逻辑》，主张所谓"操作主义"（operationalism）（前不久还有人评述他的学说，可见他在现代西方科学哲学中有一定影响）。为了弄清其哲学意义，金先生就选印了有关文章，在课堂上，师生们各抒己见加以讨论。我们平时阅读的大都是罗素、怀特海、伯罗德等人的著作。后来到了昆明，金先生还把他在外国杂志上发表的文章，周先生把他在普林斯顿大学做访问教授时和爱因斯坦讨论过的文稿，给我阅读。总之，在当时清华哲学系养成了我一种倾向，就是要通过自然科学的途径达到哲学。我的研究生毕业论文也是有关现代科学的时空学说的。现在我教的是欧洲哲学史，我觉得自然科学史对哲学史的关系和影响是值得很好研究的一个重要方面。

我在研究生期间，除第二年用一部分时间写作毕业论文外，两年中其余的时间都是听金先生讲述他的哲学专著《论道》和《知识论》。这两部书中虽不无可进一步研究之处，但我觉得在学术上它们是具有居于第一流地位的自成一家之言的体系。解放后，金先生严格要求自己，在马克思列宁主义指导下连续写文章，自觉地展开自我批评。这说明金老虽已年近古稀，仍积极要求进步。金老终生不渝地追求科学和真理的精神使我深受鼓舞，总觉得金老高大的身影在前面指引着我。

金先生无论在谈话或讲课时都善于启发，用提问的方式把问题步步引向深入。无论是讲专业课"知识论"，还是开休谟的"人性论"、布莱德雷的"表象与实在"、刘易斯的"心灵与世界秩序"等课，金先生都是有计划地先读几段，然后提出问题，用指名或示意的方式让学生谈自己的看法，再展开充分的讨论。当时班上的同学不多，但总是显得空气十分活跃。金先生善于揭露矛盾，分析矛盾，让学生循着矛盾对立的自然开展而达到解决。如果说古希腊有所谓苏格拉底对话式的辩证法的话，那么，金先生每上一次课就是苏格拉底式对话的一次生动的辩证法实习课。他这样做，完全符合人们思维发展的具体实际，使课堂教学收到很好的效果。

今天，金老桃李满天下，后辈们仰之如泰山北斗。我国哲学和逻辑学界以有金老这位当代的大智者感到骄傲和自豪！他在各方面都给我们树立了学习的楷模。

（该文原载《金岳霖学术思想研究》）

我和金先生交往的一些真实故事

周礼全*

金岳霖先生（字龙荪）从 1941 年起就是我的老师。我从清华大学研究院毕业后，又一直在他的领导下工作。40 多年来，他对我的教诲、帮助和关怀，一想起来，我就充满了无限的崇敬、感激和怀念之情。在他 100 周年诞辰之际，我要叙述我同他交往中的一些真实故事，以表达对老师的怀念，并弘扬老师的美德。

金先生的特殊声誉

1941 年深秋，我从湘西的一个小县城来到昆明的西南联合大学哲学系读书。在联大刚生活了几天，我就被它的民主自由的气氛和追求真理的精神迷住了。我有一种如鸟出笼、如鱼得水的欢乐心情。

联大是抗日战争时期由北京大学、清华大学和南开大学组成的。哲学系是由三校的哲学系组成的，教授阵营强大，在当时国内的哲学系中首屈一指。金先生在联大哲学系众多的名教授中享有特殊的声誉。

金先生在三四十年代应用了现代的逻辑方法创造了他自己

---

* 周礼全：中国社会科学院哲学研究所研究员，金岳霖学术基金会学术委员会主任。——编者注

的哲学体系，他是能跻身于当时国际哲学家之列的。他又是清华大学的元老之一。当时流行"清华三荪"之说：叶企荪先生长期担任清华大学理学院院长和物理系主任；陈岱孙先生长期担任清华大学法学院院长和经济系主任，他们两位都是能左右清华大学的实力人物；金先生当时虽然没有任何行政职务，但他对清华大学哲学系甚至对清华大学也有巨大的影响力。上述两个因素，再加上金先生那种超然物外的处世态度和诗情画意的生活风韵，他就自然而然地更易为带有浓厚的浪漫主义情调的联大师生所倾倒。

我第一次认识金先生，是在联大哲学系为我们新生举办的迎新会上。系主任汤用彤先生作了几分钟一般性的讲话后，就逐个介绍系内教师。汤先生可能第一个介绍冯友兰先生（文学院长），第二个介绍金先生。也可能第一个就介绍金先生。使我感到奇怪的是，金先生头上戴了一个打网球时用来遮阳光的眼罩。汤先生在介绍教师后，就让新生一个一个地介绍自己的姓名、籍贯和学历。当我介绍自己时，金先生插话说："啊！你在长沙念过书。"我回答说："是。"这是我同金先生第一次交谈的全部内容。

随着我在联大生活和学习时间的延长，我从教师和高年级学生口中逐渐了解了金先生的许多情况。我发觉哲学系师生普遍地对金先生非常尊敬，其中有些人竟达到了崇拜的程度。

有一位同学叫殷福生的，他从联大哲学系毕业后又考取清华大学研究生，导师是金先生。一个周末的晚上，殷福生到我的宿舍聊天。他对金先生的学术成就和个人品德都作了极高的赞扬。他讲得有声有色，我也听得津津有味。当时我桌上放了一本金先生著的《逻辑》。殷福生拿起这本书说："就这本书来说吧！这是中国人写的第一本高水平的现代逻辑著作。也仅仅就这本书的文字来说吧，真是增一字则多，减一字则少。"这时，他突然把这本书往桌上一扔，接着说："你听，真是掷地作金石声。"此情此景，虽已过去 50 多年，仍历历在目。

殷福生后来改名为殷海光。据说，他在台湾大学教书，是一位在师生中很有影响的教授。他宣扬民主自由，被誉为"青年导师"。但也由于宣扬民主自由，他竟被台大解聘，最后穷困而死。

初次问难

1942 年秋至 1943 年夏，金先生给哲学系高年级学生讲"知识论"。我当时是二年级学生。一天，我遇见哲学系的一位毕业生胡庸逮。他是同学中的"康德专家"。他对我说："金先生在讲'知识论'，深刻极了！精彩极了！你应当去旁听几堂。"后来我就去旁听了两次。第二次金先生讲归纳原则。金先生先把英国哲学家罗素在 *Problems of Philosophy*（《哲学问题》）中对归纳问题的表述写在黑板上，然后解释罗素这个表述的含义。最后，金先生指出归纳原则的困难所在。

恰好大一时，我买得一本罗素的《哲学问题》旧书，并且细读过"归纳原则"这一章。我当时觉得金先生对罗素归纳原则的解释有些问题。

下课后，我在教室门口拦住金先生，很唐突地说："您刚才对罗素的归纳原则的解释，我以为不完全符合罗素的原意。"金先生说："你读过罗素的书吗？"我说："我仔细读过他的 *Problems of Philosophy*。"金先生说："你回去再好好读几遍吧！"说完这句话，他便扬长而去。也许那天下课后金先生有急事要办，也许金先生讨厌我那种唐突的和过分自信的态度。但我个人当时的感觉是："金先生好严厉啊！"

以后由于我功课忙，也由于有点怕见金先生，我就不再去旁听他的"知识论"讲课了。直到一年多以后，我才又开始同他接触，我才慢慢地改变了我第一次问难时所获得的错误印象。

引人入胜的讲课

在联大，按学校规定我选修了许多课程。但大部分我选修的课程我都没有好好去听，只是期末去参加考试而已。

金先生的"知识论"和"形而上学"这两门课程，我是每堂课都去听了，而且听得很专心。这不仅是因为我对这两门课程的内容很有兴趣，也因为金先生的讲课引人入胜。

1944 年秋我三年级时，选修了金先生的"知识论"。这是我第一次选修他的课程。这时，他刚从美国访问一年归来。金先生喜欢穿一件深红色西服上衣和一条灰色法兰绒裤子。据说这是英国牛津大学和剑桥大学的流行装。西服的质料和做工，即使在美国也是上等的。天气变冷时，他还外加一件蓝灰色的高质量夹风衣。

金先生上课时，从不带讲稿，也不带任何其他资料。他坐在讲桌旁边的一把椅子上，闭着眼睛，一边思考一边讲。

他总是先叙述一下他要讲的哲学问题，然后分析这个问题，提出初步的解决意见；进而又指出这个解决意见的缺点，再提出一个新的解决意见，……这样一步一步地深入，一步一步地提高；最后，他提出自己认为正确的意见。他这种讲课进程，有些像柏拉图的"对话"，也许更像休谟剥蕉抽茧地讨论哲学问题的风格。

金先生讲述一个哲学问题的进程，大体上反映了哲学史上这个问题的发展进程，也大体上反映了他自己对这个问题的思考进程。金先生的讲课，循循善诱地把听众引入了他的思考进程，这就使听众容易理解这个哲学问题的实质。听众不论水平高低，都会是很有收获的。

我四年级时又选修了金先生的"形而上学"课程。他讲授"形而上学"和讲授"知识论"有所不同。这是由于这两门课程的内容和性质不同决定的。他讲授"知识论"时应用了细密的、有时是艰苦的逻辑分析。但他讲授"形而上学"时，却是凭借一种理智和感情密切结合的哲学玄思。我现在还能清楚记忆：金先生有一次在形而上学课程中讲"宇宙洪流"。他自己沉醉在那种超形脱象、人我两忘的玄思中。我也跟着他的讲课在无始无终、无边无际和无穷无尽的宇宙洪流中遨游。我感觉到一种比"挟飞仙以遨游，抱明月而长终"更美妙的哲学乐趣。

形而上学，是哲学中最哲学的部分，是理智与感情的交融，是人与天的合一。就我个人的感受说，我喜欢金先生的"形而上学"甚于我喜欢他的"知识论"。

金先生的哲学讲课，不仅传授学生许多哲学知识，而且更重要的，还传授学生思考哲学问题的方法和培养学生解决哲学问题的能力。

第一次激辩

在我选修金先生的"知识论"和"形而上学"课程期间，下课后我常常陪伴他漫步走回他北门街的宿舍。一边走，我一边向他提出我听课中不理解的问题，有时也对他讲课内容提出不同意见。他总是亲切而耐心地作出解答。这种课后漫步对我帮助很大，加深了我对课程的理解。我曾想起古希腊逍遥学派大师亚里士多德，大概也是这样在逍遥的漫步中教导学生的。

金先生是我大学毕业论文的指导教授。我的毕业论文提出了一个知识论系统。我的观点属于金先生所反对的"代表论"一派的。我在论文中也几次批评了金先生的朴素实在论。我颇为得意地把论文交给金先生。他约我一星期后去他住处面谈。后来，我按时到达金先生住处（当时他住在圆通公园中梁思成先生家里）。金先生对我的论文提出了一系列的问题和批评，我就一个一个问题作出答辩；他又对我的答辩进行批评，我又为我的答辩辩护。这样一来一往，辩论越来越激烈，声调也越来越高，使得梁先生家里人推开门来看，是否我同金先生吵架了。这场辩论从下午两点多一直延续到快六点。我告辞时，金先生把论文交还给我。我在回联大的路上翻阅了我的论文，看见金先生在论文上多处写了批语。我现在记得的批语有："无的放矢""这是自相矛盾""你现在不也承认了外物吗"。我当时感到很失望，而且还担心金先生会给我一个"不及格"的评分。但是，后来评分公布，出乎意外，我不但及格了，而且评分还是相当高的。

金先生在认识论方面有很深的研究。他当然坚信：他自己所主张的朴素实在论是正确的，反对朴素实在论的理论是不正确的。但他并不因此就采取"党同伐异""顺我者昌、逆我者亡"的态度。他能容忍并尊重不同的观点，能承认即使是错误的理论中所包含的各种合理因素。

后悔失言

我做研究生时选修了金先生的"知识论研究"课程。由于选课人只我一个，而且我在大学时已听过他的"知识论"，他就为我规定了一个特别的上课办法。每次课前，他都指定我阅读许多文献，主要是古典哲学名著，如亚里士多德、笛卡尔、洛克、贝克莱、休谟、康德的著作，也有当代哲学家如罗素、穆尔的著作。上课时，先由我报告这些指定文献的内容和我对这些内容的看法，然后他对我的报告发表意见，最后，我们互相讨论。讨论总是很认真的。由于我特别好辩，而且对别人的看法又十分挑剔，讨论事实上就常常成为激烈的辩论。

有一次，在讨论中金先生提出了他的一个哲学理论。我说他这个理论不够清楚。他就费力地进一步作出解释和阐明。但我还是摆头表示不能理解。这就惹得他生气了，他说："你这个人的思想怎么这样顽固！"我也生气地立刻回应说："不是我思想顽固，是您思想糊涂！"金先生听了这话，气得脸都涨红了。他从椅子上站起来，两只手撑在面前的书桌上，身体前倾，两眼盯着我。这时我感到自己太失礼了。但一言既出，驷马难追。我只得低着头，静候老师的训斥。他盯了我一阵之后，一边口中喃喃地说"我思想糊涂，我思想糊涂"，一边慢慢地坐回椅子上。又过了一会儿，他很冷静地说："今天的课在此打住。下次上课时，我们继续讨论。"

此后好几天，我心里很不好受，深悔自己不该对老师说出那样不敬的话。我打定主意，等下次上课时，正式向老师道歉。

一星期后又上课时，我很紧张地走进金先生的房间，他似乎比平日更亲切地叫我坐下。他不再提上周那件不愉快的事情，好像根本没有发生一样。我们照旧按规定的程序上课。金先生又花了一二十分钟时间，非常细致地和非常严谨地进一步陈述他上周提出的那个理论。

在我同金先生相处的40多年中，我冲撞他的言语是很多很多的。一般人，处于金先生这种地位，都会对我的冲撞"终生难忘"的。但金先生却能原谅我，真正地原谅我。

无限关怀

1947年春，是我由南方来到北平后的第一个春天。清华园内，草木葱绿，繁花似锦，温暖柔和的春风令人陶醉。在这美丽的暮春三月，我心灵深处反而泛起一层淡淡的哀愁；又加上学习紧张，我严重地失眠了；失眠又反过来恶化了我的情绪，我实在需要一段完全休息的时间。

我拿起笔来，给金先生写了一封请假短信。其中有"……到北平后，旧友星散，清华园的寂寞更把人压得沉重了！……"我几经琢磨才用这几句话来表达一个青年人在暮春三月的微妙情怀。

我让一位哲学系同学把这封短信偷偷地从门缝塞进金先生的房间。我打定主意，即使金先生不准我假，我也要旷课了。

第二天午饭后，我躺在平斋宿舍的床上休息。仿佛听见走廊上有一个熟悉的声音在说我的名字。我走出房门一看，原来是金先生。他一见我就亲切地说："可找着你了！让我看看你的房间。"

金先生进房坐下后，根本不谈我请假的事，也不问我失眠的情况。他饶有风趣地对我大讲北平许多好看好玩的地方，劝我去北平各处转转。他像一个老人哄小孩那样，同我闲谈了约一小时。他站起来要走的时候，明确地对我说："你可以多休息一段时间，至于'知识论研究'这门课，好办。因为你过去也听过我的'知识论'课。"

听了金先生的谈话后，我感到老师那么理解我、关怀我、爱护我。我心中无比地高兴、轻松，也无限感激。我乐滋滋地从平斋一直陪送金先生到"清华园"大门。

从此以后，我同金先生更加亲近了。他不仅教导我学习哲学，他的影响也慢慢地进入我的生活领域。他不仅是一位高明的老师，也逐渐成为一位慈爱的家长。

一次痛哭

1952年，清华大学在"三反"运动之后，接着就展开教职员的思想改造运动。冯友兰先生被领导指定在文学院范围内作思想检查。冯先生已作了几次检查，群众反映很好。但领导还认为他"问题严重""不老实交代"。

一个上午约11点钟，金先生来到我住处——工字厅的一个单人房间。我们谈到冯先生当天下午要作思想检查，于是决定去看冯先生，给他鼓鼓劲，使他能顺利过关。冯先生在他那间方形的会客室接待我们。我们对冯先生讲了许多安慰和鼓劲的话。当我们站起来告别时，金先生突然很激动地对冯先生说："芝生，你问题严重啊！你一定要好好检查，才能得到群众的谅解。"冯先生接着说："是、是、是，我问题严重，问题严重……"这时，金先生向前几步，抱住冯先生。两颗白发苍苍老人的头紧紧地依偎在一起，眼泪和鼻涕齐下。这时，冯师母进来了，看见这个场面，也跟着流泪。我站在一旁，表面很平静，但内心却非常痛苦。我同情和可怜我这两位年迈的老师。我想到人生，想到历史，想到公正等当时不允许想的问题。

下午两点，冯先生作思想检查。文学院的全体教师都参加了，燕京大学有些教师也赶来旁听，当时美其名曰"取经"。

冯先生刚开始说话，就泣不成声。此后约两个小时的检查都是在极其沉痛的情绪下作出的。这次检查，获得全场多次热烈的掌声。

哲学家的恋爱观

1949年，我感情生活中掀起了大风波。我真是痛不欲生。特别在黄昏时分，我就有一种强烈的自杀冲动，像一个在炎热的沙漠中干渴了几天的行路人，看见路旁的一泓清泉想去饱喝几口一样。这段时间，金先生几次来看我，说了许多安慰和开导的话。由于当时在激烈的感情波动中，我不能记忆他说话的准确内容。但经过金先生几次同我谈话后，我达到两点认识。一，恋爱是一个过程。恋爱的结局，结婚或不结婚，只是恋爱全过程中的一个阶段。因此，恋爱的幸福与否，应从恋爱的全过程来看，而不应仅仅从恋爱的结局来衡量。二，恋爱是恋爱者的精神和感情的升华。恋爱的对象，在一定程度上是恋爱者的精神和感情的创造物，而不真正是客观的存在。因此，只要恋爱者的精神感情是高尚的、纯洁的，他（她）的恋爱就是幸福的。不应从世俗的"恋爱——结婚"公式看问题。

上述两点，可以叫作过程的、美学的恋爱观。我不敢说，这个恋爱观就是金先生自己的恋爱观。可能金先生为了开导我而提出这个恋爱观，也可能根本不是金先生提出的，而是我在同金先生谈话后自己独立达到的。这个恋爱观，不论来自何人，也不论正确与否，事实上使我茅塞顿开，帮助我慢慢地从痛苦的深渊中挣扎出来。

金先生担任北京大学哲学系主任期间，非常关心系内单身教员的婚姻问题。在新年或春节期间，他总要邀请系里到了结婚年龄而尚未结婚的男同志到他家聚餐，我也是被邀请者之一。在我们品尝他的厨师老汪的精美菜肴之后，金先生总要说许多鼓励我们赶快结婚的话。金先生还说："谁先结婚，我就给谁奖赏。"

大约 1954 年春天的一个风和日丽的星期天清晨，我正在未名湖畔我的房间里聚精会神地看书。忽然金先生敲门进来了。他一进来就问我："你的恋爱结婚问题有什么新发展？"我开玩笑地说："曾经沧海难为水，除却巫山不是云。"他立刻反驳说："你应当说'山重水复疑无路，柳暗花明又一村'。"接着，他非常郑重地讲了许多话，大意是：结婚是人的规律，自然界的规律。结婚是人性，是人性的完成。不结婚是违反自然规律，是人性的缺陷。在金先生讲话的过程中，我曾经几次想问他："那您为什么不结婚呢？"话都到了我嘴边又缩回去了，我意识到我不该问老师这个敏感的问题。

金先生讲的那些道理，我本来也是知道的。但他的真诚关切使我感动，他的郑重态度又促我猛省。经过仔细考虑，我放弃了在未名湖畔的单身宿舍中度此一生的念头。

大约一年之后，我幸运地结婚了。在婚礼茶会上，来了100 多位客人。金先生首先讲话。他说："今天是礼全和瑞芝的婚礼，我感到非常非常之高兴。过去我参加过许多婚礼，当听到《婚礼进行曲》时，我心中总感到一点点忧愁。但今天却不同，今天听到这支曲子，我却非常快乐，一点忧愁也没有……"这不是平淡无奇的套话，是他的真情实感，是有丰富内容的。这些话含蓄地流露了他多年来埋藏在心灵深处的哀愁，这些话也表达了我们师生之间深厚情谊。他能体会我过去经历的苦难，他也能体会我今天迎来的欢乐，他为我的欢乐而欢乐。

又一次痛哭

1955年春的一个上午，我去北大哲学楼办事，就顺便到系主任办公室看看金先生。当时已有几位教师在同金先生谈问题。金先生一见我进来就说："礼全，你等一等，我有事同你谈。"约一小时后，其他人陆续都走了，办公室中只剩下金先生和我两人。金先生要我把办公室门关上。我问他有什么事，他先不说话，后来突然说："林徽因走了！"他一边说，一边就嚎啕大哭。他两只胳臂靠在办公桌上，头埋在胳臂中。他哭得那么沉痛，那么悲哀，也那么天真。我静静地站在他身旁，不知说什么好。几分钟后，他慢慢地停止哭泣。他擦干眼泪，静静地坐在椅子上，目光呆滞，一言不发。我又陪他默默地坐了一阵，才伴送他回燕东园。

当晚，我约王宪钧先生一起去燕东园看金先生。这时，他已恢复了平日那种潇洒轻松的风度。他同我们只谈了几句林徽因女士病逝的情况，就把话题转移到逻辑课程的改革问题上。

金先生这次痛哭和那次同冯先生抱头痛哭不同。那次痛哭，是他同冯先生多年友谊的表现，是同情，是鼓励，其中也夹杂着一些政治理念的因素。这次痛哭，是他几十年蕴藏在心中的一种特殊感情的迸发，是深沉的痛苦，是永恒的悲哀，是纯洁的人性。我十分理解他这种感情，我十分尊重和欣赏他这种感情。

金先生后来告诉我：他和邓以蛰先生（或唐钺先生）为林徽因写了一副挽联："一身诗意千寻瀑，万古人间四月天"。据说"四月天"来自林徽因一首诗中的名句"你是人间四月天"。这副挽联生动地描绘了逝者的高雅气质，也恰当地表达了生者的沉痛怀念。

《论"所以"》的争论

解放后，金先生在繁忙的学术行政工作和社会活动之余，完成了两项相当扎实的哲学研究工作。一项是他写了一篇5万多字的论文《论"所以"》。另一项是他写出《罗素哲学》这本书。

我读了金先生的《论"所以"》打印稿之后，就当面向他提出了一些不同意见。后来决定此文在《哲学研究》上发表。哲学所逻辑室为此特别召开了一次讨论会。潘梓年参加了，《哲学研究》编辑部也派人来旁听。会上，几位先发言的同志都极力赞扬这篇文章，甚至有个别人还引用了斯大林赞扬列宁的一部著作的话。我忍不住就提出了许多激烈的反面意见，最后我还说："这篇文章的许多论点是有问题的。如果发表会产生不良影响。我劝金先生现在不要发表，多考虑考虑，多修改修改再说。"于是就引起逻辑室的一场争论。

《论"所以"》发表之后，在逻辑室的另一次会上（潘梓年也参加了），大家又谈到《论"所以"》的问题。几位同志的发言对我形成一种围攻的局面，我生气地说："既然在逻辑室已不能解决我们之间的争论，那只好把这场争论公之于社会。我准备写一篇文章陈述我的观点。"

后来，我写出《〈论"所以"〉中的几个主要问题》，也发表在《哲学研究》上。

我的文章发表之后，不少人曾担心会影响金先生和我之间的师生情谊。这完全是多余的，事实上，金先生和我没有因此产生任何隔阂。金先生读过我批评《论"所以"》的文章后，还亲切地对我说："你如有时间，我希望你能多花些功夫，把《论"所以"》提炼和修改一下。我仍然认为这篇文章提出了一个重要问题。"

这件事，又一次表现了金先生在学术上的民主精神。

这里，我要顺便讲几句关于潘梓年的话。潘老当时是哲学社会科学部（即中国社会科学院前身）实际上的最高领导人，又是哲学所所长和《哲学研究》的主编。他经常参加我们逻辑室的会议和其他活动。他和金先生互相尊重，友谊很深。潘老是一位颇有自知之明的谦虚长者，在《论"所以"》这场争论中，他也表现了学术上的民主精神。

1964 年，潘梓年（左一）、金岳霖（右一）与日本学者合影

乐于助人

金先生乐于助人是多方面的。这里我只想讲一些他在金钱上帮助别人的事例。

金先生并不富裕，他的全部收入都来自他的工资和少数稿费。

乔冠华是 30 年代清华大学哲学系的学生，他在清华哲学系时专攻黑格尔哲学。当时，金先生却是很不喜欢黑格尔哲学的。据说，乔冠华从清华大学毕业后想去外国留学，金先生就资助他几百元大洋，作为留学费用。

我前面提到的那位殷福生先生，在中学时细读过金先生的《逻辑》。他给金先生写信谈读后心得，也指出书中错印的地方。后来他来北平学习，金先生就资助他学习和生活的全部费用。几十年后，殷福生在台湾大学任教，仍念念不忘金先生这位恩师。

1952 年春，清华大学开展教师的思想改造运动。按规定，张奚若先生应在他所属的政治系参加运动，但张先生却请求来哲学系。张先生和金先生是几十年的知己老友。当金先生作思想检查时，在"背靠背"分析金先生的思想会上，张先生讲了一个金先生的故事。抗日战争时期，张先生一家几口，经济十分困难。一天早晨，张夫人忽然发现家里椅子上放了相当数量的钞票。张夫人就问张先生："哪来的这么多的钱？"张先生也感到奇怪。后来张先生忽然想起来了，前一天晚上金先生曾来他家聊天。张先生很肯定地对张夫人说："这一定又是老金干的

'好事'。"金先生深知张先生是"君子固穷"，所以用这种奇特的方法帮助老友。

清华哲学系、北大哲学系和哲学所的不少同志，碰到经济困难时，就去向金先生求救。也有些人不好意思当面向金先生开口，我就成了中间的"说客"。

至于我本人，工资低，家庭人口又多，金先生就常常主动地及时地给我经济资助。

还有一个有趣的故事。"文化大革命"后期，由于开支大而工资又没有增加，金先生自己也陷入"经济危机"了。大约在金先生那篇英文论文"Chinese Philosophy"在《中国社会科学》上发表不久，我的一位朋友告诉我，国外报纸或杂志登载了一篇文章，标题大概是"Marxist Philosophy, From Feuerbach to Jin Yuelin"（《马克思主义哲学，从费尔巴哈到金岳霖》）。我把这个消息告诉金先生。他哈哈大笑地说："我的名声越来越高了，我也越来越穷了！"金先生在"文化大革命"前期被看作"资产阶级反动学术权威"，并在大会上几次受到批判。金先生的前一句话，是为他的名声的改善感到高兴，后一句则是他对当时穷困的呻吟。

我们这些受过他慷慨资助的人，却没有能力在他极需资助的时候尽微薄之力。一想起来，我就感到内疚。

我的看法

金先生高水平的哲学著作，都是他在三四十年代写成的。

他五六十年代的哲学著作，很难同他以前的著作相比。许多人都对这一现象感兴趣。

国外不少人，国内也有少数人认为：金先生解放后的哲学著作，是慑于权势而写的，或奉命而写的，或为保住自己的名位而写的……这些猜测，都是毫无根据的。

影响金先生解放后著作质量的直接原因，我认为有两个。一个原因是，他担任了许多学术行政工作，参加了许多政治性的社会活动。再加上他责任心很强但又不善于处理这类事务，这就使他缺少充足的时间进行深入的哲学研究。另一个原因是，他不懂政治，但政治热情又很高。"他高昂的政治热情，影响了他冷静的理智思考。"

当然，我们还可以追问这两个直接原因背后更深层的原因是什么，可以笼统地说，是当时的社会条件和流行思潮。我赞成冷静地客观地去找寻和分析这些社会条件和流行思潮，也赞成"春秋责备贤者"。人是有自由意志的。一个人，若不能摆脱当时社会条件的束缚，是要自己负责的。但是，我们也应当看到，"举世皆浊我独清，众人皆醉我独醒"的特立独行人物毕竟是很少很少的。把责任不恰当地加到一个无权无势的"书生"身上，是不公允的；毫无根据地妄加猜测，也是不公允的。

我非常怀念我同清华哲学系师友谈论哲学的时光。1992年深秋，我去山清水秀的浙江千岛湖畔参加一个学术会议。一到那里就病倒了，发烧至40℃以上，眼前出现幻觉：我看见金先生、冯先生、沈有鼎先生和其他几位熟人正在开会。金先生一

见我来，就两手拍掌，非常高兴地招呼我："礼全，好久没见你
了！欢迎你来参加我们的讨论。"

　　假如时光能倒流的话，我愿意再做金先生和清华诸师的学
生，重温那种深入地畅所欲言地谈论哲学的乐趣。

　　　　　　　　　　　（1995 年 8 月于中国社会科学院哲学研究所）
　　　　　［该文原载《人物》1995 年第 6 期，后收入《金岳霖的
　　　　　　　回忆与回忆金岳霖》（增补本），标题是新拟的］

回忆金岳霖先生二三事

陈修斋[*]

我虽然在心目中历来把金岳霖先生列为我最崇敬和爱戴的师长之一，但若有人问我："你真的是金先生的学生吗？"我大概会感到有些犹豫，不敢贸然答复"是"或"不是"。的确，在1945—1946年间，我曾从头至尾听过金先生为昆明西南联大哲学系学生开的逻辑课，但我并非西南联大的正式学生。我当时是贺麟先生所创办和主持的"西洋哲学名著编译委员会"的一名研究编译员，在联大听课只是作为"旁听"。我之所以不敢大胆肯定自己是金先生的学生，主要原因还在于我虽然听过先生的课，以后也和他有过接触，对他的为人和学问即"道德文章"也一贯十分钦佩敬仰，但当我自问对金先生的学问究竟知道或学到了多少时，我就自己觉得学到的实在太少，不配自称是金先生的学生。这当然也有些客观原因，因为后来自己所从事的学术领域和金先生的不一样，但应该说也还是由于自己不长进。

尽管我算不上金先生够格的学生，但毕竟亲身受过他的教诲和熏陶，细想起来，从先生处得到的教益是不少而且很可宝贵的。

就拿当时听先生的逻辑课来说吧，虽然我并没有因听了这

---

[*] 陈修斋：武汉大学哲学系教授。——编者注

门课就成了逻辑学的"内行"（在从事逻辑学研究的人看来我始
终是个"门外汉"），但我毕竟因此得到了一些形式逻辑的基础
知识。而尤其可贵的是，金先生早在40年代以前，就已在大学
一年级的普通逻辑课程里介绍了当时还处在发展早期的数理逻
辑的基础知识。也可以说，正因此，我多少体会到了一些形式
逻辑的"精神实质"（姑且用一个某些人爱用的说法）。这里我
想特别提一下金先生讲课的艺术。大家知道，金先生作为哲学
家和逻辑学家是非常擅长抽象的逻辑思维的，他有时也自谦说
不大会用具体的形象的说法来表达抽象的思想。但其实金先生
是很善于用生动的具体的实例来说明有些深邃的抽象观点的。
我记得他在逻辑课上讲过一个故事，虽已过了40多年了，我仍
然连他那时讲故事的神情都还记得很清楚。故事大意是说，有
一个衣帽间的黑人侍者，每次顾客进门时把衣帽交给他，等顾
客出门时他就原物还给顾客，从不出错。有一次，一位顾客问
他："你怎么知道这衣帽是我的呢？"侍者答道："我并不知道它
是你的呀！"顾客又问道："那你为什么把它还给我呢？"侍者
答道："因为那是你交给我的呀！"金先生的意思是，借侍者只
管衣帽是谁交寄的就还给谁，而不管衣帽本身是否交来者本人
所有，不管它是否是从别人处借来甚至偷来抢来的，来说明形
式逻辑是只管推理的形式正确与否，而不管推理所用命题或概
念内容真假的。我不知别人（如当时和我同堂听课的其他同学）
怎么样，是否还记得这个故事，我自己确是听了这故事后仿佛
一下就懂得了形式逻辑的实质是怎么回事，并且从此就牢记在

心永远忘不掉了。记得解放初期，逻辑学界曾为逻辑推理的正确与错误是否要取决于命题内容的真假的问题很热闹地争论过一阵子，我当时虽未参加争论，心里却凭所记得的金先生讲的那个故事，一下就断定哪一方是对的了。这问题其实也并不只涉及形式逻辑的性质本身，而是使我由此想到每一门学科都应有其本身特有的对象、范围和任务，如果不明白这一点而硬要去管不是它本身能管而是其他学科所管的问题或内容，则就只能引起思想混乱而对学科的发展毫无好处（当然，这和建立涉及多种学科问题的边缘学科之类是完全两回事）。

在金先生所讲的逻辑课上，我至今还记得的另一个例子，是当他讲到逻辑上概念之间的"矛盾"与"反对"的区别时，说明"矛盾"应有它特有的含义，不能滥用，并举例说："如说'金马'和'碧鸡'两座牌坊（这是当时昆明著名的大街金碧路上仿北京诸牌楼形式建的两座牌楼）在那里'矛盾'，这是没有意义的。"他这样就近取譬，以众所周知的形象来说明如何区别抽象概念的含义，给了我深刻的印象，使我终生不忘。也使我明白要从事哲学工作，进行逻辑思维和论证，所用的概念必须含义清楚。而对我这样一个当时刚刚跨入哲学之门的青年，对以后一辈子所从事的哲学理论工作都有深远的影响，甚至可以说是受用无穷的。

不久，西南联大解散，分别复员回北方，金先生回到清华，我所在的哲学编译会则附设在北大，当时在北京城里沙滩。北京解放之初，据说从老解放区来的一些马克思主义哲学工作者和原在北京的一些老哲学教授们曾定期开过几次座谈会，彼此交流思想。有一位马克思主义的哲学家因为宣扬唯物辩证法，说了一些否定形式逻辑的话，金先生当时就对那位同志说："你说形式逻辑这样那样不对，但我听起来你讲的话句句都符合形式逻辑呀！"这事我只是听说的，但我认为这件事还是符合金先生当时的思想和他的性格的，同时，这事也正好表明金先生思想的敏锐和机智。

　　北京解放后不久，我就回到南方，后来到了武汉大学哲学系任教。直到1952年院系调整，全国各校哲学系都合并入北大，我也才正式成了北大哲学系的教员。金先生那时当了由全国各哲学系合并成的那唯一的哲学系的系主任，这样，我才正式在他领导下工作，并有了一些私人接触。原来以为以金先生这样地位的人担任这系主任，另外又有党员副主任在，他大概不过至多过问一下系里的大政方针而已，未必真管系里的具体事务。但实际情况并非如此，金先生几乎是每天按时上班去系办公室办公的。我的爱人徐铣那时是哲学系办公室的工作人员，她就常跟我说起金先生那种认真负责的态度。我每次到系办公室去，也总是见到金先生经常坐在他那系主任的办公位子上。有时没有什么公务，金先生也常和我们聊天谈家常。我以前因和金先生个人接触不多，虽在听他讲课时也感到他有时讲话很有风趣，但总感到他是一位"大名人"，哲学界的权威，又是一位"游心太玄""沉湎于高远深奥哲理"的哲学家，怕是很难接近的。但从那时和他有了些私人接触以后，那种印象就完全改变了，觉得金先生原来是这样平易近人，和蔼可亲，对任何人从不摆"权威"架子，而且是一位非常富于幽默感和充满人情味的人。金先生诚然是尽毕生精力，穷究逻辑和哲学，思想上确有潜心玄奥、远离俗务的一面，否则也写不出像《论道》《知识论》这样思想深邃细密、非常人所能企及的作品，但他同时也是一位很懂得生活，并且不仅关心国家大事，也很留心民瘼的人。记得一次在北大看京剧演出，我坐在金先生旁边。那晚的主角是李万春，当李出台时，金先生说："李万春如今已这样了，我最初看他演戏时他还是个未出科的小孩子呢！"原来金先生对京剧就很内行，对京剧界的名角，都深知底细。那时我们外国哲学史教研室集体翻译出版一些书，得了稿费有时去餐馆聚餐，当不知去什么馆子好时，有人就说可以去问问金先生，原来他对老北京有哪些著名餐馆，什么餐馆有什么名菜，也都很熟悉。还有一件事我觉得也很有意义。一次在系办公室谈天，不知怎么谈到了鸡，金先生忽然说到南方许多地方（包括他的家乡湖南）每到春天小鸡开始长大时，就有人专到各村各户为人骗鸡，公鸡骗了之后既易增肥，肉又好吃，而北方却似乎没有骗鸡。我记得金先生当时就说要打个电话给吴晗同志，建议他以北京市副市长的身份来抓一抓这事，可以在北方首先在北京来推广骗鸡，这对改善北京市人民的食品状况会大有好处。这事虽然结果如何不得而知，但我想，至少可以说明金先生并不是一个只顾玄思冥想完全不理事务的人，而是对人民生活甚至像推广骗鸡这样一件小事也很关心的。

　　我那段时间和金先生的接触，并不仅因他是我的系主任的关系，更主要的是因为那时我们是属于同一民盟小组的同志。我是在院系调整前不久在武大加入民盟的，金先生似乎也是在那不久前加入民盟。虽然他加入民盟后不久就被选为民盟的中央委员，但也和我们这些普通盟员一起编在一个民盟小组，同样过盟的组织生活。那时金先生住在北大燕东园，哲学系民盟小组的组织生活会有时就在金先生的家里开。在那50年代初，又正当知识分子思想改造运动刚结束不久，大家的政治热情很高，民盟的组织生活也相当活跃。而在这过程中，金先生在政治上要求进步的真诚态度给我本人以及其他同志的影响，实在是不能低估的。我至今也还记得，一次金先生谈到自己怎样转变立场、决心投身到群众和党的革命事业中去的思想体会时，说到一个人好比一滴水，如果单独地就是那么一滴水，则很快就干了，但如果把这一滴水投到大海中去，则它就和大海同其不朽了。以后，每每当我个人利益和集体利益发生矛盾，或为个人得失而烦恼时，就会想起金先生的这番话，至少对自己膨胀起来的个人主义起了一种抑制作用。这也许是金先生自己所没想到的，但确实对我的思想改造起了启迪和楷模的作用。正因为金先生能结合自己的思想实际真切地认识和接受马克思主义的真理，以及言行一致地要求进步的真诚态度，他不久就加入了中国共产党，成为全国解放后从旧社会过来的老知识分子中首批入党的先进人物之一。而他的入党，也自然在促进旧知识分子的思想转变和进步方面起了巨大的作用，成为知识分子的一个楷模。

　　金先生担任北大哲学系主任的年限不长，不久，中国科学院成立哲学研究所，他就到研究所当副所长去了，我也于1957年离开北京回到武汉大学。

（1987年3月于武汉大学）

［该文原载《金岳霖的回忆与回忆金岳霖》（增补本），

有删节］

我所知道的金岳霖老师

陈明生[*]

1941 年秋天，我考进了西南联合大学哲学系。在联大四年半中，受到了许多有高深学问的老师们的教育和启发。在哲学系系外，对我影响最深的教授有张奚若、钱端升、闻一多、罗庸、沈从文、马芳若、周炳琳、雷海宗、吴春含和马约翰等。在哲学系本系，我选修了冯芝生、汤锡予、金龙荪、贺自昭、冯文潜、郑昕、沈有鼎、王宪钧、石峻和任继愈等教授的课程，他们每一位都给我留下了不可磨灭的影响。后来在芝加哥大学，我虽然改学了国际关系学和历史学，现在又教研的是欧洲近代史和中国近代史，但西南联大哲学教授们对我的影响，却是根深蒂固的。他们的良好教导和言行仍然时时在指引着我的求学和做人。北美的师友和亲人们，有时仍不免带有嘲笑的口吻对我说："你仍然是一个哲学家。"

金龙荪老师的课程，我选读了"知识论"和"哲学问题"两门。在别的老师和同学们的面前，我称呼金老师"金先生"，在偶尔私人谈话时，我称他"金老伯"，因为先父陈伯陶先生是金先生在哥伦比亚大学时的同学和好友。金先生对所有的学生都是一律平等看待的，批卷子给分数全看学生们的真正表现。所以，我得到的分数并没有因为我偶尔称他"金老伯"而有增

加或减少。现在已是将近 40 年的事了，金先生一直给我的深切的印象之一，是他公正不偏的态度。

金先生给我的深切印象之二，是他对学生们学习的关心和协助。金先生不但在授课时细心地循序地讲解，并且肯对学生们耐心地启发引导。遇到学生们有误解和弄错的时候，他也肯费神指正，一点也不马虎。记得在"哲学问题"课程中，我把一个英文字念错了，金先生就立刻纠正，教我重念。

金先生给我的深切印象之三，也是最最深切的印象，是他对寻求真理的认真不懈的精神。这是许多上过金先生课的同学们的共同感觉。受到了金先生的熏陶，后来我虽然改学他种社会科学，也不知不觉地把金先生的影响带进我的新的学习领域中去了，使我有真正心得，并且保持了正确的学习态度。

金先生是逻辑学和知识论的权威。但是他对大学教育、中国前途和世界和平也是很关心的。1943 年春末夏初，金先生和费孝通先生等四位教授应邀到美国讲学考察一年。1943 年 8 月 5—7 日，金先生、费先生等一行参加了芝加哥大学举办的一个有关中国的座谈会，到会的有美国专家学者 40 余人。在这个座谈会上，金先生指出，大学教育学生人数增加是好现象，但是同时也要注重水平和程度的提高。金先生还语重心长地说，为了工业化，不可只注重工程学和经济学，一定要同时发展纯粹自然科学、社会科学和人文科学。1943 年正是第二次世界大战的转折点，金先生就在座谈会上特别提出：将来的世界和平要建立在世界各国共同安全的基础上，不可鼓励和造成只有一个国家称霸的情况。

　　现在祖国万象更新，欣欣向荣，得到各国人民的尊重和仰望，"四个现代化"的成功有期，优良作风和精神文明也在同时发扬和创建。作为华裔加拿大籍人和金先生的学生的我，遥望祖国和敬爱的祖国人民，真是兴奋不已。愿金先生的教学和科研的精神和作风鼓舞着祖国的老师们、专家们、学者们、领导们和同学们奋勇前进！

　　　　　　　　　　　（该文原载《金岳霖学术思想研究》）

望之俨然　即之也温
——回忆金岳霖先生

欧阳中石[*]

　　金岳霖先生是我在北京大学哲学系逻辑专业毕业实习的导师，是我最崇敬的老师之一。原本，由于对金老师学问成就的尊重，因而对人就敬畏起来。当时，他是我们的系主任，只有在开会时得见，平常一般见不到面，即使见到面也只是"景之仰之"而已。

　　有一次，在临湖轩前的草地上，和几个同学一块"侃"，三扯两扯，谈起了系里各位先生的既严肃又亲切的声音笑貌。我便模仿起各位老师，请大家猜是哪位。曾经学了汪奠基先生、何兆清先生、任华先生等，大家都一下就猜中了。但当我学到金老的时候，万没想到大家都不说了。我原以为他们必然一猜就中，而且叹为惟妙惟肖，因为这是我最得意的一个强项，不想却大出意料。我只好再着重地夸大了特点学了又学，结果大家的反应仍然只是诡谲地笑，而无人吭声。我纳起闷来，无意中一回头，才发现金老早已站在我背后。太尴尬了！我怕的是在我最崇敬的老师心目中会造成"不尊敬师长""拿老师开玩笑"等不良印象。当然，如果我真的不尊敬师长，倒也罢了，实际上，我对崇敬得五体投地的师长是由衷地感到亲

＊　欧阳中石：首都师范大学教授。——编者注

切，我学他一次，便觉得和老师更接近了一层。如果老师怪罪了下来，可就冤枉煞了。想来想去，结果在心上系了一个大疙瘩。

过了一个多月，在文史楼哲学系办公室旁的过道里看到了金老，心想躲开，免得招老师生气，又想凑过去，没话找话，探探金老对自己的印象。最理想的当然是他根本就不知道我是谁，最可怕的是他印象极坏而且记得很牢固。想着想着，就要碰面了，灵机一动，索性来个掉头往回走，还是暂时回避一下好。不料，金老发话了，喊了一声"欧阳中石"，我只好无可奈何地停住，转过身来，心想，还不定要受到什么样的呵斥呢！谁想金老竟非常和善地拍了拍我的肩膀说："你好调皮呀！"一边笑着对我说"再见"，一边轻松地走了。我迷惘了：金老似乎并没有生我的气。但我仍然在想，事情能有这么便宜吗？

后来有一次，我在办公楼礼堂演出《将相和》。在台上我看见台下第一排中间坐着金老，从来只搞抽象的金老，也能来欣赏京剧！好像这一下缩短了我与金老的距离。戏散谢幕时，金老站起身靠近舞台，冲着我问："你真是欧阳中石？"我说"是"。他开朗地笑起来，一边点头一边说："你是真调皮，好，好。"直到拉幕时，他才满脸高兴地走了回去。

我理解了金老所谓的"调皮"，似乎不是生气。但那时的我，一直还是很持重的，在金老的心目中却形成了一个轻佻的印象，总还不是我的真实面目，心中还是有些不太踏实。

大学四年，我们有一门实习课，在中文系一年级做逻辑辅导员，每人都要试讲，每人都有分配的导师，我的导师便是金先生。把我分在了金老名下，我既感到荣幸——能有亲授的恩缘，又有点畏怯——最初印象已不理想，恐怕稍一不慎再招金老更大的不愉快，就更不好了。很想调换一下，又怕落个有意挑剔之嫌，最后只好听天由命。我第一次到燕东园去见金老，原本心中很是沉重，既见之后，却感到幸福无比。金老说："我相信你的试讲一定错不了。"我赶忙说："老师太相信我了，我生怕让老师失望。"金老笑着说："不会，不会，你那么调皮，会讲不好？！"我也笑了，"调皮"原来是能讲好的条件，并不是一个贬义词。

试讲的评议会上，有的同学提出了我有时看窗外，似乎讲课漫不经心，不能集中学生的注意力。金老说："我看他的确有时眼望窗外，也有时凝视在讲桌的一点上，但我觉得他并没有分散学生的注意力，相反，我倒觉得他正是运用一种动作，力图去吸引住自己的学生。"有的同学提出我没有按照讲稿去讲。金老却说："不，我认为这正是他的长处，他不是死记条条，而是根据具体情况，努力去说服自己的学生，这是一个教师的重要素质。"……我逐渐尴尬起来，觉得金老对我太偏心了。会后，我对金老说："我辜负了老师的垂爱，讲得太不好，让老师为难了。"金老非常郑重地说："我就是这样认为的，没有什么为难，否则便不公道了。"

1956年，全国第一次逻辑讨论会在人民大学召开。吃午饭

1982 年 11 月，刘培育、孙煜、欧阳中石等看望金岳霖

时，我告诉金老我最近要开"逻辑"课了，金老高兴异常，马上举杯为我祝贺。因为此前我一直在教数学，学不能致用。金老举杯时高兴得像一个天真的孩子，那么亲切，让我感到那么温慰。事隔多年了，但每思及此，我都感到无比的幸福。

　　1982 年，在金老的从事教学科研工作 56 周年庆祝大会上，我走到金老的轮椅旁向金老致意，没想到金老竟问旁边的人："他是谁？"旁边人（记不清是谁了）告诉金老："他是欧阳中石，您不认识他了？"金老很严肃地说："我从来不认识。"我知道金老的确是老了，很内疚，因为那几年我很少去看他。

　　没想到过了几天，金老托人捎信给我，问为什么不去看他。

我也诚心地说，他都不认识我了，我干吗去看他。其实，我这也完全是在长者面前的赖子话。过了两天便和培育、孙煜、金彤四人去了金府。

到了门口，我说，不要介绍，看他到底认识不认识。结果，一进门便被他认了出来："欧阳中石，你过来！"我赶忙走到金老膝前，他握住了我的手："开玩笑！你，我会不认识？岂有此理！""你们知道吗？他可调皮来！"我感到这话像春风，有无限的温暖，有无比的亲切。

金老当年魁梧高大的身躯，一领宽博的蓝布长衫，一顶无顶的遮阳帽，黑框宽厚的近视眼镜，举止大度从容迟滞而神采奕奕的器宇，令人望而生敬，自然而然地涌起一种"景之仰之"的尊崇之情。然而接近起来，却让人时时处处感到亲切，感到爱抚。

每次回忆，每次感到欣慰，然而我，却也常常觉得惭愧。金老当年的教诲，未能做到"有以回报"，不"足以发"，有些"空负雨露"，这则是我此生的大憾了。

（1993 年 10 月于首都师范大学）

［该文原载《金岳霖的回忆与回忆金岳霖》（增补本）］

我的指路老师金岳霖先生

廖元嘉[*]

金老对学生学习上是严格的，生活上又是慈祥体贴的。当年我在北京大学上大二时，哲学系分为三个专业，我该选哪个专业呢？除了心理学专业外，其他两个专业我都喜欢，但哪个专业更能发挥我的所长呢？我不知道应从哪些方面去考虑。星期天，我找哲学系主任金老请教。

金老首先问我高中阶段哪些课程较好和感兴趣，我说代数与解析几何差不多都是 100 分。他听后笑得好奇怪。看他那个样子我有些心惊：难道我不适宜读哲学系？我还未回过神来，却听他叫我列出一个三值真值表。天哪，二值真值表我还未学呢！他从书架上拿出一本他写的逻辑书，翻到二值真值的书页给我参考，说要看看我的数学思维。为了证明我没有说谎，我咬着下唇坐近书桌，整整一个下午，我终于完成了"作业"。金老看了很高兴，而我却精疲力尽。他留我吃晚饭。饭后，他建议我选逻辑专业，告诉我除了形式逻辑外，还有数理逻辑，还说在中国很缺逻辑学专门人才。他说这辈子只选中了一个周礼全作为逻辑学的苗子，希望我能成为第二棵苗子。这是他对我的期望和鞭策。

1953 年，我在北大生下大儿子。金老为了让我安心学习，

---

[*]　廖元嘉：广州教育学院教授。——编者注

想尽办法使我得到校方的经济补助。我把孩子寄养在别人家里，每月花费学校不少的钱。我还未为国家作出任何贡献，就花费学校许多钱，于心有愧，终于在当年 7 月提出休学一年的申请。金老让我再考虑考虑，结果我还是决定休学。临别前，金老叮嘱我不要放弃逻辑学，说以后不管什么时候，都欢迎我复学。

我匆匆地带着儿子回了广州。很意外，我的外婆愿意帮我抚养孩子。于是，8 月中旬我匆匆忙忙写信给金老，要求立即复学。8 月底接金老来电，让我马上回学校。就这样，我在 1954 年顺利地通过毕业考试，除俄文得了个"良"外，其他科目我都拿了"优"，总算没有辜负老师的期望。

天有不测风云。我在华南师范学院（前身是南方大学）工作到 1958 年，却来了个"自动"申请退职证明书。于是，我成了各种工、农行业的"生力军"。

1981 年，政府再度起用社会上流失的知识分子，我才又在广州教育学院教"逻辑"课。1982 年，中国逻辑与语言函授大学在北京成立，校领导让我在广东成立面授辅导站。本来我已是心灰意冷，也怕树大招风，但孙煜的一句话——"正因为过去被认为无用，更要证明自己有用"，使我余热激发，于是，我兢兢业业地办起广东面授辅导站（当然不是我一个人的力量）。6 年来，广东面授辅导站为中国逻辑与语言函授大学及广东 40000 名学员尽了微薄之力。

1984 年 8 月 4—8 日，中国逻大在北京召开第二次全国教学工作会议。我到北京第一个看望的是金老，会议期间我拜访了他三次，哪知这第三次竟是最后的会面。我向他诉说了自己23 年来的遭遇，我有负他的期望。很意外，我的一事无成却没有使他激动，他平静地说："不是你的错，不要哭。你还可以做个好逻辑教师，还可以为中国逻大尽力。"谁知这却成了他给我的遗言。为了解决我的思想包袱，他唱了一段《满江红》京戏，以此结束了这最后一次会面。

（1993 年 4 月于广州）

［该文原载《金岳霖的回忆与回忆金岳霖》（增补本）］

怀念我敬爱的老师——金先生

王雨田[*]

　　金先生离世而去了！但他那慈祥爱生、诲人不倦的形象却永远留在我的心里。有一些事使我难忘，每一想起，就使我怀念他老人家，心情久久难以平静！

　　我第一次见到金先生，是我考取清华到系里报到选课的日子。金先生的办公室在清华图书馆楼下一间有点暗暗的房子里。他坐在办公桌边。金先生是我早就崇敬的哲学家，我本以为他神态庄严，不苟言笑。谁知他一点架子也没有，对我们学生十分亲切。他仔细问我的情况，当我说到我是湖南人时，他马上说：“我也是湖南人呀！”其实，我从他那带着长沙口音的普通话里早就料到他是湖南人了。从这以后的几十年里，我不仅把金先生看作是我敬爱的老师，而且还是同乡的长辈。我虽然几次离开金先生，却又几次回到金先生身边。我考进清华时，金先生是系主任；我毕业后去人民大学当研究生，后来调回北大哲学系工作，金先生又是系主任；1956 年，金先生调到中国科学院哲学研究所，我在拨乱反正后，也调到哲学所逻辑室。我去看金先生。这时，金先生已经年老体弱多病了，他坐在房里的那把大沙发上。他离世前的最后一个春节，我去向他老人家拜年，想不到竟是最后一面。他晚年的孤单与不顺心的生活，

---

　　[*]　王雨田：中央民族大学教授。——编者注

使我十分难过，难以忘怀！在人生中，德福往往乖离，实在不平！

我在清华当学生的时候，很喜欢到金先生家里去。在金先生家，除了上课、讨论或谈事之外，我们很喜欢他家养着的几只又高又大的九斤鸡，还有那些小的坛坛罐罐，打开一看，里面是大大小小的蟋蟀，有时还斗起来，特别好玩。每次过年，金先生都要我们学生去他家聚会一番。这是我们特别高兴的日子，师生之间有说有笑，就像在家里一样。每次，金先生都用老汪师傅（金先生的厨师）做的西餐与烤肉招待我们。汪师傅的手艺高超，他做的烤肉与西点，确实特别好吃。后来，我调到北大工作，偶尔向金先生谈起这事。几天后，金先生见到我，要我到他办公室去。我一去，他打开抽屉拿出汪师傅做的一包点心递给我。我真不好意思，心里却感到特别的温暖。这一情一景，犹如昨日，无法忘怀！

解放前，金先生为我们讲他的"知识论"。地点是清华三院的教室里，他坐在椅子上讲，听课的除与我同班的朱伯昆、周裔纲外，还有唐稚松、丁石孙等人。金先生的讲课是讨论式的，不是填鸭式的。他边讲边提问，课堂里师生之间不时展开热烈的争辩。金先生听不清楚发言时，他喜欢用右手举在耳边以示用心去听。听到高兴时，他会一下子从椅子上站起来，"哎"的一声，用手一压，以示兴奋。我还记得，他几乎每课必称休谟，对罗素与 G. E. 摩尔（G. E. Moore）的知识论谈得很多，也常谈到归纳问题。他在谈到无穷时，喜欢举猴子这个例子，意思是说，在无穷条件下，猴子的一切行为都是可能的，等等。那时候，每隔一段时间，全系开一次哲学讨论会。沈有鼎先生、任华先生、张岱年先生、邓以蛰先生，都是经常参加并且积极发言的。我们限于水平，只能听听而已。不过现在回想起来，当时清华哲学系的这些讨论会是紧紧跟踪于当时国际上哲学前沿问题的探索的。这是十分可贵的。

刚解放，金先生为我们开"唯物论与经验批判论"课。他用的是英文本。那时，我说话口吃，只得念哑巴英语。但是，金先生硬跟我"过不去"，上课时老叫我念。我不愿念，他偏叫我念，我只得结结巴巴地念，终于还是念下来了，只要我发音不对，他就纠正。金先生教诲学生，真是用心到家了，不只教哲学，还教我英文！

在学术上，金先生是一位严谨治学的学者。解放初，哲学系第一次请艾思奇同志来作报告，地点在大礼堂。艾思奇讲到辩证法与形而上学对立的时候，提出了形式逻辑是形而上学的观点。报告完毕后，金先生代表系里致感谢辞，同时幽默地指出："艾思奇同志刚刚说的每一句话都是符合形式逻辑的。"台下很多听众都笑起来。从这时起的一段时间里，艾思奇同志的这段话成为一时的热门话题，哲学系的很多师生提出了异议，在系里召开的讨论会上也展开过讨论。在同一时期，沈志远先生曾指出，解放战争的胜利是唯物论对唯心论的胜利，不能说是辩证法对形式逻辑的胜利。不少师生是同意这个观点的。由于金先生在大会上只说了那一句话，没有论证，于是，我与周裔纲在不久后就分别在当时的"民主墙"上贴出了小字报，从学术上进行论证，不同意艾思奇同志的观点。接着，朱伯昆也贴出了小字报。这样，本来在哲学系内的一场讨论就扩大为全校性的一场讨论，在"民主墙"上先后出现过好几篇小字报，有的不同意艾思奇同志的这一观点，有的则同意，展开了一场笔战，甚至有时还在"民主墙"前展开过口头辩论。例如朱伯昆就与一位物理系的同学在"民主墙"前展开过面对面的争论。后来，这个问题在学术上是澄清了。不过，这件事还是带来一定的影响。我申请入团的过程中，反复审查过这个问题，直到弄清楚了，我才被批准入团。周裔纲后来也将小字报底稿作为不正确言论交给组织上，才算告一段落。

（1993 年 1 月于北京塔院寓所）

［该文原载《金岳霖的回忆与回忆金岳霖》（增补本）］

金老生活中的几件事

徐亦让*

金岳霖同志是我在北大哲学系学习时的系主任，我毕业分配到中国科学院（后为中国社会科学院）哲学所工作后，他又调来当副所长，直到去世。但我对他的生活的了解主要是在"文化大革命"中，他当时成了"资产阶级反动学术权威"，亲友不便来往，机关干部无暇照应，一时门前冷落车马稀。他和我同住一个大院，他行动不便，有事就叫安徽保姆找我。在接触中，我感到他才无愧于共产党员的光荣称号。下面记述我印象较深的几件事。

一，对工资的分配。我在替他领工资中发现，他的工资是当时哲学所研究人员中最高的，但是除去党费，做饭师傅和拉车师傅的终身工资，保姆的工资，还要寄回老家一些。剩下的几乎只供他个人的生活费了。他首先要多交党费，每次总要把它说在前面。他给两位师傅的终身工资，既是为了减轻国家的负担，又是对体力劳动者的尊敬。他说，即使自己比师傅早去世，也要一次付清，以保证他们的生活。我知道拉车师傅已经领到去世为止。做饭师傅后来虽然不知道，但我相信，他不会自食其言，因为这是他作风的一个特点。1972年我从干校回来，据可靠人士说，他得过18次肺炎后，以为自己活不长了，还

---

*　徐亦让：中国社会科学院哲学研究所研究员。——编者注

专门找党组织说明，他余下的钱一部分交党费，一部分作为师傅的生活费。他寄回老家的钱，既是不忘养育自己的家乡，也是为了减轻社会的负担。他把这些开支放在个人生活费的前面，表示他把自己的生活放在后面。他自己的生活费也存入银行，但不是为了生息，而是为了支援国家建设。

二，参加体力劳动。他在解放前就是中外闻名的哲学家，过去没有体力劳动的习惯，年老以后身体不佳，眼睛怕光，走路都不方便，不参加体力劳动也无可非议。但他总是积极参加劳动，所里搬图书时，他坐在三轮板车上来回跑，有时低着脑袋，看上去真有点于心不忍。然而他每次碰见我，总是张开双臂，特别兴奋，就像年轻人一样活泼。

三，坚持读书看报。他眼睛怕光，经常戴着一个红色太阳罩，走路和日常生活也要伸着脖子看，但是他每天还要坚持读书看报。实在不行时，就让我的孩子念给他听，他全神贯注，毫不含糊，有时觉得重要，还要重念。而且每天按时读书看报，很有规律。学习成了他的一种生命，正如人不吃饭就会饿死一样，知识分子不学习也会不称其为知识分子了。

四，关心学术讨论。他对各种学术问题都很关心。在真理有无阶级性的讨论中，他认为真理有阶级性。不仅反复思考，每天还要埋头艰难地写文章，哪怕只写几行。后来实在不行了，就找我帮忙。我去以后，他便口授，说得很流畅，还颇有点感情，不是腹稿早已成熟，难以达到这种境界。无论他的看法是对是错，总是一种见解。

五，特殊的生活方式。他有西方生活的习惯，接待外宾，穿上西装，提着手杖，颇像国外的学者。但在平时，他不做洋人打扮，经常穿着中式服装，有时穿长袍，腰里还系着一根带子，完全是一个传统的中国人。我发现他每顿饭只吃两片面包，一小碟菜，一小碗汤，总量很少，虽有西餐风味，但是我想，即使这点东西全部被吸收了，恐怕营养还是不够。他的身体不佳，也许和这种饮食方式有关系。有一次聊天，我说了这个想法，他很赞同。从此以后，每顿饭增加一点粮食和瘦肉，每天还吃几个加工过的蚕蛹。不久，果然脸色红润起来，身体也好多了。后来他便保持了这种膳食方式。

（1993 年 3 月 14 日于中国社会科学院哲学研究所）

［该文原载《金岳霖的回忆与回忆金岳霖》（增补本），

略有删节］

金先生是青年学者的严师益友

且大有[*]

　　金岳霖先生是国内外著名的哲学家与逻辑学家。解放初期我在北京大学学习时，他是我的老师。我大学毕业后分配到中国科学院哲学研究所工作时，我们又在一起工作。1961年我支边来内蒙古呼和浩特工作后，到达北京时也常去看望他。诸多往事，难以缕述。

　　金先生早年留学国外，归国后在清华大学任教。1952年全国高等教育进行院系调整后，他担任北京大学哲学系的系主任。我正是在1952年院系调整后到北京大学哲学系学习时认识金先生的。

　　金先生的生活非常俭朴，他长期过单身生活，经济条件很好，但他从不讲究穿着。我刚认识金先生时，就见到他头上戴着一顶无顶的遮阳帽。据我所知，他这顶帽子一直戴到六七十年代。金先生家里有好几套漂亮的西装，却是备而不用，他经常穿的是比较朴素的中式服装。

　　金先生在工作上兢兢业业，克己奉公。他担任中国科学院哲学研究所的副所长后，所里为他配备了一辆小汽车。但他外出时经常不坐小汽车，而坐着自己掏钱雇用的三轮车去。金先生这种克己奉公的高贵品质是值得我们永远学习的。

　　金先生是老一辈大哲学家，也是青年学者的严师益友。他

---

* 且大有：内蒙古师范大学政教系教授。——编者注

对待青年科研人员，既严格要求，又放手使用。他在工作中经常征求我们青年人的意见。例如，1960年初哲学所逻辑组筹备召开"纪念列宁诞辰九十周年逻辑讨论会"，一天，金先生就讨论会的主题问题征询我的意见。我当时提出，可以考虑结合列宁提出的关于修正形式逻辑的思想来召开一次逻辑讨论会。他立即表示赞同，并要我到北京市高等学校征求一下有关学者的意见。我遵照金先生的指示，曾去中国人民大学征求过胡锡奎校长的意见，也到北京师范大学征求过马特教授的意见。这次讨论会于1960年10月在北海公园召开了，会议开得很成功。从这件事情上可以看出金先生在工作上善于倾听群众意见的民主作风。

1960年，金岳霖在"纪念列宁诞辰九十周年逻辑讨论会"上讲话

　　金先生是从旧社会过来的老知识分子，他刻苦学习马列主义，注意改造自己的思想。他积极响应党中央关于干部参加劳动的号召。在所内搞卫生，他经常抢着擦玻璃和门板。下乡参观时，他不顾自己年事已高，经常主动参加当地的农田劳动。有一次摘棉花，他那种非常认真、一丝不苟的精神至今还留在我的脑海中。

　　早在30年代金先生就是享有盛名的哲学家与逻辑学家，但他从不以权威自居。他经常参加哲学界与逻辑学界的学术讨论会，在会上既敢于和不同的观点交锋，也善于听取各种不同的意见。这里，值得一提的是他对于自己学术思想的严格要求。众所周知，金先生的旧著《逻辑》一书，在我国30年代的逻辑教学特别是数理逻辑的教学方面曾经起过重要的作用，是一部很有学术价值的专著。解放以后，学习马克思主义，他对旧著《逻辑》进行了严肃的自我批判，还挖掘了自己"资产阶级逻辑思想"的学术根源。当然，今天看来，金先生的"自我批判"有些"矫枉过正"之处。但他那种不以权威自居，勇于解剖自己的精神，是永远值得发扬的。

　　金岳霖先生虽然和我们永别了，但他留给我们的光辉形象永存！

（1987年3月22日于呼和浩特）

［该文原载《金岳霖的回忆与回忆金岳霖》（增补本），
标题是新拟的］

金先生的学问和人品是后辈的楷模

汝　信[*]

　　金岳霖先生离开人世已经多年了，每当想起他老人家的时候，一位忠厚长者的清癯的面容就浮现在我的脑海里。我虽然没有做过他的学生，却一直把他看作最可敬的老师，他的学问和人品都可作为我们后辈的楷模。

　　我初次认识金老是在1957年，当时我报考贺麟先生的副博士研究生，刚进哲学研究所学习，他是哲学所的领导人。开始时除了开全所大会见面以外，平日接触的机会很少。但是，我早就听说他是哲学界的老前辈，是在我国研究西方现代逻辑学的开山祖师，人称"金逻辑"，对他向来是十分景仰的。后来，金老参加了党，和我编在同一个党小组，那时哲学所的中国哲学史组、西方哲学史组和逻辑组的党员在一起过组织生活，叫"中西逻小组"。50年代至60年代间，政治运动频繁，党小组的活动很多，由于金老年事已高，又有眼疾，为了方便，经常去他家里开会，于是就互相熟悉了。小组里大多数党员都是二三十岁的年轻人，只有金老是德高望重的学术权威，但他从来不摆架子，总是谦逊地说自己是"老学者、新党员"。他严格要求自己，遵守纪律，积极参加党小组的活动，热心地帮助

---

*　汝信：中国社会科学院研究员、学部委员，曾任中国社会科学院副院长。——编者注

和关心同志，特别是经常以他的亲身经历和思想转变过程现身说法来教育青年同志。记得有一次我在小组里谈到自己思想上的苦恼，由于我学哲学是半路出家，解放前在大学里念的是政治系，后来又参军，因此哲学基础知识差，不少哲学名著都没有读过，搞哲学研究感到很吃力，缺乏信心。他知道后很关心，和我谈心，谆谆教导，鼓励我增强研究哲学的信心。他告诉我，原先他在国外留学时开始也是学政治学，后来才转而对哲学感兴趣，终于把哲学作为自己的终身事业。他说，从事哲学研究当然要读书，但光靠多读书不行，最重要的是多思考，要用自己的头脑去思考。金老的这些话指引了我，使我懂得怎样才能进入哲学之门，至今永志不忘。惭愧的是，我虽然面聆教诲，却一直没有拿出真正像样的研究成果可以告慰于他老人家。

金老的学术成就是人所公认的，他的《论道》和《知识论》可以说是中国现代哲学中最富有独创性的著作。他的学问渊博，但他不喜欢在著作中旁征博引，而以思想的深邃和缜密征服读者。读他的书可以亲切地感觉到他对哲学真理的执着的追求。他从不讳言，自己过去深受西方哲学特别是罗素哲学的影响，解放后只是经过艰苦的探索和自我批判，才选择了马克思主义作为自己最后的思想归宿。他学习和研究马克思主义的态度是极其严肃认真的，并且结合自己的思想实际，只要他认识到自己的旧观点的错误或缺陷，就毫不犹豫地公开加以修正和进行自我批评，决不文过饰非。同时，金老在学术上又有无所畏惧的理论勇气，敢于坚持和发表自己认为是正确的观点。在过去

书影（李荣增摄）

关于逻辑学的学术争论中，他是积极的参加者之一。当时传闻党的领导人曾对逻辑学讨论发表看法，表示不赞成金老的观点。金老听说后对我们说，他十分崇敬那位领导人，但他仍然要坚持自己的观点，除非有能说服他的充分理由。我们听了都为他捏一把汗，又从心里敬佩他。这些话现在看来也许很平常，可是在那时"一句顶一万句"的风气下，能够做到"不唯上"，敢于坚持自己的观点，确实是很不容易的。

金老早年留学欧美，回国后长期在大学执教，一直过着比较优裕的生活。解放后他十分重视自我思想改造，包括改变自己多年来习惯的生活方式。他常说，他是旧社会过来的人，头脑里是中西合璧、新旧并存，就像他冬季的服装，外面套着中式长袍，里面却穿着西服裤。他诚恳地希望大学多提醒他，他对自己的要求也很严。有一次他去王府井花数百元买了一顶高级皮帽，大概是什么海龙皮的吧，现在数百元在"大款"们的眼里简直是不值一提，但在那时确实是相当大的数目了。他购买回来后一直于心不安，在小组会上不止一次地主动作检查，认为这是过分的奢侈，是受过去资产阶级生活方式的影响。我们觉得像他那样的大学者用自己的工资买顶皮帽不是什么出格的事，算不上浪费，劝他不必自责，他却对此十分认真，提到思想高度，他严于解剖自己，其真诚令人感动。有时我们甚至感到他对自己过于苛求了。金老作为哲学所的负责人，一级研究员，又年高体衰，本来按规定他外出时是完全可以使用所里的汽车的，但他在60年代初三年经济困难时期，却不用公车，请一位退休工人蹬三轮板车（当时已没有载人三轮车）代步，我就曾多次在路上看到金老正襟危坐在三轮板车上穿行于川流不息的人群中的情景。有同志认为这不成体统，批评研究所对这位国际知名的老学者的生活照顾太差，写信给中央有关部门反映。我们也劝金老乘坐公车，不要再用三轮板车，他却予以拒绝。理由是"当前汽油供应这样困难，连公共汽车顶上还带着煤气包，我怎能浪费公家的汽油去办私事，况且一般病弱的老百姓也乘坐三轮板车，我以此代步也并不有失身份。"他的这些话出自肺腑，感人至深，充分表现出一位共产党员严于律己的可贵品德和高度觉悟。金老晚年的生活也是很简朴的，从不向组织提出任何个人生活上的要求。当我得悉他病逝的消息赶往他家里与他告别，和哲学所其他同志一起帮着把他的遗体抬上担架时，这才发现他离去时穿的竟是一套破旧的内衣。在悲痛中我的眼泪禁不住夺眶而出。他为世界留下了丰富的精神遗产，离去时却一无所求；他给予人们的这么多，索取的却这么少。这是无私的奉献精神。金岳霖先生和中国知识分子的优秀代表们也正是以这种精神在默默地工作，他们是中国大地上真正的精英。学习和发扬这种精神，就是对金老最好的怀念。

（1993 年 4 月于中国社会科学院）

［该文原载《金岳霖的回忆与回忆金岳霖》（增补本），

标题是新拟的］

紫怀于心的往事

*梁志学**

　　金岳霖先生是我在北京大学哲学系学习时期的系主任和老师，又是我在中国社会科学院工作时期的领导和同事。虽然他离开我们快要10年了，但一些往事还紫怀于我的心上，使我永远也忘不了他老人家对我们这些晚辈的教诲与关怀。

　　金先生在担任北京大学哲学系主任时期，对于安排讲课教师的要求是严格的。他仿佛是一位制定食谱的管家，总是想把调配得最好的精神养料提供给待哺的莘莘学子。我们学的"马克思主义哲学原理"课是聘请艾思奇教授讲解的，40年过去了，现在回想起来，仍然觉得在基础训练方面受益匪浅；我们学的"中国哲学史"课是由冯友兰、张岱年、周辅成、任继愈和石峻先生依据自己的研究成果，分阶段讲授的，教室里总是坐满了人，而且还有一些校外的学者也前来听课；我们学的"逻辑学"课是由王宪钧先生讲授的；像周礼全这样出色的逻辑学讲师，也只能到中文系开课。有一位学术造诣欠佳的教授要求在哲学系开课，金先生断然回答说："谁讲什么课，就像确定菜单一样，先上哪一道，后上哪一道，早已安排就绪，你现在插进来，不是乱套了吗？"这位教授对金先生大为不满，说他

---

　　* 梁志学（梁存秀）：中国社会科学院哲学研究所研究员、荣誉学部委员。——编者注

有学阀作风。但我们学生得知此事，却十分高兴，认为确实应该给这类教授安排别的工作。

北京大学哲学系 1952—1953 年的课程设置是照抄莫斯科大学哲学系的。执行了一段时间，就发现问题很多，最突出的是学生的体质普遍下降。为了解决这些问题，金先生在系副主任汪子嵩的鼎力协助下，花了许多心血，想了许多办法，调整和压缩了学时。但要增强学生的体质，却不可能在短期内见效。暑假期间，我们班里开展了各种文娱与体育活动。在最后会餐时，我们邀请金先生前来参加。在那天的晚餐会上，金先生情绪很好，与同学们海阔天空地聊起来，讲了不少有趣的故事。但是，当他看到许多同学眼睛近视和近视程度加深时，他的心情是沉重的。他给我们介绍了保护视力的方法，并且谈到他本人年轻时视力不佳，在生活、学习与工作中发生许多麻烦。他说，他当年左眼近视 800 度，右眼近视 700 度，在马路上遇到一辆汽车开过来，自己却看到有七八辆，不知道哪一辆是真的，躲不胜躲。

1956 年，我被分配到哲学研究所西方哲学史组工作。金先生在当时担任哲学研究所副所长，兼任逻辑学组组长。虽然我研究的是德国古典哲学，与金先生的研究领域联系不多，但他仍然像在大学时期那样，关心我的成长。尤其是在我被错划为资产阶级"右派"分子以后，金先生不仅不嫌弃我，而且对我的命运深表忧虑。1960 年 5 月，哲学研究所研究外国哲学的同志们遵照哲学社会科学部第三届会议的要求，前往北京图书馆，查阅新到的哲学专著，撰写评介资料。金先生与所领导小组组长姜丕之、西方哲学史组长贺麟是乘轿车去的，我是骑自行车去的。当我在五四大街上从东到西穿过北河沿路时，突然有两位骑车的民警把我撞倒在地。坐在轿车里的金先生看到了此情此景，不由自主地向姜丕之同志说："你看他摔倒了，你们得把他扶起来！"姜丕之回答道："是的，我们正在设法挽救他。"事后，司机季连亭同志把这段对话告诉了我，我的心里是多么不平静呵！要知道，我当时还戴着"右派"帽子，而且在不久以前还有人批评我吹捧资产阶级哲学家。金先生为什么就不考虑这种因素，而要在基层党组织负责人面前公开表示自己对我的关怀呢？从这件事情上，我深深地感受到了金先生对自己的学生的真正爱护。

1972年我们从河南"五七"干校回北京以后，金先生将至耄耋之年，梁从诫也没有回到他身边，他生活很孤独。因此，我经常看望他，或者聊天，或者谈读书心得，或者打桥牌。1974年春天，他突然告诉我，他要写篇文章，批判某种哲学错误。我当时以为，他会不会像贺麟先生那样，也想写篇批孔的文章。不，错了。原来他是想写篇批判极"左"派理论家摧残逻辑科学的文章。他拿出一张空白稿纸，边说边画，讲了自己关于形式逻辑不矛盾律与辩证矛盾规律的关系的看法，批评了那种用伪辩证法否定形式逻辑不矛盾律的行径。我心里想，先生对这种关系的解释确有学术价值，但现在是什么政治环境，这不是要惹祸吗？于是，我很婉转地告诉金先生，近20年来，国外对这个问题争论得也很厉害，我们在《哲学译丛》1964年第2期与1965年第9期就发表过A.柯尔曼和V.切尔尼克相互对阵的文章，先生不妨看一看。过了两周，我又去看望他，他对我说，"那两篇文章我看过了，看来现在还不是允许我讲出自己的看法的时候。"这是金先生给我们留下的一个课题，而我们现在也获得了某种自由，可以就这个问题讲出我们自己的看法。

　　在刘培育同志的鼓励下，匆忙写出以上回忆，以表示我对金先生的怀念。我希望，将来会有适当的场合，能与我的同学和同事一道，把这方面的往事写得详尽一些。

（1993年3月于中国社会科学院哲学研究所）

［该文原载《金岳霖的回忆与回忆金岳霖》（增补本），

标题是新拟的］

回忆龙荪师二三事

张尚水*

　　我在 1952 年进入北京大学哲学系学习，当时龙荪师是哲学系主任。在哲学系学习的几年间，同学们和金老的直接接触是很少的，但和金老的第一次见面，却对我这一生的工作产生了决定性的影响。当时我填报北大哲学系作第一志愿，本就有一些偶然因素，更没有想到会以逻辑作为我此后从事的专业。入学后，金老由汪子嵩先生（系秘书）陪同和我们班同学见面，讲了分学科组的问题，特别提到需要培养从事逻辑专业的人。就是由于金老的讲话，在挑选学科组时，我没有选兴趣所在的自然科学组，而选了逻辑组。就这样决定了我这一生的工作专业。

　　1956 年大学毕业，我分配到哲学研究所工作。金老已在前一年调任哲学研究所副所长兼逻辑组组长。到哲学研究所后，我就在金老直接领导下工作。

　　从 50 年代中开始，我国逻辑学界的学术争论很活跃。但是，虽然在 1957 年上半年就在所里召开过有北京各高校逻辑教师参加的讨论会，逻辑组的同仁却一直没有写文章参加当时的学术争论。1959 年初讨论组里的工作计划时，金老对这种情况提出了批评，他认为应该关心并写文章参加讨论，而不应当关

---

*　张尚水：中国社会科学院哲学研究所研究员。——编者注

起门来搞自己的研究。金老自己在组里第一个写文章讨论当时争论的问题，头一篇文章是在 1959 年春写的《论真实性与正确性的统一》一文。写这篇文章时，哲学研究所已迁到城内现址，金老还住在北大燕东园。金老让我去他家里，由他口授，我给他记录。那天上午工作了半天，午饭后金老觉得身体有点不舒服，就停下来了。引起身体不适的原因，是书房中的那个煤炉子。金老的书房中生了一个大煤炉子，不知什么原因，那天房里空气中有一点一氧化碳。不只是金老午饭后有点不舒服，我也有点头晕。饭后我没有马上进城回所，而是去北大 25 斋股同兄的宿舍休息了一下午。这篇文章后来由所学术秘书室的同志帮助记录完成。此后，金老还写了几篇文章，其中《论所以》一文，曾在组内引起了激烈的争论。反对金老的观点最尖锐的是礼全师。在学术问题上，我们都可以持不同意见和他争论，他从不压制不同意见。

1959 年组里的一项集体工作是编写《逻辑通俗读本》一书。除且大有同志去陕北农村劳动锻炼外，逻辑组全部成员都参加了这本书的编写。这项工作也是由金老提出来的。编写这本书的一个动因，是当时国内出版的逻辑著作很少，更缺乏适合非专业工作者学习的比较简明通俗的逻辑书。此外，金老还有一个设想，希望在此书出版后，能从读者中获得反馈信息，提出一些逻辑问题，作进一步的研究，使逻辑著作更适合读者的实际需要。从讨论提纲、写出初稿，到修改定稿，集体讨论了几次，工作进行得很顺利，没有用很长时间就完成了。最后由礼全师做了全书的修改定稿工作。参加编写的五人中，金老他们四位，都是我的老师，我是在工作中学习。在这本书的编写过程中，有一件事值得说一下。为了联系实际、收集材料以便作逻辑分析，曾作了几次访问。一次是在报上见到清华大学某教研室的教师研制成陶粒，就同清华大学联系去访问，了解研制陶粒的方法。那天，五个人乘所里华沙牌轿车从干面胡同去清华大学，后座挤了四个人，挤得很不舒服。另一次是访问蒋荫恩教授，目的是了解新闻写作方面的材料和问题。

《逻辑通俗读本》的出版情况，也值得一记。这本书写好后，当时并没有联系出版。1960年一个星期六的下午（不记得哪个月了），所学术秘书室接到中宣部的一个电话，说是一位中央领导人得知有这本书稿，想要看看，叫赶印几本送去。当时所里正组织逻辑组、西方哲学史组等几个组的同志去东北参观，已买好下星期一去哈尔滨的车票。事有凑巧，一个电话使我和大有兄就去不成东北而留下来了。由潘老（梓年）和人民出版社王子野社长联系，作为特急件赶印书稿，大有兄和我去出版社协助校清样，不到一个星期，书就印出来了。印了100本，但是并没有正式出版。后来，中国青年出版社的王康先生遇见礼全师，说他们出版社想出版一本供青年读者学习的逻辑书，请礼全师介绍作者。礼全师告诉王先生，我们有一部现成的稿子，可以拿去看看，看是否合适。这样，王先生要去了书稿，并很快由青年出版社出版了。

1960年，金老还组织全组同志编写过一本篇幅更大一些的逻辑书。这次写书是来自上面的号召和布置，哲学研究所有好几个研究组都组织集体写书。1960 年编写的这本书只写出了部分初稿，没有成书。1961 年开始，周扬同志负责组织全国高校文科教材编写工作。金老任逻辑教材《形式逻辑》的主编，礼全师和殷同兄参加该书的编辑工作，组里集体写书的工作就停止了。

　　由于全组集体写书，我还在金老家里住过一段时间（记不清是 1959 年还是 1960 年那一次）。那时正是城里也搞公社化的时候，哲学研究所在干面胡同 15 号学部宿舍大院办了一个食堂。金老、贺先生（自昭）、汪先生（三辅）他们都在食堂吃饭。有食堂可以吃饭，我就住在金老家里。不过，虽然住在金老家里，和金老的交谈仍是很少。金老当时也不像晚年那样希望有人和他聊聊。那时公武（有鼎）师住在金老隔壁，我也没有向公武师求教。总之是放过了很好的学习机会。住在金老家里给我印象最深的，是金老的生活极有规律。每天早上他都准时起床，晚饭后，他都要静坐休息一会，喝一小杯酒，慢慢品尝。好像那时买烟已经困难，他抽的也是次烟，还抽过 6 分钱一包的劣质烟，只在晚上最后抽一根好烟。每晚临睡前，他都要吃一点水果和点心。

　　我和金先生接触最多的一段时间是 1976 年那场大地震后。发生大地震后，先由梁从诫先生和方晶女士照顾金先生的安全和生活。几天以后，所里为金先生在学部大院单独搭了一个小防震棚，由鼎夫、诸葛和我负责照料金先生的生活起居。我的任务是陪住，每天都有很多时间和他在一起，有时就天南地北地聊。金先生都讲了什么，当时没有补记，记不起来了，只有几点至今仍留有深刻印象。一点是老一辈学者间的深厚友谊。住地震棚期间，钱瑞升先生的夫人、梁思永先生的夫人等，都多次来看望过金先生。另一点是金先生对英国文学很熟悉。那时我在看英文版的《双城记》，就引起金先生有关英国文学方面的话题。至今印象非常鲜明的是，那时他已八十高龄，随口就用英文背诵《双城记》的开头一段。还有一点是关于金先生在抗战时期的政治态度的。1943 年，金先生和其他几位学者应邀出访美国，按规定出访前必须参加国民政府办的一个训练班，受训完了还要填写一张参加国民党的表格，金先生坚决地拒绝参加国民党，把那张表扔进字纸篓里了，鲜明地表现了一个学者的独立的政治态度。

再讲一点关于茶、烟和酒。"文化大革命"前组里开会都在金先生或汪先生家里，在金先生和汪先生那里都有茶招待。在汪先生家里通常喝花茶时候多，先泡在壶里再斟到小杯中。在金先生家里则喝绿茶、龙井或碧螺春，喝龙井茶的时候更多一些，每人一杯，用的杯子是景德镇产供人民大会堂用的青花瓷杯子。有一次喝的是友人送给金先生的君山银针。金先生还介绍了君山银针的特点。当时这种茶的价格是 60 元一斤（好的龙井 20 元一斤）。金先生说这是喝名气，实际上不值。当年新茶上市，好的龙井是 900 元或 750 元一斤，如金先生在世，也是喝不起了。金先生是晚年才戒烟的。我的印象，在 1950 年代，教授们大多都抽前门烟，而不是中华或牡丹，金先生也这样。1960年代有一段时间烟特别不好买，金先生也抽过6分钱一包的劣等烟，只是每天晚上最后抽一支好点的烟。过了一段时间，才对高级知识分子每月供应两条烟。一、二级教授每月供应一条中华，另一条牡丹或前门。三级教授以下，供应一条牡丹，另一条是前门或别的烟。烟和茶不一样，不论是开会或单独到金先生家里去，他都不招待烟。而汪先生则会拿出烟招待。只是有一次，友人送给金先生一条熊猫烟，他特别拿出来与大家分享。金先生有时抽烟斗，他有好些个烟斗，轮流用。那时候张奚若先生任对外文委主任，有一次将外国客人送的雪茄转赠金先生，雪茄很粗，金先生则切了当烟丝装烟斗抽了。

金先生藏有好酒，包括茅台、五粮液和法国的白兰地。他平时在家午餐和晚餐都不喝，而在晚饭后品尝一小杯。大概是1959年一次过节时，学部食堂大会餐，许多老教授和学部领导人都参加，金先生也来了，带来了一瓶五粮液。特别是有一瓶茅台酒，金先生说要珍藏到祖国完全统一那一天，用来举杯庆祝。遗憾的是，金先生没有能等到台湾和祖国大陆统一的这一天。不过近年来，台湾和祖国大陆各方面的交流日益密切，留在大陆的原中央研究院的几位老院士也曾去台湾访问，祖国统一之日可期，是可告慰金先生在天之灵的。

[该文是由原载《金岳霖的回忆与回忆金岳霖》（增补本）和《理有固然》中的两篇文章综合而成，有删节]

我知道的龙荪师的一些事

诸葛殷同[*]

我是在上海读的高中。1952 年中学毕业后，抱着追求宇宙间最高真理的心愿，考上了"中国最高学府"北京大学的哲学系。哲学系的主任，就是龙荪师。经过院系调整，全国只保留了这一个哲学系，所有未改行的高校哲学教师都集中到北大。

第一次见到金先生，是在一间新教室里。那天由系秘书汪子嵩师陪同金先生与新生见面。金先生额前戴着遮光眼罩，好像是没有帽子的帽檐，使同学们很好奇。汪先生第一句话就说，系主任金岳霖先生因眼疾怕光，遵医嘱常戴遮光眼罩。这一句话解除了我们对金先生的神秘感。金先生除了别的话，还娓娓阐述了逻辑的重要性。希望有人选逻辑专门化（当时哲学系分哲学、心理两专业；哲学专业又分社会科学、自然科学、逻辑三个专门化）。全班大约是 22 人，其中有 5 人选了逻辑专门化，即彭燕韩、宋文淦、张巨青、张尚水和我。

1956 年我本科毕业后，留校当王宪钧师的研究生。王先生让我跟金先生学他 30 年代出版的《逻辑》，课在金先生家里上，听讲的还有且大有兄（北大哲学系毕业，比我高一届，当时分配在哲学研究所逻辑组）和燕韩兄（留北大任助教）。"反右"开始后不久，课就停了，并没有学完。1958 年哲学研究所搬到

---

* 诸葛殷同：中国社会科学院哲学研究所研究员。——编者注

建国门里原"海军大院",金先生则搬到东城区干面胡同住。听金先生的课就不容易了。

1960年底我研究生毕业,1961年初分配到哲学研究所工作。我到所后两三个月,逻辑组秘书倪鼎夫同志通知我,跟着金先生、周礼全先生去编高校形式逻辑教材。这是周扬同志主持的高校文科教材编写工作。抽调全国力量,借住在高级党校(现中央党校),其中的《形式逻辑》由金先生当主编。金先生自己没有执笔,执笔的有北京大学的吴允曾师、晏成书师;中国人民大学的方华同志、赵民同志、向刘骏同志、麻保安兄(北大哲学系毕业,比我低一届);哲学研究所的周礼全师。哲学研究所的三辅师、北京大学的宪钧师,参加讨论而未执笔,

金先生当主编,是名副其实的。开会时他话不多,当两种意见争执不下时,最后都由金先生拍板定案。大主意都是他拿的。金先生有些个人意见,如他个人对形式逻辑所下的定义,发表在《论"所以"》中的意见,他从来没有要求写进书里去。现在有同志可能误以为金先生在《形式逻辑》中接受了毛泽东的意见,放弃了自己的意见。我认为这是没有根据的。我从来没有听到金先生说起他听到毛泽东关于逻辑说过些什么。书是集体编写的,金先生是尊重编写组多数同志的意见的。

这本书写成后,因为"文化大革命",直到1979年才由人民出版社出版。付印前,对书稿又进行了一次加工。整个工作主要由周先生负责,并向金先生汇报、请示。在政治方面,方华同志多负其责。具体动笔则由周先生、保安兄和我多做一些。

金岳霖先生是当代中国几位最著名的哲学家之一，是中国造诣最深的分析哲学家。金先生在抗日战争颠沛流离之际却创构出了独特的哲学体系，这个体系不能简单地以中国哲学、西方哲学来区分。金先生对现代逻辑在中国的传播有突出的贡献，逻辑是他构造哲学体系的工具。他对哲学的贡献大于逻辑，因此，大家称金先生是哲学家、逻辑学家。他常说1937年后就不搞逻辑了。70年代以后，王浩先生历次自美国来北京，在探望金先生时如果要谈到逻辑，金先生一定要请沈有鼎先生作陪。金先生说自己对逻辑的现代发展不了解。金先生竟以逻辑学家而不是以哲学家的身份称著于50—60年代的中国。10年前有人称金先生为逻辑学家、哲学家。一字不改，次序颠倒，评论就不同了。

1994年10月下旬，苏天辅先生来北京办事。他对我说起金先生解放初曾感叹过：我反对唯心主义几十年，想不到自己也是个唯心主义者！大家都说金先生的哲学是唯心主义，到一定火候，金先生也会觉到自己是唯心主义者了。

特别在"反右"以后，金先生在政治上十分谨慎。毛泽东多次接见他，宴请他。毛泽东说了些什么，金先生从来不露一字。"文化大革命"开始时，金先生住在北京医院。我去看望他，并告诉他中央已任命陶铸为中央宣传部部长。他当即表示欢欣鼓舞之至。我又对他说，大家都在出大字报表态拥护中央对陶铸的任命，他不妨也表个态，但金先生婉拒了。在"文化大革命"中竟没有一张大字报直接针对金先生的。这在有一批唯恐天下不乱的人的哲学研究所、中国科学院哲学社会科学部，不能不说是一个奇迹！

胡世华先生、王宪钧先生、王玖兴先生、苏天辅先生谈到金先生，从来都是毕恭毕敬的。20 世纪 80 年代末 90 年代初，胡先生有几次给我打电话，说起金先生，他说，"金先生是得道的。" 70 年代后期，有一次王玖兴先生对我深情地说起他在清华上学时，得了重病住在协和医院。一个大雪天，金先生亲自拿了钱到协和去接济王先生。听说，当年王宪钧先生要提教授了，清华教授会里有人不同意，开会时金先生把礼帽往桌上一拍，说："宪钧为什么不能当教授！"当场无人再说什么，就通过了。

20 世纪 50—60 年代，批评与自我批评对我们来说如同空气、阳光一样。如有人批评沈有鼎先生，沈先生总要争辩几句，不大服气的。只有金先生说他几句，他头一低，不言语了。沈先生故去后，师母王淑嫒女士说解放初在清华（其时沈先生尚不认识王女士），金先生是系主任，曾批评沈先生说，新社会了，不劳动者不得食；并扬言要扣发沈先生的薪水。那个月沈先生就没敢去领薪水。1955 年，中国科学院成立哲学研究所，金先生奉调任副所长。据说金先生怕沈先生在北京大学不适应教学环境，就把沈先生也调到哲学研究所，留在身边。1956 年定级别，沈先生是四级，与别人比起来偏低，金先生似没有特别替沈先生说话。三年困难时期，哲学研究所副所长陈冷想把沈先生调走，还是金先生不同意，沈先生才一直留在哲学研究所。

"文化大革命"后，有一次我去看金先生。两人默坐半刻，

1964 年，金岳霖在书房

金先生突然冒出一句话："诸葛，我告诉你，我当初就打心眼里瞧不起那些书。"我不知何言以对。过了一会儿，金先生就用别的话岔开了。我体会金先生说的"那些书"，首先是指斯特罗果维契的《逻辑》。我心想，您哪里知道，1970 年代后期苏联的楚巴欣，还不知道"乌龟对阿奇离说了什么"的问题，在那里信口开河，说直接推理有两个前提呢。这是我与金先生最后一次谈及学问。

　　"文化大革命"前逻辑组开会，学术讨论常在金先生家里，政治学习常在办公室。在金先生家里开会，他每次都供应茶水。通常供应六安瓜片或西湖龙井。他屡次指着六安瓜片说，这茶是贾母不吃的。潘老常常参加组里讨论学术的会。凡潘老要与会，金先生总是特别关照多年侍候他的老汪准备好茶——龙井。还有一只较好的青瓷茶杯是特为潘老准备的。金先生自己用的是一只盖碗，我们用的是景德镇的蓝花瓷杯。据金先生说，这是为人民大会堂定烧的，挑出来的次品。尤其是我，喝了金先生的茶，半小时后就不断往卫生间跑。金先生的茶叶、茶具，还有烟、酒，都由老汪保管，放在客厅里一口明代的大木橱里。金先生的书桌，是明代鸡翅木的画案。

"文化大革命"以后，金先生常想起以前在人民大会堂喝过的好龙井。他希望谁能帮他买二两好龙井过过瘾。有一次，我自告奋勇托杭州一位同道买二两好龙井，特别说明金老要的，不论价钱。买到后，我先带着上班去给尚水兄看看。他一看就说不行，有茶叶梗儿。中午下班我给金老送去，并向他讨了一点，用纸包好，回家沏了一喝，果然不怎么样。后来遇见那位帮忙的同道，他说对不起，不是在那个村（指狮峰或梅家坞等）买的。过了一年，金先生让服侍他的倪老太太交钱给我，为他买点好茶叶。但我没有买到。倪老太太只好把钱要回去了。

金先生书房里的条桌（清代）上，常常放着一两个大红苹果。这是金先生看的，不是吃的。"文化大革命"前有一次国庆节前夕，我去看望金先生，他把两个大苹果给了我，说你们快拿去吃了吧，日子久了快烂了。回宿舍我就与尚水兄一人分吃了一个。金先生去王府井水果店买苹果（有时老汪代劳），要特大的，还记下分量。售货员都知道老先生的爱好，帮他挑称心的。"文化大革命"以后，有一次金先生桌上放着很好看的深红色苹果，他告诉我这是人家送的美国苹果（现在市面上的所谓蛇果）。

听说，金先生每晚 8 点半一边听新闻联播，一边喝一小杯白酒——要么茅台，要么大曲（指泸州老窖特曲）。酒器是一只乾隆年的红花瓷酒盅。后来他胃不好就戒酒了。

1963 年沈有鼎师结婚。我们没有送礼，而是主要由金先生解囊，以逻辑组全体同仁的名义，设席丰泽园为新人贺喜。席间，金先生谈笑风生，说我教你们一个英文字"bumper"。有这个字的是葡萄大年，酿的酒才好。又说喝黄酒一定要用黄酒酒杯。这种酒杯丰泽园居然还真有，是浅浅的，口较大，有点像小碗。这种杯子我从未见哪儿有卖的。

大约 1983 年有一次过节，我与爱人唐橘仙一起去看望金先生。他郑重其事地请梁从诫兄（梁思成先生哲嗣）给我们斟科涅克（法国正宗白兰地的正式名称）。金先生说，那年（解放后）他去英国时，带回一瓶 Martell，一直没喝，请你喝点。

1985 年 12 月，（前排左起）钱昌照、胡愈之、胡绳在"金岳霖学术思想讨论会"上

1985 年 12 月，"金岳霖学术思想讨论会"在北京举行

但老汪已辞，从诚兄在那大木橱里找不到，只好拿了一瓶人家送他的人头马，给我斟了一杯。此后，又一次我去探望金先生，他说 Martell 找出来了，送给我。又叮嘱我："你不要一个人喝了，要到高朋满座时才喝。"金先生归道山后一年，1985 年 12 月举行了"金岳霖学术思想讨论会"。在清华大学聚餐时，我把金先生给我的那瓶科涅克带去，跟与会同志一起品尝。空瓶则我收着作纪念。

> ［该文是由原载《金岳霖的回忆与回忆金岳霖》（增补本）
> 和《理有固然》中的两篇文章综合而成，有删节，
> 标题是新拟的］

毛泽东建议金岳霖写数理逻辑书

杨东屏[*]

尚水兄，家龙兄：

　　我最近想起我遇到的一件和金岳霖先生有关的事。1956 年春节不记得是初几，我父母当时不在北京，由于梁思庄先生和我母亲是中学同班同学，因此她请我去她家过春节。当时请去的有金先生、周懿娴（国家女子篮球队主力队员）和我。吃饭时金先生很兴奋，讲到初二（？）毛泽东请知识分子代表人物吃饭，在饭桌上毛主席对金先生讲：数理逻辑重要，（中国）应该搞。同时还建议金先生写数理逻辑的书，说写好后给毛看（毛想学点数理逻辑）。我当时听了很兴奋，我对金先生讲我是胡世华先生的学生，是学数理逻辑的。

　　以上事情不知对你们纪念金先生是否有用？……

　　此致

　　敬礼

1995 年 3 月

［该文原载《哲学研究》（1995 增刊）］

＊　杨东屏：中国科学院软件所研究员。——编者注

金岳霖先生散忆

钱耕森*

　　回想起 34 年前，正值香山枫叶红似火，清华园秋色浓重之际，我远离扬子江畔、巢湖之滨的一所县中，跨进了全国著名的清华大学哲学系读书。从此，有幸成了我们尊敬的金先生的学生。

　　我们全班同学共有七个人。其中有一个同学和我同年，我俩都是班上年龄最小的同学，他的姓名叫李学勤（现任中国社会科学院历史研究所研究员、副所长）。他的入学成绩考得很优异，引起了全系师生的注目。听说，作为系主任的金先生得悉后曾很感慨地反问道：李学勤同学考得这么好，为什么不去报考物理系呢？金先生何以这么说呢？是由于肯定当时清华大学全校各系录取新生的分数线物理系最高吗？或者是由于哀叹清华大学哲学系原有的长期占统治地位的地主和资产阶级的哲学，解放后面临着无产阶级的马克思主义哲学的巨大冲击，行将被取代而处于岌岌可危的末日吗？（时过不久，翌年教育改革进行院系调整时，清华大学哲学系就合并到北京大学哲学系去了。）也许和这两点均不无关系。但是，金先生的本意恐怕还是以其独特的语句充分肯定李学勤同学的扎实基础，及早预见李学勤同学的发展前景吧。1953 年的寒假开始进行思想改造运动，哲学系师生有一个学习小组。有一次，学习小组大概在胜因院

* 钱耕森：安徽大学哲学系教授。——编者注

邓以蛰教授家开会，金先生兴致勃勃地主动向来参加学习的政治系教授张奚若先生介绍李学勤同学。张先生便举起右手半卷着搭在右耳朵上以加强听感，大概张先生当时的听力已较差了，他边听边点头边"嗯"着，听的样子很专心。这一极其生动的镜头，被坐在一旁的我意外地"摄"了下来（即亲眼看见了）。李学勤同学念完了大学一年级便走上自学古文字的新征途，他在学术研究的道路上茁壮成长，大约仅仅过了十来年，便在古文字学领域崭露头角，随后就成了著名的古文字学家。这样的事实，难道还不足以证明金先生独具伯乐慧眼，善于发现人才，当李学勤同学还是一匹"小马驹"时，他已预测到李学勤同学日后必将成为一匹"千里马"吗？

为了把我们培养成马克思主义哲学的红色宣传员，系里必须给我们新生开设辩证唯物主义和历史唯物主义的课程。这对于一个刚刚解放还不久的旧哲学系来说，无疑是一个光荣而

1957 年，清华大学哲学系的教授们（左起：沈有鼎、张岱年、王宪钧、金岳霖、邓以蛰、任华、冯友兰）

艰巨的教学任务。谁来完成这一任务呢？金先生本人勇敢地承担了这一重任，他特意为我们大一班专门开设了辩证唯物主义课程。与此同时，金先生还在全校带头讲授政治课，又带领理工科各系教师学习自然辩证法，还带头批判自己的旧哲学观点和实用主义。这些事实都再三地表明了金先生是坚决拥护马克思主义哲学，认真学习并宣传马克思主义哲学的。身体力行的金先生堪称解放初最早和旧哲学决裂，接受新哲学的老哲学家之一。

金先生备课很认真，他每堂课都写有详细的讲授提纲，用钢笔竖着写在没有格子的白纸上。天冷以后，当他走进教室坐定下来时，往往从其大衣袖筒子里拿出提纲来，此情此景依然历历在眼前。

他讲授也很认真，受到同学们的一致欢迎，还吸引了一些外系同学来听课。记得当时化学系应届毕业生陈念贻同学（著名的量子化学家，现任中国科学院上海分院冶金研究所研究员）就专门前来选修了金先生的这一门课。我当时是班上的政治干事，由于我们班的人数少，就只有我这个唯一的班干部，但却要求我这个"空军司令"起到整个班委会的作用，自然包括了和陈念贻同学的经常联系在内。惟其为此，我和陈念贻之间的同学之谊，迄今一直保持了下来。

我们这门课的辅导教师是周礼全先生。每次举行"习明纳尔"（俄语"课堂讨论"的音译，当时广为流行的称谓，也是英语的音译）时，由周先生掌握，而金先生本人还是每回必到，亲自聆听并予以指导。

期终考试，金先生打破了当堂闭卷笔试的常规，出了一些哲学范畴的试题，让我们拿到图书馆里去做好了答案再交卷。这种新的考试方法，不仅我们在中学时未曾遇到过，而且就是当时其他几门课的考试也没见到过，既感到新鲜又感到要求很高。但等到习惯之后，才慢慢体会到金先生的这种新的考试方法，可以弥补当堂闭卷笔试一般只需要学生重复教师课堂讲授的有限内容之不足，可以大大调动学生们的学习积极性、主动性和创造性，推动学生们去找参考书，钻研参考书，并提高学生们的写作能力。所以，受到我们学生的普遍欢迎。大家在准备答案的过程中，都很努力，收益显著。我还侥幸地考到了最高分——80 分呢！

金先生很爱护同学，很注意和同学们的联系。他往往利用节假日请同学们去他家做客，招待得很热情，常常请我们吃他家厨师自己精制的可口点心，临走时还给每个同学用大报纸捎回一包点心慢慢地吃着玩。

金先生当时在自家小花园中养了一只很大的洋种公鸡，体形健壮，色彩斑斓，精神抖擞，不时还边"喔喔"地啼着，边拍打着双翅，摆着一副好斗的架势，令人煞是喜欢地多看它一眼呢！园子的地上摆了不少盆蟋蟀，屋内的窗台上、桌上和地下也摆了许多盆蟋蟀，总计大约不下数十盆吧！这些蟋蟀都是红头黑身子，当它们振翅搏斗时竭力发出"叽叽"叫的喊杀声，此起彼伏，倒也蛮像演奏出一首奇妙的乐章呢！金先生本已子然一身，又作为大哲学家，其治学生涯极其认真、刻苦、严谨，这自是不难想象的。但是，与此同时，还能想象出金先生也具有着普通人所富有的浓郁的生活情趣吗？

1954年中英文化交流，英国逻辑实证主义代表人物、伦敦大学哲学系主任艾耶尔（Ayer. A. J.）教授来我国访问，在北京大学哲学系作"英国近五十年来哲学概况"报告。报告专业性很强，又没有讲稿，开始时是一位西语系的英语教授当翻译，后来又有两位哲学系的教授帮助翻译，即使这样，还是有个别难译之处，遂由坐在台下听众席中的金先生来补充完成之。金先生的英文造诣素来很深，听说他还参加了毛泽东的《实践论》和《矛盾论》英译本的工作。会后，我曾请教过金先生如何才能学好英文。他谆谆教导说，要想学好英文，起码要做到能够阅读英国文学作品和养成用英文思维的习惯这样两条。

1966年底，趁"大串联"之机，我又见到了金先生。那一年，他老人家已年逾古稀，七十又一岁了。我们又差不多快10年没有见过面。我真有点担心他老人家可能已经忘记我了！可是，那一天他老人家亲自开的门，脱口就叫出了我的姓名。甚至连我的一篇短文，他竟然也记在心上，他说："我看过你和一个同学在《光明日报·哲学》上的那篇文章（系指我和任吉悌同学于1958年12月28日在该报发表的《学习毛主席关于人的自觉能动性的思想》一文）。"并勉励说："你们以后还可以再写些嘛！"他还很关切地询问了我毕业后分配到贵州大学和随后在贵阳师范学院的工作和生活情况，但就是没有谈到当时的

"国家大事"，似乎"文化大革命"压根儿并未发生过。何以金先生会如此这般地"心外无物"呢？当其时，对他老人家这样子"脱离实际"还不尽理解。但时至今日，回忆起来，岂不余味无穷吗！

金先生早在 1943 年写了一篇题为《中国哲学》的著名论文，是用英文写的，直到近 40 年后的 1980 年才在《中国社会科学》（英文版）创刊号上首次公开发表。当时，为了便于自学，我曾约元枚同志试着合译了一份初稿，并呈送金先生指正。随后，听焦树安同学说，金先生的意思是不赞成译成中文发表。我揣测，金先生是否有鉴于此文乃早年之作，受着时代的局限，中外读者对象不同，宜区别对待之。这篇译文初稿，在呈送的辗转过程中，终于不慎遗失。现在，为了纪念金先生，我应周礼全先生、诸葛殷同同学和《哲学研究》编辑部张智彦同志之约，在王太庆先生的具体帮助下，勉力把他老人家的这篇名著重译出来，并已刊登在《哲学研究》1985 年第 9 期上。

而今，金先生已与世长辞，离开我们已届周年了，但他老人家的为人与为学的崇高精神必将永远活在我们的心中！

（1985 年 10 月 19 日写于安徽大学）

［原文原载《金岳霖的回忆与回忆金岳霖》（增补本）］

撷取几片珍贵记忆

余丽嫦[*]

金老离开我们已经 21 个年头了，可是他的音容笑貌仍历历在目，让人亲切，让人敬仰！

恒久的真情

金老与梁思成、林徽因之间的感人故事，现在都已广为人知了，并成为人们对待感情的楷模。

我是 1959 年到哲学研究所的，到所不久即听说，金老家里的大书桌上摆着一个美丽的妇女大照片。随后不久，我第一次到金老家时，果真看到了。金老的敦厚、慈祥和大家风范让我敢于大胆发问："金老，她是谁呀？"

我并非明知故问，我当时对林徽因的确一无所知，甚至连她的名字都不知道。当然，我的提问也是想探知金老今天怎样评价这位美丽的、相识相知 80 年的老朋友。没想到，金老不仅没有责怪我"多嘴"，还十分兴奋地对我说："噢！她可是个了不起的妇女，她在诗作、文学上都很有造诣，是你们广东人。"后来我才知林徽因本人是福建人，但金老当时确实是这么说的，我想他指的是广东的媳妇吧。金老见到我，偶尔会对我说两句广东话，当时我还猜想，这是从与林徽因的接触中"潜移默化"

---

* 余丽嫦：中国社会科学院哲学研究所研究员。——编者注

来的哩！

金老对感情，就是如此率真，如此深情，如此恒久不忘，真正深藏一生！

"儿童是未来"

叶秀山讲过，金老维护儿童在院里嬉戏游玩之权，拒绝在投诉孩子吵闹的联名信上签字，说国家未来还靠他们哩！此事让人十分感动！的确，金老很爱护孩子，喜欢孩子，他家里就拥有一些玩具，让到访的孩子不沉闷无聊哩！一天，还特意给我儿子带来了一个当时颇为新颖的、尾部会"喷火"的火箭玩具哩！金老对儿童玩物，还注意其科学的引导性，很有意思吧！

"身居陋室一样可以做学问"

我先生和孩子从广州到北京后，所里分配我们住在干面胡同3号。这是一处很破旧的老四合院，刮风下雨都危乎乎的，最后作为危房拆了。周礼全、范岱年都曾住过这里。一天，金老返回干面胡同15号寓所，路过3号，进来看了看，随即口出一对联，可惜当时我没记下，意思是：身居陋室，但一样可以做学问的。以此鼓励我：勿因居住环境恶劣而影响对学问的追求。

不仅如此，后来金老还送我一幅齐白石画的虾，是荣宝斋水墨复印的。金老认为，房小虽破旧，仍可美化它，要为自己营造一个好的读书做学问的环境。

金老就是这样一位极富同情心，并时刻关怀着年轻人在学术上攀登的前辈长者！

"原来我不是高干"

金老不仅在他的逻辑组，在我们西方哲学史组同样都是十分受敬重的。每年过年，我、叶秀山、王树人、侯鸿勋，以前还有汝信（他官升至常务副院长后，我们不再相约，但他仍给金老拜年，不过是单独前往），相约到干面胡同拜年时（我组老专家贺麟、杨一之、管士滨皆住 15 号），金老家总是我们的第一站，单身的金老，总是让人有更多的牵挂。不在一个研究组，平日不敢打扰，就是借拜年，好好看看一年下来的金老的真实状况，听听他的教诲，乃至他的声音。

20 世纪 70 年代后，金老的健康状况每况愈下。一次，路遇李泽厚，谈起金老住院了，不知情况如何。我们当即就赶到北京医院看金老了。他看到我们到来，非常高兴。当时，他住高干病房，一人一个大套间，条件还不错。可是，后来金老又犯病了，协和医院高干病房却再也住不进去了，理由是：他不是高干。金老无奈地说："我不知道，我原来不是高干！"是的，在金老看来，他是中国有数的几个一级教授，工资也是有数的高了（当时而言），怎么还不是高干呢！最后，还是靠着他的弟子们，好不容易才找到邮电医院住进去了，呜呼哀哉！这就是为什么陈元晖在一次哲学所大会上慷慨激昂地疾呼："什么时候教授（当时教授数量很少，在中国属于"珍稀动物"哩——余注）比长官地位高，国家就有希望了！"

金老既接受过蒋介石的会见，又受过毛泽东的会见和宴请，但也没充分感受到真正尊重知识、尊重学人时代的真实到来，遗憾呀！

"与老干部的友谊"

大家都知道，金老常来往的朋友是梁思成、周培源、张奚若、钱端升……这些都是过去留学外国、今天是一方大师的大知识分子；但很多人却不知道，1949 年后金老也有"老革命"的朋友。

姜丕之与金老，一位是"三八式"的老革命、老干部（1950 年代已是九级干部），所党领导小组成员，西方哲学史组副组长；一位是比较西化的留美的一代学术宗师。两人从背景到学问，从生活方式到审美情趣，都有极大差异。但令人惊讶的是，他们却关系密切，情感颇深，彼此都把对方引为朋友。

丕之尊金老为良师益友，敬重有加。60 年代初，丕之就与金老联手，组织西方哲学史组和逻辑组全体研究人员到东北哈尔滨、吉林、长春、沈阳参观学习。丕之来自东北，原属下皆为各省宣传部负责人。为此，我们所到之处，皆"招呼周到，热情有加"，让大家的东北之行，收获良多。

丕之调上海后，每到京，不论时间多仓促，亦必上门拜望金老叙旧问安。而金老，对这位"半路出家"，勤奋用功，对黑格尔哲学研究有成的老革命学者，亦真正是"诲人不倦"，同时虚怀若谷，听取丕之有益意见。今天，金老给后人留下的四五万字的《回忆录》，就是接受了丕之一而再、再而三的建议后而写就的哩！《回忆录》开篇处，金老写道："老朋友丕之要我写回忆录。"《回忆录》让后人看到一代宗师生动真切的一面，是研究了解金老及其时代的极为珍贵的第一手资料。同时，从另一角度而言，"回忆录"也是金老与一位老干部友谊的见证哩！

怀念金老文章很多了，两次结集成书，我都不在大陆。这次培育学弟相约，我想，能与金老相遇，是我生命中的幸事，弥足珍贵。为此，撷取一些片段记下，藉此表达我对金老的一点敬意，亦一快事也！希望金老喜欢！谢谢培育！

（2005 年 7 月 20 日于北京团结湖）

［该文原载《哲学研究》（2005 增刊，纪念金岳霖诞生 110 周年专辑），标题是新拟的］

我做金老的"联络员"

周云之*

　　我在北大哲学系学习时，就已经知道了"金岳霖"之名，却不认识其人，更不熟悉他的一切方面。"文化大革命"前有一天，潘梓年同志要我去金老家借阅他写的《论所以》一文。因为是第一次去见金老，我向潘老问了一点金老的情况。记得潘老曾告诉我：金老是国内外最知名的中国哲学家和逻辑家之一，尤其在逻辑学方面贡献最大，解放后一贯要求进步，是老专家中入党较早的一个，人很朴实，平易近人，今后有机会可以很好向他求教。但我还是带着拘谨的心情去见了金老。金老很热情地接待了我，而且确实平易近人，形象朴实，完全是一位老学者的风度。他把刊有他的《论所以》一文的《哲学研究》杂志交给我后，一再告诉我，潘老看后有什么意见、看法一定告诉他。看得出来，金老和潘老的关系是非常融洽与互敬的。不几日，潘老亲自去金老家交谈了《论所以》一文，我没有参加。

　　"文化大革命"后，我转到哲学研究所逻辑研究室，主要从事中国逻辑史的研究。80年代初，周礼全先生对我说：金老指名要我做他与哲学所和逻辑室的联络工作，每次上班前或下班后，路过他家去看望一次，有什么事情由我转达给所里或室里，有工资或什么物件也由我带给他。就这样，我成为金老的"联

---

　　* 周云之：中国社会科学院哲学研究所研究员。——编者注

晚年金岳霖

络员"，每周一次或两次到金老家看望他，了解他的要求或需
要办的事情。

　　那时候他身体很虚弱，行动不便，也不再从事具体的研究
工作。但他从不停止自己的思考，并且非常关心国内外的大事。
平时，他总是整天坐在沙发里看英文《中国日报》等。我每次
去看望，他总是特别高兴，很希望我能告诉他一些外面的情况，
我就有选择地告诉他一点社会上或所里、室里的情况，他听得
特别专心，高兴时也会大声说话，表示看法。记得一次他看到
了当时哲学所所长邢贲思在《人民日报》上发表的一篇文章，
就连声对我说："写得好！写得好！"到所后我曾把金老的话告
诉了邢贲思，邢贲思要我向金老表示感谢。我每次面对这位德
高望重、慈祥孤独的老专家，总会产生一种敬重和同情的心理，

也为他那种关心大事、永不停息的思考精神所感动。

金老和梁从诫住在一起。金老年老体弱，行动不便，家里雇一位 50 多岁的保姆，专门照顾金老生活。保姆和梁从诫之间常常发生各种矛盾，就多次向我诉说，要我帮助解决。但金老对我说，他和梁从诫有特殊的关系和感情，这个保姆对他的照顾也很好，他不希望伤害任何人。我看到金老很重人情，生活上以和为贵，因此，我只好一面向所里反映情况，一面劝说保姆以照顾金老为重。由于金老的真诚待人，保姆一直细心照顾到金老去世。

金老不仅是一位学识渊博的知名学者，而且对艺术也有特殊的兴趣。记得是 1982 年，为了庆贺他 87 岁生日和从事教育、研究工作 56 周年，哲学研究所打算给金老送一件礼品。我问金老希望要点什么礼品，金老说："我只希望能给我放大一幅钱松嵒的山水画，其他什么都不要。"后来，所里就让我到新华社摄影社放大了一张钱松嵒的 24 寸山水画，挂在金老随时都能看到的墙上。金老说，"我非常喜欢这张画，天天看都很高兴。"

我虽然没有机会向金老学习、求教有关哲学、逻辑学方面的专业知识，但我能在金老生命的最后阶段，有机会比较多地和金老接触、相处了相当一段时间，并且为金老做了一点有益的小事，深感欣慰。

（该文原载《理有固然》，标题是新拟的）

金老对我的教育

李元庆[*]

　　我在金老身边生活了十四五年，他对我的亲切关怀和教导，使我永生难忘，他的高尚品德和情操，永远是我做人的楷模。我无比热爱金老，深深怀念金老！

　　记得在北大读书期间，常常和同学们一道怀着敬仰的心情谈论金老。一次参加学术讲座会，身边的同学指着前排座位上的一位老人告诉我：那就是金老。他鬓发斑白，戴一副深度近视镜，一顶大檐太阳帽，安静地听着讲座。这是我最初见到的金老，他给了我一种慈祥而又威严的印象。

　　1962年暑假，我于北大哲学系毕业考取中国科学院哲学研究所逻辑研究组中国逻辑史专业研究生，导师是我国著名逻辑学家汪奠基先生。我欢欣鼓舞，踌躇满志，决心把自己的青春奉献给这门学科。但在报到之前，我的思想出现了问题，主要是一种"畏难"的心理。当时，国内只有汪奠基先生等少数几位学者在从事这门学科的系统的开拓工作，我们这一代年轻人，无论逻辑学知识或中国古典哲学知识，功底远不如老一辈，将来要在这方面真正搞出成绩，是相当困难的。在这种情况下，我的专业志向曾一度发生动摇，思想斗争异常激烈，甚至出现过要求"退学"改从他业的想法。

---

　　[*]　李元庆：山西省社会科学院哲学研究所研究员。——编者注

1962 年 9 月下旬，我怀着一种犹豫、徘徊的心情，带着研究生录取通知书由北大前往哲学研究所报到，接着去拜访我的导师汪奠基先生。汪先生对于我选择报考中逻史研究生，有志于从事这门学科的研究深表欣慰。他向我系统讲述了这门学科研究的历史和现状，特别是发展这门学科的前景及其重要学术价值和深远意义。他告诉我：学部和哲学研究所领导像潘老（潘梓年同志，当时任学部副主任、哲学研究所所长），金老（当时任哲学研究所副所长、逻辑组组长）他们都十分关心这门学科的建设，尤其是青年一代的培养，这次正式招收研究生，就是在他们的积极支持下作出的决定。于是，他提出带我先去见见金老，说金老就住在隔壁房里。

能直接拜访久已仰慕的金老，内心真有说不出的喜悦；但是，同金老这么一位国内外知名的且有点"威严"感的大学者会面，又不由自主地产生了一种拘谨甚至紧张的心理。一进金老家门，汪先生把我介绍给金老，金老紧握我的双手爽朗地笑着说："你来啦，好啊！我们欢迎你。"招呼我们坐下后，他便愉快地和我们交谈起来。他亲切地对我说，开展中国逻辑史研究，并正式招收研究生，这是汪先生多年呕心沥血辛勤劳动的成果，也是党和国家对于这门学科的重视。我们中华民族有几千年的文明史，积累了无比丰富的宝贵的思想文化遗产，表明了我们的民族具有很高的智慧，尤其具有高度的抽象思维能力即逻辑思维水平，全面总结几千年来我国逻辑思想的历史发展，继承发扬中华民族逻辑思维的优秀传统，这是一项很有意义很有价值的重大任务。遗憾的是，长期以来，中国逻辑史研究没有得到应有的重视，是一个薄弱的领域。谈到这里，金老显得有点激动。他感慨地说："不但如此，甚至过去还曾有人散布什么'中国无逻辑'的论调，这当然非常荒唐了。试想，假如中国人没有逻辑，那我们几千年的伟大科学文化成就又是怎么来的呢？正像列宁在《唯物主义和经验批判主义》一书中讲的所谓'哲学上的无头脑者'那样，这岂不成了'无头脑的哲学'或'无逻辑的科学'了吗？！"他的风趣的比喻逗得我们都笑了，他也哈哈大笑了。金老勉励我要好好跟着汪先生学习，努力练好基本功，将来在中国逻辑史研究方面作出成绩。

听了金老的一席话，犹如一股暖流直奔心田，我倍感亲切，倍受鼓舞，思想上引起巨大的震动，觉得原来的想法太幼稚，由此产生许多不必要的疑虑。第一次会见金老以后，想再见一见金老，索性坦率地向他讲出我报考研究生以来的全部思想活动，特别是对攻读中国逻辑史专业的种种畏难心理，以便进一步聆听他的教诲。过了不几天，我又一次走进金老的家门，一见到他便毫不拘束地说道："金老，我想向你汇报一下思想，请你帮助我分析认识。"金老又是爽朗地一笑，说："好啊！欢迎，欢迎！"我谈完以后，金老好像事先已经有所了解并十分理解我的心情，语重心长地对我说："是啊！攻读这门学科是有相当难度的，难就难在这是一门比较后起的学科，是中国思想史研究方面的一个新的领域，'新'就意味着有待探索和开拓，这当然不是轻而易举的。不过，话又说回来，正是因为它难，它新，才有从事研究的实际意义和价值，也才有你们年轻人施展才能的广阔用武之地。在这方面，汪先生他们已经做了开创奠基的工作，有他们在前面引路，你们走起来就顺利多了。"他满怀殷切期望地对我说："你们这一代是新中国建立后在党的直接培养下成长起来的青年知识分子，学会运用马克思主义世界观和方法论指导自己的学习和研究，定能在中国逻辑史领域作出更多的成绩。"

金老的话使我深思了很久，很久，感到内心充实多了，进而产生了强烈的求知欲望和立志攻读中国逻辑史专业的巨大力量。虽然我尚未全部完成研究生学业就来了"四清"，紧接着又是"文化大革命"，但金老对我的教诲一直铭刻于心，即使在十年"内乱"的极度恶劣条件下，我也未曾完全中断对所学专业的探求和研究。

金老不仅在事业上和生活上给了我难以忘怀的帮助和教导，他作为国内外知名学者的那种平易近人的风度和严于律己的高尚情操，更深深感染和教育了我。我 1962 年投入研究生学习，毕业后留哲学研究所逻辑组从事研究工作，直到 1976 年调离哲学研究所，有十多年的时间生活在金老身边。给我印象深刻的是"文化大革命"前那短暂的几个"正常"的年月。那时，金老和我同属逻辑研究组，又是同一个党小组。逻辑组全体人员的聚会许多次都是在金老家里。大家一进来，金老总是热情地向每一位打招呼，并拿出高级茶点供我们品尝。坐下来以后，金老或是谈笑风生地同老先生们交谈、切磋，或是亲切地向我

1982年10月，逻辑研究室在金岳霖家中拍的"全家福"，共有金岳霖、沈有鼎、周礼全、倪鼎夫、张尚水、诸葛殷同、金顺福、周云之、刘培育、张家龙、胡耀鼎、杨英锐、张清宇、王路、巫寿康等15人。前排居中者为金岳霖

们年轻人问长问短，有时讲一点有趣的学术问题或是学术界趣闻，引得大家开怀大笑。那时我在逻辑组年岁最小，也来得最晚，深为生活于金老领导下的这样一个充满民主空气的集体中而感到无比温暖和愉快。

金老严于律己的高尚情操尤其感人肺腑。我们同一个党小组，历次的小组会议他都准时出席，并总是以一个普通党员的身份，按照党支部部署，严肃认真地同大家一起讨论问题。在每次组织生活会议上，他不仅和我们这些年轻党员一样向组织汇报自己的思想和工作，虚心开展批评和自我批评，而且对自己提出了更高更严的要求。他认真地对我们说："论年龄，我比你们都老，你们比我年轻；论党龄，我不见得比你们老，也许比你们还年轻。"他总是把自己看作一名新党员而严格要求。

金老还具有一种令人无比钦敬的谦逊精神。1980 年，当时我已调到山西社会科学院，我院主办的《晋阳学刊》编辑部主任高增德同志正拟组织编辑出版一套大型的社会科学综合性人物传记《中国现代社会科学家传略》，金老这样知名的大学者是首批征集《传略》的重要社会科学家之一。高增德同志委托我同中国社会科学院哲学研究所逻辑室的同志们联系，通过他们向金老约稿，或由金老自己撰写，或由其他同志为他撰写《传略》。这年 12 月，在广州举行的首届中国逻辑史学术讨论会上，我将编辑部给金老的《稿约》函件交给刘培育同志，请他帮助联系办理此事。谁知一两年过去了，还未收到金老的《传略》。高增德同志要我代为催稿，当我再次见到培育同志时，他告诉我，金老坚决不同意为他立传，怎么说服他都不答应。我又向培育传达了编辑部的急迫恳切之情，请他设法再做做金老的工作。然而事与愿违。后来据说金老还很为此事而动了点气。所以，时至今日，《中国现代社会科学家传略》前七卷早已出版发行，而金老的《传略》依然未能如愿列入。这当然是一件憾事，然而，金老一贯严于律己的高尚情操和难能可贵的谦逊的精神深深教育了我。

（1987 年 3 月 14 日于山西社会科学院）

[该文原载《金岳霖的回忆与回忆金岳霖》（增补本），

有删节，标题是新拟的]

缅怀先生　继往开来

张家龙[*]

金岳霖先生是一位杰出的哲学家和逻辑学家，一代宗师，也是我们逻辑研究室的创始人。"饮水思源"，如果没有金老，也就没有我们逻辑室的今天。今年是金老诞生 100 周年，我们怀着十分崇敬的心情召开纪念金先生的座谈会，目的是通过对金老的缅怀，学习金老的治学精神和高贵品德，继承金老的未竟事业，为全面实现我国逻辑研究现代化并与国际逻辑研究水平接轨的伟大事业而努力奋斗！

1978 年初，我和诸葛殷同到大庆党校讲授逻辑并结合批判"四人帮"，我还在大庆电视台作了批判"四人帮"诡辩论的报告。金老得知这一消息后十分高兴，我去看他时，他竖起大拇指夸奖我说："你干得好！这说明逻辑很有用处。"

1978 年，哲学研究所在中央党校召开第一次全国逻辑讨论会。当时金老已 83 岁高龄，但他十分高兴，支持讨论会的召开。他亲笔一字一字地写了一篇发言稿，让我代他在开幕式上宣读。他虽然行动不便，但还是出席了开幕式，这对与会者是一个极大的鼓舞。他在开幕式的发言中，对"四人帮"深恶痛绝。他说："'四人帮'罪大恶极，他们对逻辑科学也极力摧残，不批判'四人帮'是不行的。"他说，清乾隆年间有一个特别坏

---

* 张家龙：中国社会科学院哲学研究所研究员。——编者注

的人和珅，还没有"四人帮"那样坏，因为和珅是头等大盗，可是他没有盗取理论，从而搅乱理论；没有盗取是非，从而混淆是非。从这些话中可以看出，金老对假马克思主义的政治骗子是多么义愤。

在金老晚年，我常为他送工资，送完工资后他总要叫我坐一坐，叫我谈谈所里特别是室里的研究情况，发表了哪些文章。他笑着对我说："我封你做我的联络员。"这表明金老虽年老力衰，无力从事研究，但他还是十分关心逻辑研究室的工作。

金老对待晚辈从不摆架子，平易近人，十分谦和。在他晚年，我有一次去拜访他，没有坐多久，他说："我现在感到有点不舒服。"我意识到我应该立即离开，即起身向他告辞。后来，金老把此事一直记在心中，还叫鼎夫向我表示歉意。他认为是他下逐客之令才使我走的，其实并不是这样。金老的这种待人接物的精神实在使我感动。

金老对待死亡很豁达大度，晚年他写好了遗嘱。有一次，在我去给他送工资时，他拿出亲笔写的遗嘱给我看。我想，他的意思是要让我知道他对后事的想法，逻辑室看过他的遗嘱的同志有好几个人。遗嘱中有一条是不开追悼会，不要留骨灰。金老对待死亡和后事的态度可谓潇洒至极。由此，我想起罗素在《人怎样才能活得老》中的一段话：

> 对老年人来说，他经历了人生的酸甜苦辣，自己能做的事情都做到了，怕死就未免有些可鄙，有些不光彩

了……人生应当像条河，开头河身狭小，夹在两岸之间，河水奔腾咆哮，流过巨石，飞下悬崖。后来河面逐渐展宽，两岸离得越来越远，河水也流得较为平缓。最后流进大海，与海水浑然一体，看不出任何界线，从而结束其单独存在的那一段历程，但毫无痛苦之感。如果一个人到了老年能够这样看待自己的一生，他就不会怕死了，因为他所关心的一切将会继续下去。如果随着精力的衰退，日渐倦怠，就会觉得长眠未尝不是一件好事。我就希望在工作时死去，知道自己不再能做的事有人会继续做下去，并且怀着满意的心情想到，自己能做的事都已做到了。

我觉得，金老正是像罗素所说的那样对待死亡的，他知道自己不再能做的事有后人会继续做下去，自己能做的事已做到了，两位伟大哲人对待死亡的态度为我们树立了一个很好的榜样。

（该文原载《理有固然》，标题是新拟的）

心香一瓣忆我师

刘培育*

1964 年 9 月 7 日，我满怀着喜悦和希望从松花江畔的一个小村镇来到向往已久的北京，来到中国科学院哲学研究所，做了龙荪师的逻辑学研究生。

那个年代，政治运动充满了时空。"四清"和"文化大革命"一搞就是十多年，使我失去了在导师指导下系统学习的机会，但在同金老整整 20 年的相处中，我从他身上学到许多东西，留下不少珍贵的回忆。下面谈几件我亲身经历的事情。

金老对我研究工作的鼓励

我到哲学研究所不久，周礼全先生受金老的委托"召见"我，指导我的学习。周先生同我谈了三个多小时，有一件事使我很受感动。周先生告诉我，金老和他原来商定，招收研究生的外语限英语，后来因为疏忽在简章上没有特别注明。当看到我的报名表上填的是俄语时，他们曾希望这个考生的成绩不好，不录取。还有，我的毕业论文题目是《概念的本质是什么？》，我的观点同导师的观点不一致，我还在论文中点名同周先生商榷。周先生对我说："我和金老看了你的答卷和论文，一致认为

---

* 刘培育：中国社会科学院哲学研究所研究员，金岳霖学术基金会秘书长。——编者注

没有理由不录取。"一句话说得我眼睛湿润了，我为两位导师的博大胸怀和科学精神深深地感动。我觉得，能在这样好的导师指导下读书学习，是我一生的莫大幸福！

连绵的政治运动吞噬了我作为研究生的学习权利。"文化大革命"后，哲学研究所开始恢复业务工作，导师建议我研究中国逻辑史。开头，我协助汪奠基先生校对和调整他的《中国逻辑思想史》校样，整理他晚年的部分文稿；协助沈有鼎先生编排他的《墨经的逻辑学》文稿的注释等，同时也试着做一些研究工作。1980年底沈著出版，所领导让我写篇评介文章，刊在所内《科研通讯》上。我又在此基础上写了《读沈有鼎著〈墨经的逻辑学〉》一文，发表在1981年1月12日的《人民日报》上。2月3日，我去看望金老，进屋刚坐下，他就从沙发旁的桌子上拿起1月12日的《人民日报》，高兴地对我说："你搞起考据来了，很好。"他详细地向我询问沈著的内容和出版情况，赞扬沈先生有学问，让我多向沈先生请教，在中国逻辑史研究中取得进步。不久，他在一本刊物上读到我的另一篇论文，再次鼓励我好好研究中国逻辑史，说研究中国逻辑史很重要。

1983年秋，我从敦煌开完因明讨论会回到北京，就去看望金老，向他介绍讨论会的情况。他说，五六十年代，他主持制定哲学研究所科研规划时多次强调开展因明研究，现在搞因明的人很少，希望我今后在这方面也做些工作。那天，梁从诫先生也在家，他听了后马上约我为《百科知识》写篇关于因明的文章。后来我写了篇《因明和中国》，发表在该刊1994年第3期上。

金老对我研究工作的指导和鼓励，增加了我研究中国逻辑史的信心。如果说这些年我在这个领域里取得了一点成绩，那是与金老的指导分不开的。

"文化大革命"中的金老

据我的记忆，一直担任哲学研究所副所长的金老，在"文化大革命"之初"靠边站"了，他和所里其他老先生一起到所里参加学习，在学部大院里看大字报，和群众一起参加运动。

1968年12月，首都工人、解放军宣传队进驻学部，次年1月规定学部全体人员搬到机关住办公室，实行班排连编制，集中搞运动。就连年逾花甲、腿脚不灵的沈有鼎先生都不能免除每天早晨25分钟的早操，下午30分钟的军训，一瘸一拐地在大院里跑步；而哲学研究所唯独金老一人获准不用搬到机关睡地铺，不用"享受"军事化生活的"待遇"。1970年5月，学部全体人员奉命到河南息县走"五七"道路，哲学研究所也只有金老一人被批准留京。

"文化大革命"十年，哲学所"批判"金老的会共开过3次，都是在1969年。当年7—8月，宣传队部署在全学部范围内批判"资产阶级反动学术权威"。7月23日，学部批判著名学者俞平伯和罗尔纲。为配合学部的批判大会，当日二连（即哲学研究所）在所内召开了"批判"金老的会。金老很早就来到了会场门口等候，开会时，他认真听取每位同志的发言。在大家发完言后他说："我自己的检查与同志们的批判距离太远了，如果讲出来大家肯定会把肺气炸了。"又说："听了大家的批判，我很吃惊，原来没想到自己的罪行那么重。"连里原定 7 月 25 日让金老作检查，可第二天金老就患肺炎发烧住院了。8 月 11、22 日，又开了两次金老的会，引发一些同志对"批金"提出了质疑，他们批评会议组织者把金老作为"资产阶级反动学术权威"来批没有经过群众的充分讨论和酝酿。当时绝大多数同志认为，说金老是"学术权威"可以，但他不是"反动权威"，因为他解放后是拥护共产党、拥护社会主义的。哲学研究所的同志都很尊重金老，整个"文化大革命"中没有人贴过一张金老的大字报，以后对他的"批判"也就不了了之了。1974 年 12 月，学部临时领导小组动员整党，金老参加了整党学习，"斗私批修"，并于 1974 年最后一天恢复了组织生活。1977 年成立中国社会科学院，金老重新担任哲学研究所副所长。

　　这里我想顺便澄清一件小事。近年不断有人撰文谈论金老在"文化大革命"中坐平板车上街的事。比如有人说，金老晚年深居简出，毛主席要他"多接触接触社会"，于是乎他"就和一个蹬平板三轮车的约好，每天蹬他到王府井一带转一大圈"。也有人说，当年金老此举是另有一番难言苦衷。"文化大革命"伊始，"革命派"不许金老用公车，而金老要到协和医院看病，"每每于就诊之日携带一自制的小马扎，端坐在平板三轮车上，且东张西望，不胜惬意"。据我所知，"文化大革命"时期金老坐平板车上街，确有其事，但既不是毛主席让他去接触社会，也不是"革命派"不许他坐公家车，而是金老觉得自己不担任所长了，有事外出不该再用公车。他起初坐拉人的三轮车上班、上街，1972年尼克松访华前夕，北京市政府认为社会主义中国的首都当其时还用三轮车代步，让美国总统看见有失面子，于是下一道命令一律取缔用三轮车拉人。从此以后，金老只好改坐运货的平板车了。不知是谁帮助出的主意，在平板车的左右两边各钉上一个门拉手，每次出门他面朝前，两只手紧紧抓住门拉手，两条腿直挺挺地伸向前方，端坐在平板车上，真可称为"京城一景"了。

金老无比仇恨"四人帮"

全国的逻辑工作者都记得，在1978年召开的全国首次逻辑讨论会上，金老出席了开幕式，发表了书面讲话。他一共讲了两个问题，头一个问题讲的是他对逻辑学研究的建议；第二个问题就是批判"四人帮"。他说，"我们这个会是逻辑工作者的学术讨论会，但是我们必须首先批判'四人帮'。为什么呢？因为'四人帮'罪大恶极。"金老列举出中国历史上的夏桀、商纣、周幽以及清乾隆年间的和珅，他说这些人都是"大坏蛋"，是"头等大盗"，可是他们"没有盗取理论，从而搅乱理论；没有盗取是非，从而混淆是非"。一句话，"他还没有'四人帮'那样坏。"金老指出，"四人帮"罪大恶极的地方，就在于他们破坏人们健康的思想方面，用以达到他们搅乱理论、混淆是非的目的。

金老在另一篇文章里高度评价了"四五"运动。他称1976年的"四五"运动是"伟大的群众运动"，"也是伟大人民的社会实践"。他说，这个群众运动不只是暴露了阴谋集团而已，而且提出了战斗的口号"清妖自有后来人"。从那以后，"清妖"就成为广大人民群众的社会实践。

金老晚年因为健康原因，很少参加各种活动，和朋友的交往也很少。他基本上是靠看《人民日报》和听中央电台广播来了解国家大事的。他对"四人帮"的仇恨和对"四人帮"的罪恶的认识，表现出一位哲学家的深刻思想和强烈的爱憎情感。

金老晚年对我国逻辑学的发展十分关心

1978 年，我们筹备召开全国逻辑讨论会。金老当年已经是83 岁高龄了，他认真准备了一篇书面发言，还亲自到高级党校出席讨论会的开幕式。他发言的第一句话就是："盼望了好久的逻辑学工作者的会议开幕了，这是值得我们庆祝的大事！"简短的话语把他对讨论逻辑问题的热切愿望充分地表达出来了。他指出，为了实现新时期的总任务，一定要极大地提高整个中华民族的科学文化水平，这其中就包括提高人们的逻辑思维能力。他说："新时期赋予我们逻辑工作者的使命是十分光荣和艰巨的。"他希望广大逻辑工作者"在形式逻辑、数理逻辑、逻辑史和辩证逻辑等方面广泛地开展研究，制定出一些新的研究题目。在逻辑教学工作上也要有所改进"。龙荪师的这番话深深地感染了与会的每一个逻辑工作者。

1979 年 8 月，在北京召开了第二次全国逻辑讨论会，金老因为身体原因没能到会，却请人带来了书面发言。他一方面勉励大家要"学习两个专业：正业是逻辑学，副业是一门自然科学或工程技术科学"，搞好逻辑研究工作；另一方面强调要把逻辑普及到广大群众中去。他说："这次全国逻辑讨论会是配合四个现代化而召开的，其目标在于最广泛地提高逻辑学水平，以便广泛地普及到各条战线的具体工作中去。"在这次讨论会上成立了中国逻辑学会，龙荪师被大家一致推选为首届会长。

在以后的几年里，金老支持创办中国逻辑与语言函授大学，对逻辑学在中国的大普及感到由衷的高兴。

1981 年，中国逻辑与语言研究会经过充分酝酿和试点，决定创办中国逻辑与语言函授大学。当年金老是中国逻辑学会会长，我和孙煜同志到金老家，向他详细汇报了逻大筹备情况。金老听了非常高兴。他说，人们迫切需要逻辑，我们就应该向他们普及逻辑。我们请他出任逻大名誉校长，并告诉他王力先生已经同意当名誉校长了。金老欣然举起手说："那我也干，说定了！"他对我们说，"逻辑是不可少的，过去说一个人'不讲逻辑'，是个很大的罪名，是骂人话。"

在金老任逻大名誉校长期间，逻大校务委员会负责同志多次到他家汇报工作和征求意见。当我们汇报到逻大第一年有 6 万名学员报名时，金老惊喜地说："没想到学逻辑的有 6 万人，没想到有这样的发展。"他竖起大拇指，连声说："真了不起！真了不起！"第二年，当我们告诉他全国有 25 万人参加逻大学习时，他把手高高地举过头，大声说："我向你们致敬！"金老感慨地说，在解放前，一所很大的大学一年只培养几个、几十个学逻辑的学生，现在一年就有几万、几十万人学逻辑，这应该感谢伟大的时代。

金老一生很少题字、题词，而在 1978 年至 1983 年间，他就为普及逻辑题过两次字、两次词。1977 年 10 月，美籍著名逻辑学家王浩教授应邀在中国社会科学院作了六次关于数理逻辑的广泛而通俗的讲演，后来在此基础上整理成《数理逻辑通俗讲座》一书。1978 年，作者请金老题写书名，金老欣然应允。其他三次题字、题词都是给中国逻辑与语言函授大学的。1981年题写"逻辑科学必须普及"，1982 年给《逻辑》教材题写了书名，1983 年题写"逻辑学走出大学和研究所的大门，这是莫大的好事"。金老的上述题字和题词，对逻辑学在我国的大普及是莫大的鼓励，也是他发自内心的良好祝愿。

早在 1965 年，中央发出号召，要哲学走出课堂，变为群众手里的锐利武器。同年 8 月，金老两次把逻辑组的同志叫到他家开会，讨论逻辑学如何为 5 亿农民服务的问题。当时，我和倪鼎夫、张尚水同志刚刚结束湖北襄阳的"四清"回到北京，金老让我们先谈谈农村的情况和我们的想法。经过讨论，大家都说应该下去认真作调查。金老和汪奠基、沈有鼎几位老先生也表示要跟中青年同志一块下去，使我们很受感动。金老要求下去的同志总的要服从所里统一规定，重点放在改造主观世界上，同时也要自觉地而不是盲目地搞逻辑调查，在参加地方的各种具体工作中从各个方面总结农民们的思维特点，以及他们运用逻辑的特点。

金老晚年写了 100 段回忆录

金老晚年生活中的一件重要事情是写回忆录，是在姜丕之同志的建议下写的。姜丕之是 1938 年参加革命的老同志，1956—1963 年在哲学研究所西方哲学史组工作，是研究黑格尔的专家，曾担任过所领导小组代组长，后来调到中共中央华东局宣传部工作。"文化大革命"后，姜丕之每到北京出差总要看望金老，曾多次建议金老写回忆录。起初金老不想写，以为自己一生过着抽象的生活，没有什么好写的。后来想想，自己有一些朋友，而且多已作古，还是可以写的。

金老 1981 年动笔写，断断续续写到 1983 年。每天想到什么写什么，少则几十字，多则几百字，共写了 100 段，内容也不限于他的朋友。1984 年，倪鼎夫同志把金老的回忆录交给我，要我作些整理。我先请人照原稿抄了一份，原稿珍藏起来，利用抄件进行整理。我按内容把回忆录分做朋友、个人经历和业余生活三大部分，再删重合同，将 100 段合并成 49 节，并加了些注释。回忆录真实地记录了金老同毛泽东、周恩来及几十位老一辈学者的交往和对他们的评价；有详有略地叙述了他的家庭和个人经历，特别是他的治学道路和晚年的反思；有滋有味地介绍了他的业余生活和情趣。约五万字的回忆录既有严密的哲思，耐人无穷寻味；又妙趣横生，让人无限心悦。它是金老那一代知识分子经历的真实写照，也映照出近百年来中国历史的沧桑变迁，是一份极为难得的珍贵文献。

天天坚持读报、听广播

金老晚年身体不好，不能出门参加各种活动，就坚持在家里听新闻广播，读《人民日报》和《中国日报》，时刻关心着国家的发展和人民的幸福。1981 年春节，我去给他拜年。他一个月前刚刚出院，才出院时不能走路，近乎瘫痪，大便不能自理，坐在沙发上小便，人也消瘦多了。可是，金老却兴致勃勃地告诉我，前几天从收音机里听到我国的棉花又丰收了。他说："现在我们国家的棉花问题看来是解决了，粮食还不行，还要抓紧。"他还自慰地说："这几天我能从沙发走到屋门了，又进了一步。看来短时间死不了，我要看到'四化'。"

1984 年 7 月 6 日，我去给金老送工资。到他家时是 8 点 3 刻，他还在睡觉。他比以前更瘦了，蜷着腿躺在床上像是一个十来岁的孩子，看了很是难过。过了半个小时他醒了，认不出我是谁，通报姓名之后，他非常高兴，高声叫着我的名字，"刘培育又来看我，逻辑室又来人看我！"接着他问："现在几点了？"保姆老倪告诉他"九点半了"。这时金老脸上的笑容顿时不见了，他对老倪说："我今天不高兴！你为什么不按时叫我，我跟不上时间了……"那种难过劲儿，谁见了都会心酸的。我和老倪帮他穿好衣服，他挣扎着站起来，拄着手杖移到沙发前，又嘱咐老倪把闹钟摆在原来的位置上，以后一定要按时叫醒他，他要按规定的时间听新闻广播，看报纸。

四天以后，他又住院了。这是他一生最后一次住院。高护士长告诉我，金老直到 9 月 20 日发高烧病危搬到急救室，他才停止读报和听广播。

金老的一份遗嘱

金老在 1981 年得了一场重病之后，觉得自己快不行了，于 1982 年 3 月 7 日写下了一份遗嘱。遗嘱是写给哲学研究所党组的。他说："我可能很快结束。我要借此机会表示我感谢党，感谢毛泽东同志，感谢全国劳动人民把中国救了。（被）瓜分问题完全解决了。四个现代化问题也一定会解决。我死之后，请在我的存款中提出三千元献给党。"这是金老在预感自己快要结束生命之时说的话，它实实在在地表达了一位老知识分子对祖国统一和国家主权的深深关切，对祖国的现代化前景的殷殷期望和十足信心。它是很动人的。

熟悉金老的人都知道，他并没有多少存款。他的工资在当时的知识分子中是最高的，可是他每月要固定支付厨师 60 元，拉车师傅 60 元，接济他的亲属 30 元，他交党费也比规定的多，再去掉自己的生活费，每月剩不下多少钱。"文化大革命"后期，拉车师傅不在了，厨师老汪也回去了，金老当即决定从他的工资中支付老汪的退休金。他还规定：如果老汪将来先于自己而去，退休金付到老汪去世为止；如果自己先于老汪而去，要另外给老汪预留一笔退休金。金老晚年健康情况越来越差，要请保姆料理生活起居，最多的时候同时请了 3 位保姆在家，其工资也全部由金老自己支付。金老在遗嘱中写道："老倪长期

1990 年，刘培育在"金岳霖学术奖颁奖大会"上

做饭，并做看护，我同样感谢，请给她一千五百元。"这个"老倪"叫倪镜兰，是三位保姆中最年长、也是在金老身边工作时间最长的一位。金老逝世后，我曾请她谈谈金老最后一些日子的情况，她哽咽着说出的第一句话就是："金老人很老实，太好了！"

金老把自己的一生奉献给了祖国和人民，他留给自己的是什么呢？遗嘱最后写道："请勿开追悼会。骨灰请让风吹走。"

1984 年 10 月 19 日下午 3 点 35 分，金老真的走了。他没有给自己留下什么，他的崇高的精神却让清风吹进了人们的心里。

[该文摘自《心香一瓣忆我师》与《我和龙荪师二十年》
两篇文章，原载《理有固然》和《金岳霖的回忆与
回忆金岳霖》（增补本）]

殷海光和金岳霖老师

陈平景[*]

一　在北平

自清代建都以来，北京一直是中国学术的中心。北伐完成之后，中国颇有一番新兴的气象，学术文化也不例外。北平继北京之后经过五四运动，更成为中国新的学术思想中心，当时的北京大学和清华大学更是南北知识青年向往的学府。1936年的秋天，高中毕业后，殷海光决心到北平去求学。为了这个计划，他先写信给金岳霖先生，征求他的意见。金先生回信鼓励他。可是，他的家庭对于他继续求学的事不太热心，原因是一来他读书不合常规；二来没有这笔钱。但是，这也阻止不了他炽烈的求知欲。他自己东奔西走，勉强凑足了一笔数目极小的旅费。一个内地从来没有出过远门的少年，穿着一套黑色土布的高中制服，提着一个箱子，单身搭上平汉铁路的火车，作他有生以来的第一次离家远行。坐上平汉铁路的火车，向遥远而又陌生的北平进发。

第三天，向晚时分，他终于到了北平。他拿着金岳霖先生给他的地址，找到北总布胡同的金宅。这是一个旧式的大房子，庭院里有古树，花木扶疏。门房问明来意，把他领到客厅。一刻工夫，他看见一位个子高大，脸型方正，前庭饱满，戴眼镜，

---

* 陈平景：台湾学者，曾在厦门大学人文学院任教。——编者注

白发梳到后面，酷似一个英国绅士的中年人站在他的面前，这
就是他心仪已久的金岳霖先生。这个中年绅士给他的第一印象
是厚重、严正、深沉，有英国绅士的风味。金先生问他的姓名，
少年把名字报出来。只听到他很和气地点头说好。接着，邀这
位远道来投的客人共用晚餐，态度是那么的自然。在早餐桌上，
所见到的全是西化的食物：西点面包，鸡蛋，牛油，小山芋，
美国的小玉米，咖啡，还有水果。这是那时候的教授所能享受
到的早餐。在吃饭的时间，金先生并没有寒暄这一路北来的情
形，而是谈学问，他问殷海光读过什么书，有没有读过怀德海
和罗素合著的 *Principia Mathematica*，殷说没有。金先生立刻
把这部大书借给他。其实，以殷海光那时的逻辑程度，怎能读
得懂这部著作呢？金先生是一位深刻的学人，但是实在不太懂
得教学方法。

晚餐之后，金先生领着殷海光去看他的书房，在金先生的
书架上，歪歪倒倒地放着二三十本书，如此而已。可是当时享
有大名的学人如张东荪、李季、郭大力等人的书，连一本都没
有。只有罗素、休谟、布莱德雷等人的书，此外还有约翰·威
士顿的 *mind and matter*，奎因的 *A System of Logistics*。这使殷
海光非常诧异。当时因为初见面，不敢问他怎么只有这样的书，
没有流行的中文著作。以后熟了，谈起书的事，他说："时下流
行的书，多是宣传，我是不会去看的。"言下之意，要看嘛，就
要看罗素之流的书。这对殷海光读书的影响很深远。金老看书
跟他喝咖啡一样。他喝咖啡要就喝好的，否则宁可不喝。他读

书要读就读像样的。

殷海光和金岳霖第一次见面的时候，颇使他震动的是金岳霖的谈话方式和态度。受内地中学教育熏陶出来的殷海光，谈起话来满口的"我认为一定怎样……""我敢说如何……"金岳霖的口气是"如果怎样，那么怎样"，有时又说"或者……""可能……"这使殷海光的思想方式起了重要的变化。这是他和金先生第一次见面的经过。那时大学已经开学了，他只好先住下来，一方面接近金先生，一方面准备第二年夏天投考北平的大学。他搬到北大附近一个叫沙滩的地方住下，那里有许多学生公寓，他就住在一家公寓里。每周约好和金先生见面一次，一起吃饭，谈学问。

当时，金岳霖在北方提倡研究逻辑颇用力。他自己在《哲学评论》上发表了许多有关逻辑的文章。清华、燕京大学的教授组织了一个逻辑研究会，主脑人物是金岳霖、沈有鼎、张东荪、张崧年、汪奠基。他们每周聚会一次，讨论与逻辑有关的问题。殷海光也去旁听，敬陪末座。那时 K.Godel 开始享大名，会中提起这个人，金岳霖说要买他的一本书看看，他的学生沈有鼎对金先生说："老实说，你看不懂的。"金先生闻言，先是"哦哦！"哦了两声，然后说："那就算了。"殷海光在一边听到他们师生两人的对话，大为吃惊。学生毫不客气地批评，老师立刻接受他的建议，这在内地是从来没有的。

这时，熊十力住在离北河沿不远的地方，殷海光常去看他。熊的住宅，纸糊窗户，破破烂烂，殷海光与他谈起胡适、冯友兰和金岳霖。熊十力对于这三个人都有很严厉的批评。这位黄冈籍的学者向来以脾气大为人所共知。他说：胡适提倡科学，胡适的科学知识不如老夫；冯友兰不认识字；金岳霖所说是戏论。后来，殷海光对金岳霖提起熊十力，他希望知道金岳霖对熊十力的看法。金岳霖说："就我所知，熊十力是中国研究佛学最深刻的一个人。"殷海光接着说："熊先生好打人、骂人。我亲眼看见他在梁漱溟背后打三拳，还骂他是一个笨蛋！"金岳霖说："呃！人总是有情绪的动物。是人，就难免打人骂人的。"深受英国经验论习染的人和受中国思想习染的人，在论人论事上竟有这样的不同。

如果拿金岳霖和熊十力两位先生来做一个比较，金先生对于别人的谈话总是静静地听着，他爱分析问题，他客观，是如何就说如何，从不武断，很少把自己的主张加在别人身上。熊十力先生固然执持真理甚坚，但多半不听别人说话，他似乎认为，"你们小孩子有什么话说！听老夫的！"别人和他谈话要是说错了一个字眼，他就破口大骂，有时武断得出奇。殷海光带着一颗追求真理的心到北平，他对于随便哪一路的哲学都没有先入之见。可是，在他接触了这两位很不相同的大师以后，细心加以比较，他终于不得不跟着金岳霖走。他现在的思想所表现的经验论的倾向，早在那时候就已经根植了。

初到北平的时候，金先生要他去看看清华大学，叫他到沙滩北大去搭燕京大学的校车，金岳霖在清华大学门口等他。燕京的校车是银顶的豪华巴士，上面坐的男女学生穿着很摩登，很讲究的衣服，模样很斯文也有些洋气。殷海光穿着乡下黑土布的高中制服，跻身其间，显得土头土脑，很不调和。他自己一个人，又没有人跟他说话，显得更加怵怄不安。车出西直门，一下车，金先生果然在清华校门口等他，见到了金先生，真像见到了自己的亲人一样。金先生带他参观一番，谈了一会，最后到一个很讲究的餐厅吃饭，金先生约了几个熟识的男女学生来一起吃饭。那些清华、燕京的学生举止斯文，有点高贵气息，谈话之间常夹着英文。殷海光的个子又矮又小又瘦，英文又不行，大学里的情形知道得更少。相形之下，他有些自卑。只有金岳霖找些话跟他谈。金先生每跟他谈一次，他心头的压力就减少一分。

二　在西南联大

1938 年秋天，殷海光终于进入他向往的西南联合大学哲学系读书。从此以后，他在西南联大整整度过 7 年漫长的岁月。回忆西南联大的生活，殷海光常带着忆念，带着兴奋，也带着已逝的惆怅。

当时西南联大哲学系教授的阵容是这样的，讲经验哲学的有金岳霖，教中国哲学的有冯友兰，教数理逻辑的有沈有鼎和王宪钧，教黑格尔的有贺麟，教中国佛学的有汤用彤。

开学以后，他选郑昕的哲学概论。郑先生是德国留学生，对康德有很深刻的研究。他在学生堆中发现殷海光也在听他的哲学概论，就对殷海光说："你不用上我的课，下去自己看书就好了。"殷海光照他的话做。到学期考试，殷海光的哲学概论得最高分，他又选了金先生的基本逻辑。金先生看见他来上课，对他说："我的课你不必上了，王宪钧先生刚刚从奥国回来，他讲得一定比我好，你去听他的吧！"结果，殷海光去听王宪钧的课。他们上课不上课都非常自由，这种情形，不是我们今日所能想象的。

哲学系每两个礼拜有一次讨论会，哲学系的老师和有兴趣的学生都可以参加。老师上台讲话，学生也可以上台讲话。研究黑格尔的贺麟教授有一天讲了一个叫"论超时空"的题目，贺先生讲了半天，金岳霖先生起立发问，他问贺，什么叫时？什么叫空？怎么个超法？贺答他的问题，答了半天也没说清楚，最后，金先生起立说："对不起！"戴上帽子就走了。金先生认为贺的物理学不行，时空的问题根本搞不清楚，再说，也不过是搬弄几个空名词，耍文字游戏而已，所以就很礼貌地离开还没有结束的讨论会了。这儿，在学问面前，没有敷衍，也没有人情。

三　1973年初夏拜访金岳霖教授

当年殷海光先生的《中国文化的展望》出书以后，殷师签名送了我一部，他说是表示对我常去文星书店替他催稿费的"汗马功劳"的酬谢。就在这一次谈话中，他深情地、热泪盈眶地叙述他怀念的金岳霖教授，他说在序言中所写"教我逻辑和知识论"的人，指的就是金先生。他说："如果我自己能到外面去，自然我想送上这部书给金先生；如果我不能出去，你总有一天有机会出去的，你要记得，替我买一部送给他。"我立刻追问："他现在在哪里？"回答是非常清楚，令我永远不能忘记的"中国社会科学院哲学所"。我答应一定把书送去，殷先生点头表示满意。

1972 年，台湾开始有人旅行大陆。1973 年，美国移民局解除对永久居住者赴大陆的禁令。4 月中，我经由巴黎中国大使馆取得签证，到了香港，找到了同学何步正，步正陪我过海到九龙买到了《中国文化的展望》这部书。第二天，这位老友和他的太太一边送我上深圳的火车，一边提醒我说话要小心，饮食要注意……

到北京后，我住在华侨大厦。我要总机给我接社科院哲学所，接通了。10 分钟以后，我已雇好车，直驶干面胡同社会科学院宿舍。

没有任何通知，没有陪同，我敲了金教授的门，带了一部书和巧克力糖，没有客套：

"你是？"

"我是殷福生先生的学生，姓陈，从美国来的。"

"哦，请坐！殷福生，他现在在哪里？"

"他在 1969 年 9 月 16 日病故了。在台湾。"

"殷福生他病故了？"（太突然，他一时接不下去）"殷福生……他什么病啊？怎么死的？唉啊！怎么死的……"

"他在 1967 年发现有胃癌，在台北开了刀，癌细胞已扩散了，但恢复得很好，以为可以到哈佛去，没想到……"（我也一时很激动）。

接着，我说："这里有他写的一部书，他生前要我设法给您送来的，叫《中国文化的展望》。"

78 岁的老学者，他这时的眼力和听觉都已有了毛病，更大的毛病是心脏。他急忙翻开了书，想找目录，我却在一边说："金先生，这序里有一段是提到您的。"老学者很严肃地打断我的话，说："这个不重要！"继续急切地翻阅目录，看了一刻钟，他放下了书，眼眶湿润，声音很慈祥地说："殷福生这个人，我非常不赞成他，他为什么要反对中国共产党，逃到台湾？当然，他和他哥哥搞不好，那是另一件事。他是湖北乡下人，我在清华教书，他写信给我，说他要学逻辑，学哲学。我想，一个青年人要学问总是好事啰，可是我也没办法让他就来北京，我就问一个人叫张东荪，说有一个青年想来学逻辑，有没有机会设法给他找个事，一方面又可以念书？张东荪看了殷福生的信，他说你叫他来好了。我就叫他来了。来了以后，张东荪并没给他找到事，反而成为我个人的负担。负担当然也没有什么关系啰，反正他生活很简单，一个月用不到几个钱。后来嘛，就到昆明西南联大去了。"

这时，我把心中一个重要的、自己解答不开的疑问提出来："金先生，我只想提一个问题，殷先生是联大毕业的，又是清华研究所的人，怎么抗战胜利你们都回北京来，唯独殷先生这个人到南京去？他以后在台湾又是这样怀念金先生和联大、清华的一些老师，何以他当时不随着回清华？"金先生回答我说："抗战末期，一切都乱了。殷福生在那时参了军，到什么印度去。他真能打仗吗？苦闷啊！为什么苦闷呢？就是我们原来提他教书（在西南联大）的，可是冯先生那时是文学院院长，他说殷福生书是念得不错，可是这人就是不能教书。他研究所已经念完了（注：殷师一直说他是念两年，没提论文，所以叫没念完），叫他上哪儿去呢？这时候，他因为投稿认识一批重庆的人，殷福生佩服蒋介石，反对共产党，这在他的老师中，在联大，很多人都知道的。后来有一个人叫陶希圣搞一个什么叫《中央日报》，把他给找去了。他后来就跟我们失去联系了，后来才知道他去了台湾。"

金先生停了一会儿又说："近代的中国是一个苦难重重的中国，我们曾经把希望寄托给孙中山的国民党、后来的蒋介石。我们失望了。独裁腐败，把中国带到更深一层的苦难之中，我们看不到一点点前途。通货膨胀，到了老百姓活不下去的地步……终于解放了，什么叫作解放呢？一言难尽，很难形容；就是翻天覆地，一切重来，整个中国是一番光明新气象，把以前国家的毛病一个一个给治了。我们亲眼看到中国的新希望，举例说：通货膨胀半年就给控制了，还有……一言难尽，因为你在海外，不知道旧社会的样子，残破不堪，乱象毕露，你是无法作比较的。"

金先生接着说："我对许多事记忆不清楚，住在前院楼下那个小院里，有一个殷福生过去很关心的老师沈有鼎，阁下如果有时间，不妨找他谈谈，我想他会很乐意。"

"沈有鼎先生，他就住在这里？他，他还活着吗？"

这时金先生露出他唯一的笑容说："他还活得蛮好呢！他是我的学生，才60多岁，身体很好！对了，殷福生没告诉你们这些我的学生的学生，沈先生是我清华的学生，到哈佛以后到德国，回清华成了同事，教过殷福生，感情很好，你去看他吧。"

在去沈先生家之前，金先生让我到隔壁房间看了他收藏的明清家具、紫檀黄花梨等，然后我们握手而别。

［该文（一）（二）摘自《殷海光传记》，载陈鼓应编《春蚕吐丝：殷海光最后的话语》，世界文物供应社1970年10月出版。

（三）摘自《1973年初夏拜访金岳霖教授》一文，1983年2月写于日本，2005年8月补写于厦门大学。

标题是新拟的］

寻金岳霖与丽琳小姐

徐志摩*

秋郎先生：

请你替我在《青光》上登一个寻人的广告，人字须倒写。

我前天收到一封信，信面开我的地址一点也不错，但信里问我们的屋子究竟是在天堂上还是在地狱里，因为他们怎么也找不到我们的住处。署名人就是上次在《青光》上露过面的金岳霖与丽琳，他们的办法真妙，既然写信给我，就该把他们住的地方通知，那我不就会去找他们。可是不，他们对于他们自己的行踪严守秘密，同时却约我们昨晚上到一个姓张的朋友家里去。我们昨晚去了，那家的门号四十九号 A，我们找到了一家四十九号没有 A！这里面当然没有他们的朋友，不姓张。我们又转身跑，还是不知下落。昨天我在所有可能的朋友旅馆都去问了，还是白费。

我现在倒有些着急，故而急急要你登广告。因为你想，这一对天字第一号打拉苏阿木林①，可以蠢到连一个地址都找不到，说不定在这三两天内碰着了什么意外，比如过马路时叫车给碰失了腿，夜晚间叫强盗给破了肚子，或是叫骗子给拐了去贩卖活口！谁知道！

---

* 徐志摩：近代新月派诗人。——编者注
① 上海话，意思是极蠢的人。——编者注

话说回来，秋郎，看来哲学是学不得的。因为你想，老金虽则天生就不机灵，虽则他的耳朵长得异样的难看甚至于招过某太太极不堪的批评，虽则他的眼睛有时睁得不必要的大，虽则……他总还不是个白痴，何至于忽然间冥顽到这不可想象的糟糕？一定是哲学害了他，柏拉图、葛林、罗素，都有份！要是他果然因为学了哲学而从不灵变到极笨，果然因为笨极了而找不到一个写得明明白白的地址，果然因为找不到而致流落，果然因为流落而至于发生意外，自杀或被杀——那不是坑人？咱们这追悼会也无从开起不是？

我想起了他们前年初到北京时的妙相。他们从京汉路进京，因为那时车子有时脱班至一二天之久，我实在是无法接客，结果他们一对打拉苏一下车来举目无亲！那时天还冷，他们的打扮是十分不古典的：老金他簇着一头乱发，板着一张五天不洗的丑脸，穿着比俄国叫化更褴褛的洋装，趿着一双脚；丽琳小姐更好了，头发比他的矗得还高，脸子比他的更黑，穿着一件大得不可开交的古货杏黄花缎的老羊皮袍（那是老金的祖老太爷的），拖着一双破烂得像烂香蕉的皮鞋。他们倒会打算，因为行李多不雇洋车，要了大车，把所有的皮箱、木箱、皮包、篮子、球板、打字机、一个十斤半沉的大梨子破书箱等等一大堆全给窝了上去，前面一只毛头打结吃不饱的破骡子一蹩一蹩地拉着，旁边走着一个反穿羊皮统面目黧黑的车夫。他们俩，一个穿怪洋装的中国男人与一个穿怪中国衣的外国女人，也是一蹩一蹩地在大车背后跟着！虽则那时还在清早，但他们那怪相至少不能逃过北京城里官僚治下的势利狗子们的愤怒的注意。黄的、白的、黑的乃至于杂色的一群狗哄起来结成一大队跟在他们背后直嗥，意思说是化子我们也见过，却没见过你们那不中不西的破样子，我们为维持人道尊严与街道治安起见，不得不提高了嗓子对你们表示我们极端的鄙视与厌恶！在这群狗的背后又跟着一大群的野孩子。哲学家尽走，狗尽叫，孩子们尽拍手乐！

这行倒也就不简单不是。就是这样他们俩招摇过市，从前门车站出发，经由骡马市大街到丞相胡同晨报馆旧址去找徐志摩去！晨报早搬了家，他们又折回头绕到顺治门外晨报社，问明了我的寓处，再招摇进城，顺着城墙在烂泥堆里一跌一撞地走。还亏他们的，居然找着了我的地方！看来还是两年前聪明些。这样下来，他们足足走了三个钟头去了原来只消十分钟的路。

这回可更不成样了，分明他们到了已经三天，谁的住处都没有找着。我太太也急了，她逼着我去找他们，从大华饭店起一直到洋泾浜的花烟间都得去找。因为上帝知道谁都不能推测哲学先生离奇的行踪！这我当然敬谢不敏，没办法的结果只得来请教你，借光《青光》的地位做做善事，替我们寻寻这一对荒谬绝伦的傻小子吧！他们自己能看到《青光》，当然是广东人说的 [至好了]，否则我也恳求仁人君子万一见到或是听到这样一对怪东西，务请设法把他们扣住了，同时知照法界华龙路新月书店，拜托拜托！

（该文原载《时事新报·青光》1927 年 7 月 27 日）

说说梁思成、林徽因和金岳霖

费正清[*]

我们在中国（或者进一步说在世界上）最亲密的朋友要算是梁思成、林徽因夫妇俩了，他们二人是把中国文化传统同盎格鲁－撒克逊文化传统很好结合起来的人物。要客观地描述非常亲密的朋友绝不是一件容易的事。梁氏夫妇在我们的中国生活的体验中具有非常重要的影响。要记述我和威尔玛作为中美文化沟通的媒介的历程，其中不能不谈到他们，以及他们的亲密的朋友和邻居金岳霖教授。

有几个因素决定了他们的生活，也为我们之间的友情奠定了基础。首先，我们都住在离东城墙不远的街上，他们住在我们所在的那条街的尽头北总布胡同，我们相距很近。他们家除了夫妇俩，还有梁夫人的母亲、小女儿宝宝以及尚是婴儿的男孩。梁家与金教授家毗连，共有一个花园，实际是一家人。

梁氏夫妇二人的父辈对他们俩性格的形成具有深远的影响。梁思成是著名作家、改革家、学者，政治领袖梁启超的长子。梁启超在 20 世纪初期中国的地位大概相当于埃里胡·鲁特（政治家）、海明威（作家）、约翰·杜威（哲学家和教育家）和沃尔特·李普曼（Walter Lippmann）（评论家和报纸专栏作

---

[*]　费正清（John King Fairbank）：美国哈佛大学终身教授，哈佛东亚研究中心创始人，金岳霖学术基金会顾问。——编者注

家）在美国地位影响的总和。他小时候被称为广东的神童，后来与他的老师康有为密切合作，帮助年轻的光绪皇帝发起戊戌变法维新运动（1898 年）。变法失败后，梁启超逃亡日本。直至 1911 年辛亥革命之前，他的一册册论述西方思想的闪光的著作，还依然是年轻的中国一代头脑中的精神养料。这只有博学的中国古典学者才能做到。辛亥革命之后，梁启超组织进步党，并在北京不同时期的几届内阁中供职。成为他的儿子犹如成为小罗斯福或小肯尼迪，只是在中国，子女孝顺父母的道德义务要多得多。

林徽因的父亲林长民是福建人，曾一直与梁启超在北京政府中密切共事，他也是一位参与 1919 年巴黎和会的观察员。这两位受人尊敬的父亲的儿女结为秦晋，一定程度上也在讨他们的欢喜。他们夫妇俩都身材瘦小，如一般南方人，自小青梅竹马，后来又一起在宾夕法尼亚大学学习建筑，承担起用实际的科学工作来再现中华民族建筑风采的爱国任务。

林徽因接受了中英两种文化的培育，她曾被给予一个教名——菲利丝。她感到基督教除了具有可怕的十字架和非中国的道义之外，于她并没有多大意义。她是一位有才华的作家、诗人，是一位具有丰富的审美能力和广博的知识趣味的女性，而且在社交上极有魅力。在这个家庭里，凡是有她在的场合，人们都会围着她转。

金岳霖是一位哲学家，曾在哥伦比亚、哈佛、伦敦等地留学，也是中国重要的逻辑学家。国外的 12 年生活使他的英语几乎达到了炉火纯青的地步，他能在音调、含义、表情等各方面分辨出英语中最细微的差别。他的学生王浩专攻符号逻辑，后来在美国取得了辉煌的成就。我们认识金岳霖，用"老金"来称呼这位教授，这种通常的称呼既表示相识，还显得亲近。有一次我们从山西写信给他，谈到当时荣获中国女子网球冠军的王氏姐妹时曾写道，"她们中每一个都比另一个更美"，他珍爱这句既不合逻辑又合逻辑的话。

与这样的朋友交往本身即是一种乐趣。彼此肝胆相照，坦诚相见。我们常常品味他们烹饪的中国"便饭"，和他们一起闲谈北大、清华、燕京本地的熟人中的种种癖性。由于如此集中地接触，他们自然知道每个人的底细。他们能很有韵味地背诵中国古诗，抑扬顿挫，而且能把它们同英国诗人济慈、丁尼生，以及美国诗人维切尔·林赛（Vachel Lindsay）的诗作比较。他们熟悉宋朝的画家和书法家，自然也通晓北京的掌故。

通过他们，我们开始觉察到中国文化的整合问题。扬弃过去的糟粕，引进外来新鲜事物。应该保留什么，应该借鉴什么，这是一个还不曾有人畅游过的双重文化领域。要这样做，必须要有智慧、毅力和勇气。对于他们来说，我们自然可以使他们重又恢复同西方的接触，闲谈中我们提到哈佛广场、纽约的艺术家和展览会、美国建筑师弗兰克·劳埃德·赖特（Frank Lloyd Wright）、剑桥大学的巴格斯校园、古希腊哲学家柏拉图、意大利中世纪神学家和经院哲学家托马斯·阿奎那，还有新体诗。此外，由于威尔玛的通常的歪打正着的灵悟，撞进了梁氏夫妇的领域，这种事来得如此自然。

　　1934 年夏天，我们与梁氏夫妇一起，在山西滹沱河谷地恒慕义博士的磨坊中消夏。我们的宽敞的房间处于安静的溪流上游，散布居住于谷地其他磨坊的约十几个传教士家庭形成一个村落。8 月上旬，梁氏夫妇出外做考察旅行之前，先到我们这儿来度假。菲利丝穿着白裤子、蓝衬衫，与穿着卡其布的思成相比，更显得清爽整洁。老金没来，但他从酷暑的北京来信写道："这儿的天气太气人了，捉弄我们、激怒我们，陷我们于可怜的境地。幽默感在我们身上已荡然无存，仅只是留下意识。我已不再是个文明人了。我要说的是，不是动物像我，而是我更像动物，好好反思一下，这种说法似乎又有点毛病。""从你的来信推断，你们应该都穿上毛皮了，你们怎么能打网球呢？还有，王家姐妹又怎么能进行练习呢？也许，她们除了一个比一个更美之外，还应加上一个比一个更耐寒吧。"

　　……

　　20 世纪初，昆明还不过是中国西南部一个沉沉入睡的省会。它首次遭到入侵是法国从印度支那的河内修筑到昆明的铁路。1938 年，三所大学（北京大学、清华大学和天津的南开大学）从华北迁往昆明。1941 年，为连接飞越"驼峰"的中印空运航线，美国空军 14 大队（飞虎队）在昆明修建了庞大的空军基地。中国知识分子和美国飞行员汇集于此，使昆明骤然繁荣起来，城区也向四面扩展，昆明变得拥挤不堪。

　　在联大的首要问题是解决吃、住这样的生活基本需要。我们的朋友像哲学家金岳霖、经济学家陈岱荪和来自夏威夷的英语系美籍华人陈福田教授搬进了临时搭起的活动宿舍，是在美国领事馆隔壁一座老剧场的露台上。美国领事馆和剧场这两座建筑都是 1911—1926 年间由云南大军阀唐继尧修建的。那时，昆明与外界的交通命脉是法国人修筑的滇越公路。剧场的露台结构简陋，但不收房租。我们坐着谈话时，硕大的老鼠在纸糊的天花板上跑来跑去，几乎从纸窟窿里掉下来。于是，我们商量是否弄只猫来，但买只猫要花费 200 块大洋。我被邀请重游昆明时，与他们一起在露台上居住。

昆明的教授们的处境令我大为震惊，我迅速向华盛顿汇报。我写信给阿尔杰·希斯（Alger Hiss），也希望霍恩贝克（Hornbeck）和柯里（Currie）看到此信。我写道："他们在顽强地战斗，但是不可能坚持太久。可以想象这种局势——在失落和贫困之中勇于面对现实，互相鼓舞，然而在思想和行动上却逐渐变得软弱。"

（该文摘自《费正清自传》第二、四部分，黎鸣、贾玉文等译，天津人民出版社 1993 年 8 月出版）

回忆梁思成、林徽因和金岳霖

费慰梅[*]

在北京

1930 年秋天，梁思成把林徽因、他们的小女儿梁再冰和徽因的妈妈都搬到靠近东城墙的北总布胡同三号——一处典型的北京四合院里。这里是梁家在以后七年里的住房。在高墙里面有一座封闭但宽广的院子，种着几株开花的树。沿着院子的四边，每一边都有一排单层的住房。

徽因在这里恢复了她的写作生涯。而徐志摩也在这里重新进入了他们的生活。北总布胡同的房子成了徐志摩的第二个家。每当他的工作需要他去北京时，他就住在那儿。他既是徽因的、也是思成的受宠爱的客人，在他们的陪伴下，他才会才华横溢。而他也乐意同他们一起和仍然聚焦在他周围的那些气味相投的人物交往。有一个梁家的亲戚，在 1931 年作为十几岁的年轻人曾经在梁家见到过徐志摩好几次。她是这样描述她对他的印象的："他的出现是戏剧性的。他穿着一身缎子的长袍，脖子上又围着一条英国制的精细的马海毛围巾。真是奇怪的组合！所有眼睛都看着他。他的外表多少有些女性化却富有刺激性。他的出现使全体都充满活力。徽因是活泼愉快的，而思成总是那么热情好客。"

---

[*]　费慰梅（Wilma Canon Fairbank）：曾任美国驻华大使馆文化参赞，美国汉学家费正清的夫人。——编者注

　　无疑地，徐志摩此时对梁家最大和最持久的贡献是引见金岳霖——他最亲爱的朋友之一。金岳霖是清华大学哲学系教授。"老金"，熟识的人都这么叫他，是深奥的形式逻辑方面的中国头号专家。丝毫不像他的专业所提示的洋怪物，他是高大瘦削、爱打网球的知识分子，很矜持但又能说会道。他比梁氏夫妇大几岁。他们就爱回忆他从老家湖南初到北京时的情景，那是清朝末年，他还把他的头发束成清政府所要求的发辫。

　　金岳霖在北京学习进步很快，获得赴美留学的奖学金。他的第一个选择是宾夕法尼亚大学的华尔顿学院，一个经济和商业的预备班。但是随着时间的前进，他那趋于分析的自然倾向和抽象思维，使他转向了哲学的各学科。他在国外留学的期限延长了好几年，最后他又在英国和欧洲学习。他对牛津英语的掌握是惊人的。他回中国后被安排到清华大学教哲学。

　　他是把自己从属于梁家的，当然，徽因是吸引他的主要力量。她那众人都感知的吸引力，向他提供了在他那深奥的精神领域内所缺乏的人性的旋涡。在她这方面，他的广泛的人生经历和他天生的智慧，使他成为她的创造性的完美的接受者和可心的鼓舞者。他当然是爱她的，但是无私地和坦诚地爱她。他没有把她从她的家庭拉走的想法。思成和孩子们也都爱他、信任他，他实际上已经融入了这个家庭。

逃亡

1937 年 9 月 5 日，梁家离开北京去天津，走上逃亡路上的第一站。除了两个孩子和外婆以外，还有老金和清华大学两位教授。梁家在天津意大利租界的房子是一个很好的避难所。在那里，思成和一家英国银行谈妥把营造学社的底片和其他贵重物品锁在他们的保险箱里保管起来。一张匆忙写成的纸条说："发生了这么多事，我们都不知道从哪里说起。总之我们都是好好的，一个星期之前我们到达天津，将要坐船至青岛去，从那里再经过济南，去到换车船不超过五次的任何地方——最好是长沙，而其间的空袭要尽可能地少。到那时候战争就打赢了，对我们来说永远结束了。"

老金后来写到过这次旅途："没遇到大不了的困难，但通常的困难就已经够呛了。我们绕来绕去到了汉口，最后到达长沙已是 10 月 1 日了。"

从他们到达这个过于拥挤的城市长沙的时候起，就时常拉空袭警报。尽管直至 11 月 24 日为止一个炸弹也没有掉下来过，但急忙逃到地下室或防空洞去，已成为日常习惯。然而这一天由于疏忽，反而没有拉警报。当地面上的人们还不知道他们已成空袭目标时，日本飞机已在头顶上了。

徽因写道：

"长沙第一次遭到空袭时，我们住宅差不多是直接被一颗炸弹命中。炸弹落在离住宅大门十五码的地方，我们在这所住宅里有三间房子，作为我们临时的家。当时我们都在家——外婆、两个孩子、思成和我。两个孩子都有病躲在床上。谁也不知道我们是怎样逃脱被炸成碎片的厄运的。当我们听见先扔下来离我们较远的两颗炸弹的可怕炸裂和轰鸣声以后冲下楼梯时，我们的房子已经垮了。出于奇特的本能，我们两人一人抓起一个孩子就奔向楼梯。但我们还没有到达地面，近处那颗炸弹就响了。我抱着小弟（儿子）被炸飞了又摔到地上，却没有受伤。同时房子就开始裂开，那大部分是玻璃的门窗啦、镜框啦、房顶啦、天花板啦，全都倒下来雨点般地落到我们身上。我们从旁门冲出去，到了黑烟呛人的街上。

"当我们向联大的防空洞跑去的时候，另一架轰炸机正在下降。我们停止奔跑，心想这次跑不掉了，倒不如大家要死死在一起，省得孤零零地活着受罪。这是最后的一颗炸弹，没有爆炸，而是落在我们在跑着的那条街的尽头。我们的东西（现在已经很少了）都从玻璃垃圾堆里掘出来了，现在我们在这儿那儿的朋友家暂住。

"一到晚上，你会遇到一些从前在北京每星期六聚会的朋友们在这儿那儿闲逛，到妇孺们来此地共赴'国难'的家宅里寻找一丝家庭的温暖。在轰炸之前，我们仍旧一起聚餐，不是到饭馆去，而是享用我在那三间房子里的小炉子上的烹饪，在这三间房子里，我们实际上做着以前在整个北总布胡同三号做的一切事情。对于过去许多笑话和叹息，但总的来说我们情绪还很高。

"我们又收拾行李了，要坐汽车进行艰难的十天旅途到云南去。除了那些已经在这儿的人以外，每一个我们认识的人和每一个家庭成员，都分散在不同的地方，而且相互间不通消息。"

他们自己亲爱的"家庭成员"老金就是其中的一个。联合大学中他领导的系临时在离长沙一段路的南岳组建。他一个星期以后才得到长沙被炸的消息，而当梁家已启程前往昆明后的五个星期他仍然留在湖南。他写信给我们说，"我离开了梁家就跟丢了魂一样。"

在昆明定居

1938 年 3 月初，联大的教师和学生陆续开始从长沙来到昆明。至少有一些是从海防取道窄轨铁路来的。他们当中有老金。他和梁家及其他好朋友快乐地重逢了。徽因写信给我们说，"我喜欢听老金和（张）奚若笑，这在某种程度上帮助了我忍受这场战争。这说明我们毕竟还是一类人。"

三天以后，老金给我们写了一封信，叙述他的最初印象："要是你们在这里，你们会看到在陌生的环境中的一些熟悉的面孔。他们中的有些人身上穿的只有一套西装或一件长袍，箱子里叠的就什么也没有了。另外一些人则能够找到一所合住的房子。张奚若一家比我先来。'中研院'图书馆也快迁来了。梁思永和李济几天内就能到达，赵元任已经来好几天了。我想，这里像在长沙一样，将会有某种微型的北京生活，只是它在物质

1939 年在昆明（左起：周培源、梁思成、陈岱孙、林徽因、金岳霖、吴有训，前排的两个孩子分别是梁再冰和梁从诫）

上是匮乏的。可能天气是例外。太阳非常明媚，正像徽因昨天对我说的，有些地方很像意大利。"说到徽因自己，在长久离别之后他形容她："仍然是那么迷人、活泼、富于表情和光彩照人——我简直想不出更多的话来形容她。唯一的区别是她不再有很多机会滔滔不绝地讲话和笑，因为在国家目前的情况下实在没有多少可以讲述和欢笑的。"

最后他说："实际上，我们的思想状况多少有些严肃。在我们的心中藏着一些不表现出来的思念、希望和焦虑，这些东西用不着表现出来，因为人人都知道它的存在，它形成了一股感情的暗流，而表面上我们只是关心像房子、食物一类许许多多我们叫作日常生活的琐事。对于那些联大圈子的人来说，问题是大学的校址直到现在还定不下来。有许许多多的人为障碍和物质的困难。想要保持中国的大学高等教育并非易事，不过我想我们总会做成功的。"

梁家在一所住宅中占了三间房子，而住宅的大部分则是由一家姓黄的住着。徽因曾对家中的情况有过简略的描述："思成笑着、驼着背（现在他的背比以前更驼了），老金正要打开我们的小食橱找点东西吃，而孩子们，现在是五个——我们家两个，两个黄家的，还有一个是思永（思成的弟弟）的。宝宝常常带着一副女孩子的娴静的笑，长得越来越漂亮，而小弟是结实而又调皮，长着一对睁得大大的眼睛，他正好是我所期望的男孩子。他真是一个艺术家，能精心地画出一些飞机、高射炮、战车和其他许许多多的军事发明。"

1940年春天，在思成从四川回来以前，在徽因的监督下，他们共同设计的在离开昆明8英里的小村庄龙头村的三间房的住宅完工了。距离城市这么远，他们希望能避开轰炸。

问到她一天的生活，徽因说："我一起床就开始洒扫庭院和做苦工，然后是采购和做饭，然后是收拾和洗涮，然后就跟见了鬼一样，在困难的三餐中间根本没有时间感知任何事物，最后我浑身痛着呻吟着上床，我奇怪自己干吗还活着。这就是一切。"

老金用两句简单的话概括了他对徽因这个时期生活的看法："她仍旧很忙，只是在这种闹哄哄的日子里更忙了。实际上她真是没有什么时间可以浪费，以致她有浪费掉她的生命的危险。"

思成在离家 6 个月之后回来，徽因写信来说：

"我们现在住在离昆明城里 8 英里的中等规模的村子
尽头新建的一所三居室的住宅里。它周围风景还不错，没
有军事目标。我们的住宅包括三间宽敞的屋子和小巷尽头
的一间厨房，我的大部分时间都在那里，还有一间佣人的
房间直到现在还空着。春天里，老金在我们的住宅尽头处
加了一间'耳房'。这样整个北总布胡同集团现在就齐了，
但天知道能维持多久。

"许许多多的朋友包括（钱）端升也在这里筑了小房
子。我们的房子是最后盖的，所以结果我们就只好为了所
需要的每一块木板、每一块砖头和每一颗钉子而奋斗，还
得参加运送材料和实际的木匠活和石匠活。

"这房子的某些方面……并不是没有美丽或使人高兴
的地方。我们很喜欢它，甚至为它感到骄傲。"

说也奇怪，这是这两位建筑师为自己设计的唯一的房子。
它坐落在村外边。它是在开洼地的边缘，紧靠着高高的堤坝，
上边长着一排高高的笔直的松树，就跟古画里的一样。优美的
环境和气候在徽因的心中即引起了反响："这时候的天气已转凉
爽，在越来越强的秋天泛光照射下，风景真是美极了。空气中
到处散发着香气，而野花使人回想起千千万万种久已忘怀了的

美妙感觉。随便一个早上或下午，太阳都会从一个奇怪的角度悄然射进人们在一个混乱和灾难的世界中仍然具有的受了创伤的对平静和美的意识。可是战争，特别是我们的抗日战争，仍然是君临一切，贴近我们的身体和心志。"

到 11 月，徽因写信来说：

"轰炸越来越凶了。那日本轰炸机和追击飞机的机枪扫射都是一样的切肤之痛。不管飞机就在上空或尚在远处，都是一样——都是肚子里的一种要呕吐的感觉，特别是当一个人还没有吃过任何东西，而且在这一天中很长时间也不会有东西吃的时候就更是这样。

"可怜的老金，他早上在城里有课，经常是早晨五点半就从村里出发，甚至在课还没有上的时候就遇到了空袭，于是不得不又和一大群人一道跑出来，走向另一座城门、另一个方向的另一座山，直到下午五点半以后才又绕一大圈走回村里，一天都没有吃饭、没有干活、没有休息，为干这个什么都耽误了。"

11 月的轰炸加剧，又迫使梁家离开他们的温暖的小屋和亲爱的朋友们，再次迁移。思成从四川回来以后就被任命为中央研究院的研究员，而周诒春博士任营造学社董事长，提名思成为学社社长，并把学社附属于政府支持的中央研究院下属的历史语言研究所。中央研究院是由教育部管的。教育部下令研究院的研究所从昆明迁往四川重庆西边大约 200 英里、长江南岸的一个小镇李庄。

思成在一封信里说：

"这次迁移使我们非常沮丧。它意味着我们将要和我们已经有了十年以上交情的一群朋友分离。我们将要去到一个除了中央研究院的研究所以外远离任何其他机关、远离任何'大城市'的一个全然陌生的地方。不管我们逃到哪里，我们都将每月用好多天、每天用好多小时，打断日常的生活——工作、进餐和睡眠来跑警报。但是我想英国的情况还要糟得多。"

离昆迁到李庄

徽因在 1941 年 8 月的信中作了辛辣的评述。她说：

"即使我几乎是 100% 的肯定日寇决不会把炸弹扔到这偏远的小镇李庄来，可是那一个小时前就在我们头顶上以那种无可名状的轰鸣声飞过的 27 架飞机仍然使我起鸡皮疙瘩——一种害怕在任何时候可能被击中的奇怪感觉。它们向上游飞去了，轰炸了什么地方，或许是宜宾，现在正以那种威胁的轰鸣声和致命的目的性从我们的头上缓缓飞过。我要说的是这使我感到恶心，然后我意识到我已经病得很厉害，而这不过是让我一时间里病得更厉害，体温有些微升高，心脏不适而心跳加速。在今天中国任何地方，没有一个人能够远离战争。我们和它连成了一个不可分割的整体，不管我们是否实际参加打仗。

"思成是个慢性子，喜欢一次就做一件事件，对做家务是最不在行了。而家务事却多得很，都来找寻他，就像任何时候都有不同车次的火车到达纽约中央火车站一样。当然，我仍然是站长，他可能就是那个车站！我可能被轧死，但他永远不会。老金（他在这里呆了些日子了）是那么一种客人，要么就是到火车站去送人，要么就是接人，他稍稍有些干扰正常的时刻表，但也使火车站比较吸引人一点和站长比较容易激动一点。"

老金在信的最后也写下了他的表白："面对着站长，以及车站正在打字，那旅客迷惘得说不出任何话，也做不了任何事，只能眼睁睁地看着火车开过。我曾经经过纽约的中央火车站好多次，一次也没看见过站长，但在这里却两个都实际看见了，要不然没准儿还会把站长和车站互相弄混。"

但思成（一如既往地靠他的钢背心支撑）在这一页下边加注说，"现在该车站说话了。由于建筑上的毛病，它的主桁条有相当的缺陷，而由协和医学院设计和安装的难看的钢支架现在已经用了七年，战时繁忙的车流看来已动摇了我的基础。"

营造学社的李庄总部是一座装箱单的 L 形平房农舍，它的长臂是南北走向。工作间的布置和装修是沿着当年在北京皇宫院里的时候策划的，营造学社在正规道路上前进了一大步。思成写信来说，他"这些日子就想写出一本可推广的《中国建筑史》"。老金 1941 年 11 月底从李庄发出的一封开玩笑的信件顺便暗示了思成已经开始着手搞他设想中的这部历史："他仍然和过去一样，在上班之前和之后溜溜达达，而上班时他的主要工作则又要写《中国建筑简史》，又要管理研究所的财务。他作为历史学家的责任有些不同寻常：他要烤面包、砌炉灶、称煤和做各种家务事，如果他有一天忽然光身一人被扔到美国去，他的日子会过得不错，也许比现在还要好，就跟着美国人的样子做个洗衣工。"至于徽因，老金报告说："全身都浸泡在汉朝里了，不管提及任何事物，她都会立刻扯到那个遥远的朝代去，而靠她自己是永远回不来的。"至于他自己，那个逻辑学家，他对待通货膨胀有一个哲学家的观点："在这困难的年月里，重要的是要想一想自己拥有的东西，它们现金价值是如此惊人，人们就会觉得自己已很富有；同时人们一定尽可能不要去想那些必须购买的东西。"

　　然而，在如思成所描绘的"谁都难得来到的可诅咒的小镇"李庄，生活远不会平静。1943 年 2 月底，在逃难来的研究人员中间包括他们的妻子们在内，染上了一种最终导致争吵、愤怒、谩骂和友谊破裂的煽动性流言蜚语。正像徽因在信中所说的："这是一个思想偏狭的小城镇居民群。最近，一些快乐的或者滑稽形式的争吵已在受过高等教育的人群中发展到一种完全不相称的程度。我很怀疑，是不是人们在一个孤岛上靠十分菲薄的供应生活，最终就会以这种小孩子的方式相互打起来。"

雪上加霜的是，营造学社的中国建筑历史文献研究负责人刘敦桢宣布他将离职。他已在营造学社干了10年以上，和思成一道担负着领导责任。

徽因说："刘先生是一个非常能干、非常负责的人。全部账目以及思成力不能及的复杂的管理工作都托付给他。现在这些将要全部落在思成肩上了！""这还不算。如你所知，自我们南迁以来，营造学社干活的人一共只有五个。现在刘先生一走，大家很可能作鸟兽散。"

从外边来的一位显要的来访者，使得单调的生活得以被打破，并把注意力从日常的争吵转移开。英国生物化学家李约瑟教授作为英国驻重庆大使馆的战时科学参赞来华，亲自看到了中国的国土和人民（后来他回到剑桥大学以后，他的多卷本中国科技史的出版给他带来了世界声誉）。尽管在他整个访问期间徽因还在卧床休息，她还是写信给费正清描述了这一事件：

"李约瑟教授来过这里，受过煎鸭子的款待，已经离开。一开始，人们喜欢彼此打赌，李教授在李庄逗留期间会不会笑一笑。我承认，李庄不是一个特别使人兴奋的地方，但是作为一个中国早期科学的爱好者，又不辞辛劳在这样的战时来到中国，我们也有理由期待他会浅浅一笑。

"最后，这位著名的教授在梁先生和梁夫人（她在床上坐起来）的陪同下谈话时终于笑出了声。他说他高兴，梁夫人说英语还带有爱尔兰口音。我从前真不知道英国人这么喜欢爱尔兰人。后来在他访问的最后一天下午，在国立博物馆的院子里，当茶和小饼干端上来的时候，据说李教授甚至显得很活泼。这就是英国人爱好喝茶的证明。

"……我所能做的最糟糕的事情莫过于让自己陷入仇恨。我生来是个女人，而这又是战时。我自己的母亲碰巧是个极其无能又爱管闲事的女人，而且她还是天下最没耐性的人。刚才这又是为了女佣人。真正的问题在于我妈妈在不该和女佣人生气的时候生气，在不该惯着的时候惯着她，还有就是过于没有耐性，让女佣人像钟表一样地做好日常工作但又必须告诫她改变我的指令，如此等等——直到任何人都不能做任何事情。我经常和妈妈争吵，但这完全是傻帽和自找苦吃。"

梁家越来越严重的困境，使费正清只得写信给在昆明的老金问计。老金回信一开头就说"别为梁家的事烦心"，接着就叙述了他对他们面临的问题的看法："我认为，相对于调整人际关系的困难来说，住房问题就是小事一桩。最难适应的是妈妈。她属于完全不同的一代人，却又生活在一个比较现代的家庭中，她在这个家庭中主意很多，也有些能量，可是完全没有正经事可做，她做的只是偶尔落到她手中的事。她本人因为非常非常寂寞，迫切需要与人交流，她唯一能够与之交流的人就是徽因，但徽因由于全然不了解她的一般观念和感受，几乎不能和她交流。其结果是她和自己的女儿之间除了争吵以外别无接触。她们彼此相爱，但又相互不喜欢。我曾经多次建议她们分开，但从未被接受，现在要分开已不大可能。"

回到昆明

经过埃娄塞尔博士的诊断，徽因的身体状况显然已不适于继续呆在李庄这潮湿、寒冷的环境之中。她也不再美化她在陪都的暂住。她把她的厌恶说得很明白："这可憎的重庆，这可怕的宿舍，还有这灰色的冬天光线。这些真是不可忍受的。"同时，思成写信来告诉我们说，为了治理长江险滩，一系列的爆炸已使重庆和李庄之间的班轮停运。就是邮递也只能靠步行的邮差来维持。徽因要回李庄已不可能。

事有凑巧，我正好在这时候要到昆明去，于是决定同老金去商量一下这件事。他当然也是很担心了。我们两人都认为这是徽因重访昆明的天赐良机，这也是她一直渴望的。我向老金说了医生的严重诊断，这也使我们两人觉得，假如能使她快活，即使必须坐飞机迁到高海拔地区，冒一下她健康的风险也是值得的。当我们在张奚若家附近找到一所迷人的独立小房子的时候，这计划就算定下来了。这房子就在军阀唐继尧的老祖居的后山上，那祖居的窗户很大，有一个豪华的大花园，几株参天的桉树，挂下来的芳香的长枝条随风摇曳。这房子的"下江"房客刚刚搬走，老金可以搬进去给她看房子。

当我们把这个计划告知徽因时，她当然明白其中对她健康的风险。然而在稍事犹豫之后，她认定"再次到昆明去，突然间得到阳光、美景和鲜花盛开的花园，以及交织着闪亮的光芒和美丽的影子、急骤的大雨和风吹的白云的昆明天空的神秘气氛，我想我会感觉好一些。"于是决定很快做出，她开始收拾行装，准备她的第一次飞行。

她到达昆明之后，张奚若和他的夫人坚持要她开始几天住在邻近的他们家里。飞行的紧张和疲劳使她只能卧床休息，但在长期分离之后又由亲爱的老朋友环绕着，又使她狂喜不已。钱端升夫妇，当然还有老金，也都在围绕她床边进行没完没了的谈话的亲密朋友之列。

她从床上写信来说：

"即使我在李庄时用以自娱的最大胆的希望，也不能和这次重逢的真实的、压倒一切的欢乐经历相比拟。为了把关于在特殊条件下的昆明生活和李庄人们的生活的各种奇怪信息整理得使聚集在这里谈话的朋友们全都能理解，用了11天时间。但是重建和扩大那旧日的挚爱和相互理解的桥梁所用的时间，比我们任何人期望的都要短。在大约两天时间里，我们清楚地知道了每一个人在感情上和学术上都在何处。我们关于国家的政治情势、家庭的经济状况、个人和社团参与或不参与战争的看法，一般来说是自由地讨论的，而谁都在理解别人怎样会得出那样的看法和想法上不存在任何困难。即使是在那最漫不经心的谈话中，在我们少数几个人当中总有使人心安的相互信任和共同兴趣以及刚增加的感谢和全新的激情的交流，它们是在这多事之秋突然团聚的结果……

"只有到现在我才体会到古代唐宋诗人的欢乐，他们都缺少旅行的手段，但在他们的贬黜途中却忽然在小客栈里或是在小船上或是在有僧侣做住持的庙里，不管是什么地方吧，和故人不期而遇。这种倾心的谈话是多么动人！

"我们的时代可能和他们的有很大的不同，但这次重逢却和他们有着很多共同点。我们现在都很老了，经受了特殊形式的贫穷和疾病、忍受了长期的战争和不便的通讯，现在又面临着伟大的全民奋斗和艰辛的未来。

"而且，我们是在一个远离家园的地方重逢，这个地方我们曾经因为环境所迫而不是出于自愿选择居住过。我们渴望回到我们曾经度过最幸福时光的地方去，就像唐人渴望回到长安和宋人渴望回到汴京一样。我们已经疲惫潦倒。通过了各种测试，我们现在已经有了新的品德，好的、坏的或无所谓的。我们尝够了生活而且也受过它的冷酷艰辛的考验。我们已经丧失了我们的大部分健康，但意志一点也没有衰退。我们现在确实知道享受生活和受苦是一回事。"

春暖花开的时候，徽因从飞行的疲累中恢复过来，张奚若放她到她的"梦幻别墅"去了。

"一切最美好的东西都到花园周围来值班，那明亮的蓝天，峭壁下和小山外的一切……这是我搬进新房子的第10天。房间这么宽敞，窗户这么大，它具有戈登·克雷早期舞台设计的效果。就是下午的阳光也好像按照他的指令，以一种梦幻般的方式射进窗户来，由外面摇曳的桉树枝条把缓缓移动的影子泼到天花板上来！

"要是老金和我能够想出合适的台词来，我敢肯定这是一出戏剧杰作的理想环境。但他现时正俯身一张小圆桌，背对着光线和我，像往常一样戴着帽子，振笔疾书（他年岁一大，就得保护他敏感的双眼免受阳光直射）。

"腻味人的高原反应或什么别的东西使我气急得很，我常常感觉像是跑了好多里路似的。因此，我只得比在李庄时还要安静得多，以便得到必要的休息。一点都不让我说话，尽管我想说的比允许说的也多不了多少。但这所谓的'谈话'对于周围环境真是少得太不公平了。"

她气急的消息让人惊恐，但她字里行间表露出来的写作风格的生动性说明，尽管如此她还是很开心。她在信中也涉及了在她周围进行的家务事的某些片段。

"我是非常幸运，刚好雇到了我所需要的那种女仆。这种女仆要具有人类智慧的一切外表，但又不仅是简单的一个人。她是一个木头、石头以及其他一切大而坚不可摧的东西的结合。又笨又好脾气使她成为一个起码的女仆（就是说，一个能够做下去的女仆），既能干又坚强又使她接近于宝贵的一类（就是说，一个人们不愿辞退的女仆）。你看我有多幸运！

"在教授宿命呆长了的老金，染上了那种集中营俘虏的野蛮习气，对我们现有的上层社会标准，比如让女仆洗碗，挑剔起来。他的习惯是在自己的窗台上放一只杯子和一双筷子，这样他每天早上自己就能使用它们调一杯可可。有一次，他在房间里或尘封的窗台上找不到它们，生气得不得了。后来我向他保证，今后我会告诉女仆干脆别洗它们了，把它们放在他枕头下边让他容易找到！"

六个星期以后，思成来了一封长信，他在李庄和女儿在一起。他告诉我们说，显然徽因匆忙赶赴昆明是对的。他在信中说：

"河道工程几天以前才刚刚完成。但是只有很小的船才能从重庆上来。有舱的轮船要到5月下半月才能上来。所以，徽因去昆明是唯一的解决办法……在从昆明写来的第一封信中，她谈到知道内心的祷告实现了的'几近宗教'的感觉。她为我们那些老朋友给她的欢迎而十分感动，并表示遗憾说她'得到'太多而'奉献'太少。

"尽管昆明的海拔高度对她的呼吸和脉搏会有某种不良影响，但她在那里很快活。她周围有好多老朋友给她作伴，借给她的书都看不完。老金和她呆在一起（他真是非常豪爽），她还有一个很好的女仆，因此，她得到了很好的照顾。我没有什么可担心的。"

最后的信

1948 年 3 月 31 日，是思成和徽因在渥太华结婚 20 周年。一些亲密的朋友们和梁家一起在他们清华园的家中举行茶点庆祝会。徽因即席做的关于宋朝都城的报告使大家都很惊奇。但是老金却很替"新郎和新娘"担心。徽因的刀口曾裂开了差不多一英寸，正在用链霉素进行治疗。同时，老金写信道，思成自己是非常的瘦，从星期一到星期五在清华担任着非常繁重的课程，而"每天的生活就像电话总机一样——这么多的线都在他身上相交"。

（摘自费慰梅：《梁思成与林徽因》，曲莹璞、关超等译，中国文联出版公司 1997 年 9 月出版）

回忆中的金岳老

冰　心[*]

虽然我的老伴和我们的许多朋友对金岳霖先生都很熟悉，但我和他接触的机会并不多。我能记起的就是 1958 年和他一同参加赴欧友好访问团短短时期内的一两件小事，使我体会到了朋友们对他性格的欣赏。

他有很丰富的幽默感！有幽默感，尤其是能在自己身上找出幽默资料的，总是开朗、乐观而豁达的人，使人易于接近。记得有一次他对我笑说："我这人真是老了，我的记性坏到了'忘我'的地步！有一次我出门访友，到人家门口按了铃，这家的女工出来开门，问我'贵姓'。我忽然忘了我'贵姓'了，我说'请你等一会儿，我去问我的司机同志我'贵姓'。弄得那位女工张着嘴半天说不出话来！"

就在这一次旅行中，有一天我们一起在旅馆楼下餐厅用早餐（因为我们年纪大些，一般比别的团员起得早，总是先到先吃）。餐后，服务员过来请我们在账单上签上房间的号码，金老签过字后，服务员拿起账单就走，我赶紧叫她回来，说："我的房间号码还没有写呢！"金老看着我微微一笑，说，"你真敏感。"那时坐邻桌用餐的我们年轻些的团员都没有听出他说的"敏感"是什么意思！

---

[*]　冰心：中国现代著名作家。——编者注

　　也是在这一次访问中，在英国伦敦，我们分别接到旅居英伦的陈西滢和凌叔华夫妇的电话，请我们去他们家晚餐。金老同陈西滢是老朋友，凌叔华和我是燕大同学，我们相见都很喜欢。可惜的是那天金老同陈西滢在楼上谈话，我却在地下室帮凌叔华做菜。以后晚餐席上的谈话，现在一点也记不起来了。

　　说起来已是将近 30 年前的事了，此后的 20 多年中，我很少见到金老，要有的话，也就是在人丛中匆匆一面吧。写下这些，使我仿佛看见一位满头白发、在一片遮阳的绿色鸭舌帽檐下满脸是笑的学者，站在我的面前！

（1985 年 10 月 21 日急就）

［该文原载《金岳霖学术思想研究》］

颂金老

许涤新[*]

金岳霖同志是一位对祖国一往情深的爱国者。他在美国留学时，日本帝国主义逼迫卖国贼袁世凯签订不平等的条约。他痛恨日本的侵略和袁世凯的卖国，经常坐在校园的路边痛哭流涕！自问："中国难道就这样亡国吗？"

金先生痛恨国民党的反动。在长期的研究与实践中，他深深认识到，只有共产党才能挽救中国于危亡，才能为祖国打开一条光明大道。1949 年建国典礼的庆祝大会上，毛泽东同志宣布："中国人民从此站起来了！"金老在天安门，听到这一句话，

1958 年，中国文化代表团在意大利访问，金岳霖为代表团副团长

---

*　许涤新：中国社会科学院经济研究所研究员。——编者注

兴奋得几乎要跳起来！不久，他便光荣地加入了中国共产党，成为一位忠实的、饱学的党员。他不仅是一位爱国者，而且是一位热爱社会主义祖国的爱国者！

他不仅是一位学者，而且是一位战士。1958 年春夏之交，我同金老和冰心大姊到意大利和英国做学术访问。牛津大学的一个学术俱乐部开会欢迎金老。当时在座的有一位从东欧叛逃到英国的教授，这位教授向金老挑战，他质问金老："共产主义有什么好？我原来是共产党员，现在我是脱离共产党到西方来的。你知道我的思想感情吗？你原是一位教授，为什么要加入共产党呢？"金老用极其尖锐、极其精练的话回答他说："我加入共产党是因为只有共产党才能使中国翻身。我从一位教授变成共产党员，感到自豪、感到自己的活力增加了！这种思想感情，我有深深的体会。至于一个共产党员背叛自己的信仰和祖国，这种思想感情，只有叛徒才有体会。"

金老的治学是严谨的，他在"一二·九"运动之后便开始研究辩证唯物主义，并准备用辩证唯物主义去指导自己所研究的逻辑学。金老的学问是渊博的，他不但精通哲学，而且对历史和文学、对中国诗词和英国的莎士比亚都有深刻的研究。他从不以老资格自居，而是虚怀若谷。他从不求名求利，而是埋头于教学和研究。我同金老接触的时间只有三个月，但是，他的高尚形象却永远留在我的脑海里！我不忘记金老，我颂扬金老！

（该文原载《金岳霖学术思想研究》）

两个朋友：金岳霖和梁思成

吴　晗[*]

这 10 年，是中国历史划时代的 10 年，光辉灿烂的 10 年，全国人民欢欣鼓舞的 10 年。人人发生变化，从生活习惯到思想意识的变化，可喜的可以歌咏的变化。

我认识不少人，这 10 年来，每个人都发生了或多或少可喜的变化，不管多也罢，少也罢，总之是变了的，总之是可喜的。其中变得最多最大的有两个朋友。

这两个朋友，年纪都比我大，当我在大学念书时，他们已当了多年教授了。两个人都是留学生，洋气很重，一个学哲学，教逻辑，也写过讲逻辑的书，外号就叫"逻辑"。一个学建筑，一辈子研究中国古建筑，谈起什么五台山有 1000 年历史的木结构、李诫的营造法式等等，便眉飞色舞，说个没完。虽然他在这一行是个权威，但似乎在旧时代没盖过什么大房子，大概是一来那时代根本没有什么大房子盖，二来他要讲民族形式，人家不喜欢这一套。因之，他的理论也终于只是理论而已，虽然文章写得很多，房子却盖得极少。

我没有上过他们的课，后来也在同一学校教书，算同事了，因之也就沾点光，算是朋友，他们也不好意思摆老师架子。

还是从最近讲起吧。

---

[*] 吴晗：清华大学历史系教授，曾任北京市副市长。——编者注

一个多月前吧，逻辑教授突然来电话，问有时间没有，他要来谈一个问题。我当然欢迎他来，但是心头纳闷，是什么事呢？猜了好久，大概是与我俩都有关系的几件事吧？谁知大谬不然，完全不是那回事。

60岁左右的人了，穿着短汗衫短裤，假如不是那头白发，人家会以为是个运动健将呢！一坐下便说明来意。

他说："近来不是在提倡发展副食品的生产吗？我想到养鸡，要和你谈谈。"我有点奇怪，养鸡怎么来找我，难道要找点什么古代养鸡的掌故不成？一听又不对头，原来他提议阉鸡。

"你知道，我们南方阉鸡很普遍，每年七八月间，半斤来重的公鸡就得阉。那季节就有一些专家巡行村落，一个小弓，一把小刀，就地捉住小公鸡，在肋骨旁拉一个小口子，弓弦向里一绞，夹出一个小白球，再摸摸毛，放在地下，小公鸡就又蹦蹦跳跳找吃食去了。很简便，不是吗？这样，长得肥，长得嫩，到三四斤重还是很好吃。"

我说："我见过，果然省事。"

他说："那为什么北京不兴这个办法呢？河南、河北、山东这些地区好像都不大阉鸡，斤把来重就宰了吃，长大肉老了不好吃。如今，个个公社，个个队，家家都在养鸡。一只鸡阉了可以多长两三斤，十万、百万、千万只鸡，你算，得长多少肉，两三千万斤啊！不是吗？"

我说："你的账算得不错，有道理。"

他说："那你们为什么不提倡呢？要是不会，从南方请几个人来，开个训练班，再到各公社去传授，不是就可以每年增加多少肉食吗？我就是为这个来的。"

说完了，他就抹一抹汗，走了。

这一场谈话使我很感动。

就是这个人，几个月前他对我说，过去多年搞逻辑，唯心的，资产阶级的一套，搞了多年，连自己也弄不清楚到底搞的是什么。今后的任务是批判这一套，批判自己过去的著作，学习马克思列宁主义，学习唯物主义的哲学。

也就是这个人，10年前，有一次我们搞一个反对什么的宣言，那时候，我们这些人反对国民党，但是什么也不会，只会发宣言，找人签名，人越多越好。我找了他，在下课休息的10分钟里，他匆匆看了，说"我签我签"，拿起笔就写。我一看，遭了，他写了半个耳朵，原来上一个签名的人姓陈，他也在写陈字了，我赶忙拦住，说不对，写你自己的名字吧。他才醒悟过来，连说："我不姓陈，我不姓陈"，正确地签上了自己的名字。

那个建筑教授呢？虽然不至于忘记自己的姓，却也非常有趣。

他身体不好，体重最低的时候只有40多公斤。养好了，好容易长了几公斤，一忙，忙到忘记自己是个病号，就又垮了，又把那几公斤消耗掉，瘦得像个猴子。支一根手杖，弓着背，成天满处跑。

说他，得倒回来说，从1948年说起。

那年年底，解放军包围了北平城，派了一个军官找他，要他画出北平城必须要保护的古文物建筑，以便万一不得已开炮时，这些古文物建筑不致被炮火损坏。

这件事深深感动了教育了这位专家。1949 年 3 月间，我回到北平以后，他带着感激的心情对我说："你说，世界历史上哪有这样打仗的！你看，你看对文化遗产这样重视，这样爱惜！这真是人民的军队，人民的军队！"

从此以后，他深深敬佩共产党，爱戴共产党。

但是，他的古建筑研究成了包袱，他对古建筑太热爱了，照他的意见，为了保存北京城的古老风格和结构体系，新的建筑、新的中心应该摆在西郊、复兴门以外地区，将来新旧并存，互相联系。

从此，展开了热烈的争论。

他喜爱古老的牌坊，他喜爱古老的城墙。他认为马路太长了，有了路中心的牌坊，会使人在精神上得到舒适的感觉。他建议城墙上建环城公园，种些花草之类，供人游览等等。总之，在拆除牌坊和城墙的讨论中，他坚持己见，列举种种理由，大有和牌坊、城墙共存亡的决心。

吵了几年，问题解决了，北京在原有基础上改建，主要干线的牌坊都拆掉了，城墙也开了许多缺口，便利了城内外的交通。

他以古建筑专家的知识，积极参加了北京的改建和新建工作。

在反右派斗争中，他和逻辑教授都是反右派的积极分子。坚决斗争，无情揭露，受到了考验、锻炼。

这两个朋友先后都参加了共产党，向红专道路前进。

这两个朋友受的是资产阶级教育，都有一套自成体系的唯心主义的哲学和建筑学的理论，教了一辈子的书，写了不少著作，并且都是 60 岁左右的人了。但是，都坚决放弃老一套，丢掉多年来的看家本领，重新学习，从头做起；并且，决心要在学习中批判自己过去的某些错误理论。都不服老，甚至都不承认老，都希望能再活几十年，多为祖国做些事，作出成绩来。我说，在许多朋友中，变得最多最大的就是这两个，我还相信，他们将会继续起更大的变化，更多地提高，在学术研究上作出有益的贡献。

见贤思齐，我要向这两个老朋友学习。我也相信，学术界的许多朋友也会向他们学习。

人是可以变的。旧知识分子是可以变成新知识分子的，资产阶级知识分子是可以通过党的教育，通过自我教育自我改造，成为无产阶级知识分子的。"彼亦人耳""彼亦旧知识分子耳""彼亦资产阶级知识分子耳"，为什么我们就不可以呢？一定可以，朋友们说是不是？

（1959 年 8 月 14 日）

［该文原载《人民日报》1959 年 9 月 26 日］

金岳霖先生教我怎样去思考

乔冠华[*]

1929 年的夏天，我从南京中南中学毕业后，就去报考大学。我报考了两所大学，一所武汉大学，一所清华大学。考完了就在上海等着，出乎我的意料，两个大学都考取了。这年我刚 16 岁。我选择了清华大学，因为它有名气。当时考清华是统考，不分系的，或是考文史哲，或是考自然科学数理化，就是考文、理科，录取以后才定。我考的是文科。

我进清华是在 1929 年秋天，马上就面临一个选哪一个系的问题。我第一年选的是国文系，有两个原因：其一，我对古典文学很爱好；其二，国文系必修课很少，我有空余时间看其他方面的书。我记得当时国文系的主任是五四时期写过一本小说的作家杨振声，还有朱自清。听他们的课，使我大开眼界。但是我的兴趣并不仅在文学。在清华的第一年中，我就了解到各系的情况，如果说国文系必修课少，那么，清华的哲学系的必修课比国文系还少。所以，为了能够有更多的时间来研究马克思主义，在第二年，我就从国文系转到了哲学系。当时哲学系主任是冯友兰。他们都教我的课。必修课很少，平均每天讲不到一个小时就完了，那么剩下的时间我可以自由阅读。我对哲学有一定的兴趣，但也不是我最想学的东西。但无论如何我要

---

[*] 乔冠华：曾任中华人民共和国外交部部长。——编者注

说，我在学哲学，在念那样一些古典哲学、西洋哲学的书籍以后，尤其是后来我感到是受益不少的。在这里，我想特别提到金岳霖先生，在某种意义上说，是他教会了我对任何事物要好好地想一想，不要相信书上的话，也不要听旁人的话的道理。这好像是一件小事，对我来讲是件大事。

我记得，有一次金先生讲课，是关于伦理的知识，书的名字，我记不太清楚。金先生教课是这样一个方法，他是一章一章地念。上课以后就问大家都有书没有（英文本），请打开第一章第一页，叫大家看。然后他在上面就问，你们看了这页，你们认为有什么问题没有？当时课堂上五十几个人，课堂上没有几个能回答，鸦雀无声，相当长的时间。然后金先生说：大家是不是认为这一页讲的话都是对的呢？大家也不讲话。金先生说：是就是，不是就不是，怎么不讲话？接着，金先生就说，这本书的第一章开头的地方，用词这么多，大体的意思是说那是很明显的，人类的知识是从感性来的。金先生说，他说是"很明显的"，你们说是明显的吗？你们想一想是不是？人类的知识是不是从感性来的呢？比如说，2+2=4 这是从感性来的吗？他没有往下讲，他说我希望同学们注意，以后在看书的时候，特别是当作者说那是很明显的什么、什么等等，你要动脑筋想一想，是不是很明显，问题往往错在这里。金先生这些话，对于我是很大的震动，所以在以后的年代里，我经常想起这件事。

我在哲学系这几年，特别是金先生的教育、对我的启示，半个世纪过来了，我认为对我还是帮助很大，他教我怎样去思考，虽然我这类书读得不少。

〔该文摘自《乔冠华临终前身世自述》，载于章含之等著《我与乔冠华》，中国青年出版社 1994 年 3 月出版，后收入《金岳霖的回忆与回忆金岳霖》（增补本），标题为编者所拟〕

金岳霖——我最"老"的"老"朋友

于光远[*]

1995年8月间，在北京举行的"金岳霖百年诞辰纪念大会"上，我得到一本四川教育出版社出版的《金岳霖的回忆与回忆金岳霖》。书分作两个部分。其中第二部分是别人写的回忆文章、传略和大事记，第一部分是金岳霖自己写的。他的这些回忆文章是1981年到1983年，即86岁到88岁在病中断断续续写的。共写了49篇，可是只用了90页篇幅，平均每篇不到两页，但很具体生动，把他的主要经历、他的社会交往、他的学问、他的思想演变、他的性格、他的特殊爱好都描绘出来了，读起来很有味道。前些年我动过写一篇回忆金岳霖的文章的念头，但一直没有动笔。得到那本书后，促使我提起笔来。我读了他写的回忆文章有些感想想发表，同时，我同金岳霖从相识到他逝世有50多年之久，也有一些回忆想写。

最"老"的"老"朋友

前一个"老"说的是相识的时间之早，后一个"老"说的是在我的朋友中他和我的年龄差距最大，如果他还活着，现在有100多岁了。

我和金岳霖相识是在1933年，离现在有63年了。那年我

---

[*]　于光远：中国社会科学院顾问。——编者注

18 岁，他 39 岁，他的年龄是我的 2 倍还多 3 岁。我们怎么会相识？说起来真有点特别。

那时我在唐在章家做家庭教师，教这家的三个孩子。大的刚上高中，小的才进初中。有一个星期天上午，是给他们上课的时间，我到他家后，孩子们的妈妈对我说，今天你能不能给孩子放假？有一个我们家的朋友来，小孩子要和他一起玩。你也别走，你和他也可交一交朋友。

是个怎样的朋友呢？

他来了。高高的个子，穿了一套颇为讲究的西装，戴了一副墨镜，头上还戴着一顶遮太阳的鸭舌帽。见面时，女主人介绍他和我相互认识。她对我说："这是清华大学的金岳霖教授，大哲学家，才从北京来。"又对他说："这是郁家哥哥，小孩子们的老师，别看他年轻，可有学问呢，他也喜欢哲学，将来也许会到你那里当教授。"两个人一握手，我们就这样认识了。

这天我们一起玩，先是去打网球。我不会打，坐在一旁喝咖啡，跟最小的孩子闲聊。打完球，在那个挺高级的俱乐部吃了西餐，饭后又一起去了他的寓所。他有一个哥哥在上海，他住在一间客房里，房间里有一个藤制的书架。我望了一下书架上的书，全是关于打桥牌的。在这之前我真不知道关于打桥牌有这么多的学问。

他是到上海来过暑假的。我们是初次见面，不好意思向他请教什么。我看出他和唐在章家的人很熟。不久前，他刚去美国休假了一年，讲了不少见闻。小孩子们，还有我，听得津津有味。我对他的印象很好。那个星期天就这么愉快地过去了。开头女主人向他介绍我之后，我真有些怕他考我这个"未来的清华哲学教授"。还好，他只去同小孩子们讲这个讲那个，不想考察我的"学问"，审查我的"教授"资格。

这回我在《金岳霖的回忆与回忆金岳霖》中看到一篇他写的回忆。文章的题目很怪：《在北京，车是极端重要的》。文中提到唐在章在北京的家里很可能有一辆汽车。里面写他和唐在章"这一家的朋友关系长了"。在他的这篇文章中，不但写到唐在章（当时是外交部的一个小官），写到唐在章夫人（就是介绍我和金岳霖认识的那个女主人），也特别写到他家的三个孩子（也就是我的三个学生）。他写道："唐家有三个小孩子，大姐、二哥、小'老薛'。为什么叫'老薛'？直到今天我也不清楚。……现在我和'老薛'仍然是隔些时总要见几次面的老朋友。她曾说我是她最老的小男朋友，我听了高兴极了。"在这篇文章中没有讲他同唐家是怎么熟起来的，只是讲他和小孩子们的友谊，说："友谊的开始也很特别。小孩总是要听故事的。我那时能讲的故事最方便的是福尔摩斯的侦探小说，这可合他们的口味。我没有记住讲的次数，总是不少的。"

唐家的三个孩子我都挺喜欢，尤其是那个小"老薛"。我教她"四则"和"小代数"时，她只有 12 岁，是个十分可爱的小姑娘。金岳霖也一定很喜欢她。我在纪念金岳霖百岁诞辰的会议上得到他写的这篇文章后，打电话给"老薛"。她告诉我还没有这本书，我向哲学所要了一本，请她到我家来把这本书拿走了。

　　现在我说金岳霖是我最老的朋友，除了第一次我同他见面时"老薛"的妈妈当时所作的介绍外，还有两个根据：一个是1934年我转学清华物理系三年级后，常去论文导师周培源处。每去，周师母总留我在他家吃饭。有一次吃饭时，金先生去了。周先生正想告诉他关于我的姓名时，金说不用了，我们早就是老朋友了。"老朋友"三个字是他自己说的。还有一个论据是，他同"老薛"是朋友，而"老薛"又同我是朋友，我也就是他的朋友。金是逻辑大师，对我这么推理，一定认为不合逻辑，但我认为这个推理还是有一定的道理的。

古典式的家庭和爱情故事

　　1934年我到了金岳霖教书的清华读书，两人在同一个校园里却没有往来。我没有选哲学系的金先生的课。那时清华物理系的课程很紧，我又对抗日工作很积极，还要在城里一个中学教书赚钱，实在太忙了。

　　在清华我听到了他和林徽因、梁思成的故事，我听到的故事非常简单，但给我留下的印象是金岳霖的情操品德"真高尚"。这回得到那本书，看了金岳霖自己写的《最亲密的朋友梁思成、林徽因》，也看到林洙写的《金岳霖和林徽因、梁思成始终是好朋友》，他们三人间的关系就知道得很清楚了。

　　金岳霖的文章把三人间的亲密关系作了简单的、纯粹外表上的描述。他用"打发日子"来形容他长期不成家的寂寞生活。

讲他和林徽因、梁思成抗战前在北京、抗战中在大西南、抗战后又在北京一直住得很近或者就住林、梁家里的情景，又抒发了对"爱"和"喜欢"这种感情和感觉。而金与林徽因、梁思成之间的关系，其实许多人都知道，金因和林徽因的相爱，又不能结成夫妻，终身不娶。林洙在其文章中写道："我曾经问起过梁公金岳霖为林徽因终身不娶的事。"

他们三人间的关系真有点像西洋古典小说里的故事。梁思成、林徽因去世之后，他们的儿子梁从诫就一直同金岳霖住在一起。

建国后金岳霖哲学思想的转变

同在清华两年，我没有去打扰过他。抗战期间、解放战争期间，更没有同他有任何接触。建国初期，有好几年很少去清华、北大，又一直没有见到他。由于我一直在党中央宣传部负责联系理论和科学方面的工作，需要了解学者——不论是自然科学家或社会科学家的状况。特别在 1954 年遴选中国科学院学部委员期间，我需要对我国学术界的著名人士进行多一些了解。我也问起金先生的思想政治状况。多数人讲他思想能跟得上形势，但还有一个人说了一些不那么好的话，说他在建国后，经常作"深刻"的检讨，有些过分，对别人的批评也偏"左"，有言不由衷地应付局面、但求过关的表现。说他的这种做法使别的学者被动，别的学者心里不满意又不好说，等等。我相信这位同志讲的是有事实根据的。但我对金岳霖从来就有很好的印象，我不信他会有任何在认识以外其他不纯的思想。

于是，我就找了几篇他新写的文章来看。看了之后我完全肯定他是一个只服从真理、勇于自我批评的人。马克思主义哲学的精髓是历史唯物主义，他能在这一点上想通了，接受了，就应该承认他是真正的马克思主义者。在他自己的《回忆》中，他写道，自己"在政治上追随毛主席，接受革命哲学，实际上是接受了历史唯物主义，现在（指1981年到1983年写回忆录时）仍是如此"。建国初期，我在中宣部管政治课学习。那时我深深地感到中国广大的知识分子，看到共产党取得了全国的胜利，非常想了解是什么思想指导中国共产党、毛主席领导中国革命取得这么伟大的胜利。我想，大哲学家金岳霖也是其中一员。他得出的结论是，自己从前接触到的各种哲学体系"都远不如马克思主义哲学高明"。他的这个看法也曾经对我表示过。不过也许有人会说，他有可能想到你是一个老共产党员而且又是共产党中央宣传部中管理论工作和社会科学的干部，他给你说的话未必是他真实的思想。可是他亲自培养出来的冯契在自己的回忆中也写道："金岳霖即便在私下里也表示自己从前的哲学体系远不如马克思主义哲学高明。"冯契的话作为证据，力量更强。还有一件事，是倪鼎夫文章中写的，1958年金去英国访问时瞻仰了马克思墓地，同时也看了斯宾塞墓。斯宾塞在19世纪的英国影响很大，著有三个大部头著作和10卷本《综合哲学》，在当时英国的思想界俨然一个巨人。金岳霖在访问时对一起去的人说，马克思生前名声并不大，留下了《资本论》，随着时间的推移，他的学说越来越焕发出夺目的光辉。而思想巨人斯宾塞就在人们的记忆中逐渐消失。从他的这一番感慨中也可以看出他的思想深处。

我在 1954、1955 年看了他新写的文章后，给我一个印象是，他研究马克思哲学的时间毕竟不够长，又没有参加中国共产党领导下的革命实践，缺乏这方面的经验，加上他经常接触到的是在高等学校中做政治思想工作的同志，据我所知，那些人中的"左倾"思想对金也产生了影响，因而还没有做到对马克思主义哲学有更深更全面的认识。因而他有一些不恰当的看法，但这完全是他出自真心，没有见风使舵、人云亦云的因素，是用他的真实思想用心写的。他那些对自己的哲学思想进行的自我批评和对那种哲学思想所作的批评中，有不少是经过他思考得出的很有价值的论点和证据。

他的哲学思想又有他不愿放弃的东西。他在《回忆》中写那篇讲自己接受了历史唯物主义的文章中，还特别表明在宇宙观方面"我仍然是新实在主义者"。

后悔没有向金岳霖好好学习

建国后金岳霖到了中国科学院哲学研究所之后，我在中宣部负责联系中国科学院。"文化大革命"前我还是哲学研究所学术委员，并且在所内还兼任自然辩证法组组长、哲学刊物的编委。我和他是哲学界的同行，在某些哲学组织中常常都有我和他的名字。"文化大革命"后，他和我都在社会科学院，我们又认识得那么早，许多年来，我和他寓所很近，他住的那栋宿舍楼，从我的南窗都可以望得到。我也有时到他住处去闲聊，既讲过去也讲现在。在他写的《回忆》中，有些故事曾同我讲过。他还讲过在清华他与侯德榜一起参加的一次考试。考官点名叫到某人考中允许出国留学时，这个人就要大声说"有"，像个军人那样。他讲这个故事就大声用湖南话喊了一声"有"，那时他的神情声音似乎就在眼前和身边。可是我一直没有认真向他请教问题。

我也是一个爱好哲学的人，我也知道金岳霖有许多独创的见解。我回想了一下为什么我不向他请教哲学。想清楚了，根本原因是，没有好好读他写的书。他的红封面的那一本《逻辑》，我曾经读过一部分，可是没有读下去，隔了一段时间就忘了。他的《知识论》，在批判资产阶级学术思想时，曾经作为批判资料（用了一个客气一点的名称"参考资料"）印出来之后给了我一本（不是正式出版物，没有封面，厚厚的一本）。我翻了一下，觉得这本书的分量不轻，也并不好懂。我一直想好好地看一遍，却没有下决心拿出这个时间来。事先没有看，我就不敢向金先生请教。没有看他的书，问题提不到点子上，自己觉得不好意思。一次一次拖下去，因而始终没有好好谈过一次。

放着一个大哲学家在自己身边不请教，在他去世后就不会再有这个机会了。去年春天开纪念他的百岁诞辰的会时，会议的组织者要我讲几句，我认为自己也应该讲几句，应该对我后悔没有向他学习这一点进行反思。我认为写关于金岳霖的纪念文章就应该对他的哲学观点进行评论。我知道金岳霖的脾气，最好能和他讨论，甚至争吵一通他就高兴了。学者最怕的就是文章发表了没有人看。可是我不但在他生前没有那么做，就是到了他百岁纪念时我还未能做到。在这个会上发给我的书只有一本《金岳霖的回忆与回忆金岳霖》。许多他的学生和朋友写的文章不少，介绍了他的学术观点和学术成就，相比之下我很惭愧。大会上要我讲话，使我后悔自己这几年把当面请教的这么好的条件丧失了，而且无可挽回地丧失了。去年，他的弟子，也是我的好朋友哲学家冯契逝世。我也没有来得及向他请教哲学问题。我在《文汇报》上写的那篇《怀念冯契》也未能评论他的哲学思想。我在金岳霖百岁诞辰纪念会上请哲学研究所的负责同志帮忙找了四大卷《金岳霖文集》，还是想找时间好好读一遍。

（1996 年于中国社会科学院）

［该文原载《博览群书》1997 年第 1 期，后收入
《金岳霖的回忆与回忆金岳霖》（增补本），有删节］

金岳霖轶事三则

陈公蕙[*]

　　金岳霖先生是我老伴钱端升的老友。由于端升的关系，我可以说和他也是半个老朋友了。朋友们通称他为"老金"。他在学术研究方面的成就是众所周知的，勿须赘述。作为一位著名的社会科学家，我知道他不仅学博识广，而且在生活中颇有风趣和幽默。我们相聚最久的时间应推抗日战争期间在昆明西南联大那一段。那时，日本飞机时常空袭昆明，我们许多教授举家住在昆明乡下龙头村。老金只身一人，初期住在梁思成、林徽因家，后期梁家迁渝，老金便移居我家。朝夕相处，耳濡目染，他有许多趣闻和事情值得称道，但因时隔日久，不少往事我已记不清了。兹举其轶事三则于后，以志怀念。

淘气的老金

　　据端升讲，老金在国外留学时，某日在返回宿舍的路上，忽然遇见房东太太。房东太太看他脸上有不豫之色，便对他说："你怎么啦，有什么不高兴的事呢？"这一下触动了老金调皮的神经，他立刻装作十分难过的样子说："我在国内的女友来信要和我吹了。"边说边疾步往附近湖边绕湖而走。房东太太见状大惊，误以为他要寻短见，马上紧随其后，还找来人帮忙，而老金却因此感到十分好玩，不觉哈哈大笑。你说他淘气不淘气。

_____

＊　陈公蕙：著名法学家钱端升先生的夫人。——编者注

情深义重、助人为乐的老金

抗战期间在昆明那段日子，物价不断飞涨，端升微薄的薪水已难以支撑五口之家，我们的开支够了月头就没有月尾。这时多亏有几个单身汉的朋友慷慨解囊，帮助我们渡过难关。想起那几年，我们之所以能够过着月底举债、月初还债的生活，就是和老金始终如一地给我们支援分不开的。每念及此，更令我深深忆念起他的为人。

喜欢逗孩子的老金

在昆明乡下龙头村时，我的两个大孩子都还很小，端升和老金等教授常常要到城里去授课，我在家既要做家务又要管孩子，难免顾此失彼，很少带孩子去玩耍，孩子也觉得乏味。可是老金一回来，孩子就有了"头儿"。我的两个大孩子，一个乳名叫"都都"，一个叫"弟弟"。老金一见到他们，就用他们的乳名哼出马赛曲，"都都……""弟弟……"或者以口哨吹出马赛曲，立刻就把孩子吸引住了。他常常抱起两个孩子，逗他们，给他们讲故事，有时也带孩子去散步。因此孩子一看见他，就高兴地叫起来："金爸、金爸……"

（1993 年 3 月于北京太平桥大街寓所）

［该文原载《金岳霖的回忆与回忆金岳霖》（增补本）］

回忆金岳霖同志的生活轶事

李文宜[*]

　　金岳霖同志生前是著名哲学家、教授，是中国民主同盟中央委员会常务委员。我们尊称他金老。关于他的哲学思想，因我不曾阅读过他的哲学著作，也未向他请教和深谈过，写不出他的哲学思想是怎样发展的，也不甚了解他在教学工作中作出的巨大贡献。但我知道他不仅是民盟的同志，也是一位忠诚的共产党党员，我深信他是信仰马列主义的。

　　60年代，金老已是70多岁高龄，但仍很好学。同盟中央组织在京中央委员学习（每周半天），他积极参加，从未间断。金老所在的学习小组成员有：潘光旦、费孝通、黄药眠、胡愈之、沈兹九、浦熙修、梁思成、冯友兰、朱光潜、吴作人、刘开渠、吴组缃、曾昭抡、萨空了、钱端升、张毕来等人。当时，学习的主要内容是结合形势，学习座谈有关知识分子思想改造的问题，提出要走又红又专的道路。学习会上发扬民主、畅所欲言。每次学习会我都参加，感到该组气氛活跃。记得金老在会上谈笑风生，保持着如孩童一般的纯真，总是乐呵呵的，大家都很爱戴他。他对苹果的偏爱更是传为美谈。据说，他每星期必亲自去王府井买几个苹果，但只供观赏，并不食用。他的视力较差，出门时还常戴墨镜和半月形的遮阳帽，大家怕他坐

---

[*] 李文宜：曾任全国政协常委，民主同盟中央副主席。——编者注

平板车途中出意外，劝他请别人代劳，他却还是坚持亲自去买。买苹果成了他生活中的重要乐趣。

在三年自然灾害后，民盟以"神仙会"的方式解决了知识界万马齐喑的局面。学习中，强调理论联系实际。不少人敞开思想，承认自己还有封建意识。如，爱看京剧，而京剧的内容，大都是历史上的帝王将相、才子佳人，与现代思想、生活不相应，可见还需要思想改造。金老也谈到自己酷爱京剧，但不愿去剧院看戏，只喜欢听戏，通过唱机、唱片欣赏京剧。他是一个懂戏的行家，收集、购买了很多名家的唱片。可是"文化大革命"期间，红卫兵破"四旧"，把他的唱机抄走了，幸而唱片还留存。因为金老听戏已成习惯，便时常把唱片拿出来把玩。他说，看着唱片，也仿佛听到了声音，于是，大家戏称金老爱听"无声的唱片"。

金老在学习期间与同组的名记者浦熙修女士过从甚密，常约请她到家用餐。因为金老家的一位高手厨师做得一手好菜，无论中西餐都让金老满意，也得到浦熙修的赏识。不久，他们便相爱了，并准备结婚。这确是一件出人意料的喜讯。不巧的是，此时金老因病住院，浦熙修也确诊患了癌症。当时正在批判彭德怀的右倾机会主义，同时得知浦熙修的女儿恰好又是彭德怀爱侄的未婚妻。在当时的历史条件下，我考虑到这两代人的婚姻可能为政治问题所牵连，并且金老是党员，又很单纯，不一定了解这些情况的复杂性。于是，我在去医院探望金老时，婉转地劝他"不要急于结婚，再考虑一下"，并将浦熙修的病情和她女儿与彭德怀侄子的关系告诉他，供他参考。他听后立刻严肃地说"这是件大事"。他出院后便去看望浦熙修，这时，由于病情发展很快，她已卧床不起了。金老终于没有结婚。这件事至今回想起来仍感到遗憾。

（1993 年 4 月 25 日于北京寓所）

[该文原载《金岳霖的回忆与回忆金岳霖》（增补本）]

不失其"赤子之心"的学者

沈性元[*]

金岳霖先生是中国现代有名望的逻辑学家和哲学家，为学界和他的老朋友们所敬佩的一位学者。

在 20 年代，他的同辈都直呼其姓，亲切地喊他"老金"。他在我的印象中，是位受尊敬的学者，说话爽直、幽默，似乎也有些含蓄、怪癖。

我二姐性仁长我 10 岁，她和金老有比较深厚的友谊，是彼此了解较多的至交。在旧中国，当年的北平知识界处在忧国之情弥笃的时代，他们聚在一起议论政治，纵谈国际上的风云变化，以及中外文学、艺术等等，话题是道不完说不尽的。有人认为这班清高的学者、文人，在高谈阔论中，发泄着对国家政治上的不满，对国事前途的忧虑，但清谈究竟何补国家的命运？当年我幼稚的思想里也刻下了这些品德高尚颇有学问的人，金老亦是其中之一。

我从二姐偶然的话语里得知金老搞逻辑学，写作有个少有的特点：常常费了不少工夫写成厚厚的一叠稿子，当发现其中有不满意处，他会把全部稿子毁弃，决不"敝帚自珍"，更不会以为"文章是自己的好"，他会重新开始，有疑义就再作废而不惜，决不把自己所不满意的东西问世给人。金老，当年的

---

[*]　沈性元：曾任全国政协委员。——编者注

"老金"就是这般著书治学的，他得到二姐的衷心钦佩。

到了新中国，金老又真诚地学习着马列主义。乙黎常说他是位是非清晰、爱憎分明的强人，我更感到他是位"大人者不失其赤子之心"的学者。

我也从二姐、乙黎以及金老的其他朋友口里听到他生活中带"戏剧性"的小故事。

金老虽是一辈子独身，但生活却是丰富多彩的。

抗战时期住在昆明，他特别喜欢本地产的大橙子，名叫"黄果"，还有铁皮大石榴，选最大个儿的摆在家里观赏，不去动。他也养鸡，养鸡不是为改善伙食，他也许站在院里盯住这欢蹦乱跳的可爱的鸡群，久久不离开，有时发出朗朗的笑声；或是弯腰不停地喂鸡食，从这点劳动中获得享受，乐在其中。

新中国诞生后，金老住在城里。他客房靠墙的长案上，仍然放有一长列水果，季节不同，颜色因而各异：殷红发光的大苹果，大小顺序地排列；淡绿、白里微红的大水蜜桃也一样占有它们的位置；黄澄澄的大鸭梨也被主人所欣赏。这些似乎都是金老生活中的小小"宠儿"，只看不吃的。不是看，应该说是"观赏"更为确切。

80年代初，金老已经开始过着病榻生活，很少出门活动。朋友们都关心他的健康。我们每去拜望，刚从他的大手里松出来落座他躺椅旁的沙发上，他已经在叫人快沏上好茶待客。原来南方各种绿茶，也是他心爱之物。

当谈兴方浓，涉及国际的大政客拙劣的"业绩"时，金老情不自禁地举起他的手掌，在椅子扶手边拍打边高声带有湖南乡音骂上几句，以解心头愤慨。为了建设祖国，人们更加渴望有个稳定的和平环境，这是理所当然的。乙黎钦佩金老那种疾恶如仇的性格，我听着他那老而不衰的敏锐谈吐，对乙黎这位犹如长兄般的"老金"，深深地仰慕着。

有时碰上梁从诚伉俪和他俩的爱女全在家，望着安卧在金老床上的大黄猫（猫享有一长方白布垫褥）那眯细双眼、懒洋洋的好不舒坦的样子，更令人觉得：这屋里不是一姓的三代人一家"和平共处"的气氛，是那么自然、融洽。梁氏夫妇对金老的尽心负责，倪阿姨对金老无微不至的照应，使老人感到舒适，作为朋友们不由为之感动、放心。

金老一生在哲学界有卓越的贡献，到了新中国，他是理应享受这份难得的清福的。我认为他并不孤独，他的生活是充实的。

最后说说金老对我二姐性仁的尊重和理解。金老认为，二姐的性格是内向型的。她文静，深思，内涵比较充实……金老称之为"雅"。

性仁二姐待人诚挚，处世有方，这些我们父母所留给她的品格，也许由于她爱好文艺所获取的哲理而更深化了些。

二姐处在多难的旧中国，身居在知识分子经济不宽裕的家庭，家务之外，有不少朋友的社交活动，还能抽出时间勤于译著，她翻译了房龙的名著《人类的故事》，此外也译有英文中篇小说。这些也是金老所钦佩的一方面吧。

今天纪念金老,不禁更加缅怀二姐性仁,她过早地离开人世已 40 余年之久。她没有看到新中国的成长,是很遗憾的!她受到知交金老慧眼的评价,应该是幸福的。

我敬仰金老,他是位不失其赤子之心的哲学家,同时也是位真正的爱国主义者。

(1987 年 3 月 30 日于北京东总布胡同寓所)

[该文原载《金岳霖的回忆与回忆金岳霖》(增补本)]

半个多世纪的友谊

唐　笙[*]

　　金先生并不是我学校里的老师，虽然我很小就叫他金先生。那时我还没有上学，自己都不知道有多大。我认识他是因为有一天我母亲带我去看他和一位小姐，为了让我跟那位丽莲·泰勒小姐念英文。她是美国人，头发剪得很短，有点像男生头，个子高高，说话很响，一点不文雅也不好看，所以我不怎么喜欢她。

　　我在他们家念英文的时间不长，我也不知道从泰勒小姐那里学到了多少英文，因为去之前我已经会说些英语，在她那里只是和她说说话。我始终不喜欢这位洋老师，可我一开始就很喜欢金先生。我上课时他坐在大书桌边上看书，他等我下课后就带我去小院里玩，叫我看新出生的小鸡。我觉得小鸡好玩，问他哪儿来的，他说是李妈孵的。我不信，他就带我去下房（也就是佣人住的房间）给我拉开李妈炕上的被子，下面果然有一些空蛋壳和鸡蛋，被窝还是温温的。这下我真信服他了，而且在我心目中金先生是个很有本事的人。没多久之后，我开始上学校，在北京的美国学校上二年级，不再去找泰勒小姐，也没再见到她，只留下她给我的洋名字Lillian。金先生却不一样，他还常常来我们家。

---

　　* 唐笙：国务院参事，曾在联合国口译处供职。——编者注

　　我们住在东城钓耳胡同一所很大的院里，有花园和果树。我小时家里客人很多，家里很热闹，只是在政府南迁以后，我父亲离开了外交部回到上海老家去做他的会计师业务。我母亲和我们在北京又留了一段时间。金先生还是常常来看我们。他和我们孩子们很谈得来，我们都喜欢他，开始是因为他会讲故事，特别是福尔摩斯的侦探故事。除此之外，他还会让他的耳朵上下挪动，当然这一招到后来只有我相信，大些的哥哥和姐姐都不信他了。金先生讲故事喜欢夹杂着英语，我的兄妹都在美国学校上学，只有我到三年级以后进入了汇文小学。也许是受泰勒小姐的影响，我那时也能用英语和金先生交流。金先生很喜欢音乐，爱听唱片，他特别喜欢"小夜曲"和"纪念曲"。我哥哥会拉小提琴，金先生常要他拉这些曲子，还要姐姐伴奏，我两样都不会，他们演奏时我坐在金先生腿上听。有一次他中午来了，家里只有我们孩子们，姐姐告诉金先生，妈妈去了朋友家，好几个伯父伯母都在那里。金先生想想就说："我不去了，我和太太们也没有什么话可说。"我们都叫金先生别走，姐姐还说："金先生还没有吃饭吧。我叫厨房给你下碗面得啦。"金先生真的没有走，吃了面和我们玩了一下午。

　　母亲常常告诉我们金先生是个哲学家，很有学问。可金先生有一次说："我有时很不行，有一次我去朋友家，到门口人家问我的名字，我却说不出来，记不得了。"我们听了觉得可笑，就和他一起哈哈大笑，金先生似乎笑得最起劲，像个大孩子。我的母亲是知识型新妇女，外公是翰林，可她参加过辛亥革命，后来办女学，喜欢和北京的文化人做朋友，如徐志摩、陆小曼等，金先生只是他们中间的一位。我们一家在我十来岁时也都回到上海。从此以后，只有在金先生去上海看他哥哥时才看到他，不大见面了。没想到我和他的友谊后来却持续了半个世纪。

我长大后再见到金先生时已是抗战中的 1944 年。我在上海的大学里读完书，离开家乡到重庆又工作了两年；正准备去英国留学，经过昆明时，我找到西南联大去看我童年的老朋友金先生。有熟人带我到了一个像破庙似的地方，据说就是金先生的宿舍。在我眼中，金先生还是那个样子，呵呵地笑着向我伸出了温暖的大手。他告诉我，他不在清华园也还生活得很好，没有像其他人那样受苦，因为他只有一个人，不用养家。我很奇怪，在天翻地覆的抗日战争时期，老教授的生活条件那么艰苦，可是金先生却看不出什么变化，他怎么这样的安之若素呢？

抗战结束后他又回到北平，我在 1948 年的夏天又见到了他。这时我不但已经成年而且刚成家。我那时在纽约联合国总部工作，国际机构的职员有探亲假。我在上海家中度过了假期后又去北平看看我童年的故乡，最想看的是老朋友金岳霖。我们出城到了清华找到金先生住的小院。北平处在解放前夕，到处都显得很荒凉，小院很简单，但比我在昆明见到他住的破庙还是好多了。

金先生仍旧是一点也没有变。他看见我和我的爱人，显得很高兴，很热情，拉着我们说话，还叫着我的小名。他问我在英国读书和在美国工作的情况，他对这两个国家都非常熟悉。我也关心地问他生活怎么样，我知道那时的北平日子是并不好过的。他却说："我过得很好，有老汪（他的厨师）照顾我。今天我叫老汪做新鲜的桃子饼派（peach pie）招待远道来的客人。"我听了这话感到很惊讶，因为那时的北平可不像是绅士们吃茶点的地方，虽然我在剑桥读书时也有下午吃 tea 的习惯，也知道这是金先生的爱好，但北平四周的情况很难令人想象这样的点心。可是不一会儿老汪就端上一盆烤得香喷喷的桃子饼和红茶牛奶。我们围坐在小桌前吃着茶点谈着天。我告诉金先生这桃子饼太好吃了，一般纽约的点心店都买不到这么好的点心。金先生大笑说："你吃吧，是特地为你们做的，欢迎我的老朋友和她的先生。"我原以为金先生真的生活得不错，不但有厨师而且是这么高级的厨师。后来他才告诉我，他并不是天天吃得这么好，老汪也不只是给他做饭。金先生的薪金不够养活这位厨师，但老汪对金先生很忠心，他平时做些西点卖给附近的人，也不要金先生多给钱，只是和金先生一同吃饭。这西点是用金先生的厨房、老汪的手艺而产生的。主仆二人不分彼此，同心协力，过得还算可以。我在国外生活，真是想不到金先生这样乐观而艰苦地在做他的学问。

全国解放后，我和我的爱人决定回到祖国。1951 年，我们一家三口到了北京。回国后我第一次看到金先生是在第二年春天的一次宴会上。那是在我国召开的第一次大型国际会议——亚洲及太平洋区域和平会议筹备会的闭幕式。我见到了许多民主教授、文化人士，而金先生就在他们中间。他老远看见我就伸出手来。那次我是负责翻译的工作人员，没有时间和他多谈。那一次林徽因和梁思成都在场，林徽因给我看她为会议设计的漂亮的丝巾，不少代表都将它围在颈边。

会后，金先生很快就来到我们西单的小屋。在假日他时不时地来看看我们。50 年代他很忙，还有出国任务。我常在报纸杂志上读到他的文章。我特别欣赏他谈思想改造的文章，我觉得他对自己很严格。他那时说话也很严肃，比起我童年时代认识的那个金先生似乎稍有变化，对什么都带着负责任的态度，使我更佩服他的为人。

金先生一直都单身，我曾问过他那个教我英文的泰勒小姐哪儿去了，他说早就失掉了联系。以前母亲曾说过，金先生和那位小姐是试验婚姻，试验不成就分手。那是另一位大哲学家罗素提倡的，金先生年轻时很佩服罗素。我在剑桥读书时见过罗素，他有请外国学生去他家吃茶的习惯，我曾和一批新生去见过这位哲学家。那时他已很老，和一位红头发的中年妇女在一起。据说这是他第三位夫人。后来，我把罗素对我们的接见讲给金先生听，他说可惜他没有学罗素那样继续试验下去。他幽默地一笑，不说话了。

到了 60 年代，见到金先生的时候慢慢地多一些，大概是暴风骤雨似的阶级斗争缓和了一些。金先生来我们家对我们的平凡生活也感兴趣，看见我的小儿子睡在童车里总要探头看看孩子长大多少。我也找机会去他宿舍看看他。我和金先生有很多共同点和爱好，我们都对老北京有特殊的感情，都在国外住过一段时间。金先生很喜欢英国文学作品，他对英国女作家一些描写家庭琐事、儿女情长的小说不仅熟悉，而且喜欢。这是我想不到的，他自己是个没有家室的人呀。有一次在我们小院里谈到诗词，他很喜欢中国的词曲，不过觉得有些情调过于低沉。我们也谈到人情味，金先生说文学艺术是不是和一般文章不一样，看看古今中外的感人之作，哪个不是充满真情实感，总不能总谈阶级性。我也是这样的意见，我说阶级性不是一切。那个时候，正是我所在的《中国文学》杂志在讨论陈老总给我们杂志的指示，"要注意对外刊物的艺术性"。所以，我们更觉得这一点很重要。当时我的大儿子（中学生）正在旁边听，金先生问他："年轻人，你的意见怎么样？文学艺术是否该有些特殊吗？"我家老大一向是很"左"的，他想了想说："无论如何不能忘掉阶级性，什么也不能特殊。"金先生沉思了片刻，我们又谈了些别的。没有想到，三天后我收到金先生的一张便条，只有几个字："还是年轻人说得对。我们不能也没有摆脱旧思想。"我把便条给孩子看了，并教育他要学习老学者对思想改造的认真态度。金先生确是少有的、十分虚心而又严格要求自己的老知识分子。

金先生为人善于考虑别人，从来不愿意麻烦人家，就是对我这个他从小看大的老朋友也总是很客气。有一次，他问我知道有什么地方能代打稿子（这在国外是有专门地方的），他愿付稿费。他有篇手稿想打几份清样。我告诉他，我所在的出版社有专业打字员，但一般对字迹不清楚、内容又长的稿子大都不敢接受，而且只能在业余时间。其实他那篇稿子只有十来页。我说："我给你打吧！我看手稿特别有办法，用不了多少时间。"但金先生不肯，只要我帮他找人。我试问了几个人都没有人业余干。他想自己慢慢打。但我知道他不习惯用大打字机，只打十来份，就坚持把稿子留在我这儿。其实我并没有用多大力气，可他再三表示不过意，谢了再谢。稿子打好交给他时，他看了半天，又数数页数说："打得真漂亮，那么多份，打起来多费事呀！"我常觉得金先生并不像有些大学者那样认为自己很重要，相反，金先生常把自己看成个普通知识分子，还说他是个需要改造的知识分子。为他干了这点小事，他要请我吃饭。我不要他这样谢，而是要他送我一本他的著作。他很为难，因为那些年没有出版过他的哲学著作。最后他还是送了我他早些年出版的一本旧书。这是我现在唯一的纪念品。

"文化大革命"开始后，我们有很长一段时间没有接触。我的情况不好，我不敢去看他，怕连累了他。等批斗阶段过去后我就到河南农村插队两年，回到北京时，感到没什么事了，这才到干面胡同金先生的宿舍去看他。我原来很担心他会受打击，幸亏他还好好的，但显得苍老。他的老伙伴厨师老汪已经退休，他的房间也很冷，他穿着很厚的大棉袍，手伸在袖子里，很像以前北京街头的老头儿。不过他精神还很好。我坐在他旁边说话时，看到他旁边靠墙有一张很小的黑白照片，没有镜框，照片也有些褪色。当我探头去看时，他说："我放在这里拿起来看方便，你不觉得这张她照得很可爱吗？"那是林徽因赤着脚在河边的一张很旧的照片。我点头。我又问他生活和身体怎么样，他经过了"文化大革命"，可回答仍旧是"我很好"。

因为天气冷而暖气又不足，金先生那些日子常感冒，身体虚弱。这时我开始认识到他已是个高龄老人。后来，梁从诫由干校回来就住到金先生的宿舍里原来老汪的房间，还带来妻子和可爱的小女儿。这样，金先生就由他们照顾，生活中得到温暖。有一次，金先生又生病发烧，住进了医院。我本来不知道，还是小梁打电话问我是否有合适的可以陪夜的人选。我第二天下班后到医院，发现金先生已经退烧，只是还很无力地睡在床上。看见我，他还是很高兴。那些天正是节日之后，我为他带去一盒精致的洋点心，是我为单位里和外国专家联欢而买的，另外拿去我新得到的一个小录音机。那年头，那种砖头式录音机就是很新鲜的东西了。他点心不想吃，但看到我手中的带子是"纪念曲"，眼睛发亮了。我陪着他听了这曲子一遍又一遍，看到他那么喜欢我也很高兴，但我觉得他病得不轻，很担心他。过了些时再去看他，金先生出院后恢复得很好，他的房间也给加装了火炉，不冷了，对他的生活也增加了照顾。

到了"文化大革命"后，我却没有能常常去看他。我开始有出国任务，80年代我又回到我最早工作的联合国总部，去帮着培养一批年轻译员。这样，我实际上有三四年都在国外，只有在休假和出差回国时才能抽空去看金先生。我们已经没有那些年的幸福时刻，可以忙里偷闲坐在我家的小院里谈文学、讲思想、议论大哲学家罗素的故事。我每次回来只是稍坐一小会，怕他太累，拿给他我带回来的桔子酒，这是他在国外时感兴趣的。他把酒瓶拿在手却不想喝，但是很高兴地把瓶子和他的大红苹果和黄鸭梨陈列一起，让他看着而回忆一下远在海外时的壮年岁月。我觉得他的晚年充满了丰富多彩的回忆。

　　1984 年我回到北京时已经完成了出国任务，我还没有去看金先生就有朋友告诉我金先生病在医院里。我去时他的病房外面有很多人等着看他，我等了一阵才进去看见他，他真是很老了。他头脑很清醒，我拉着他的手，心里很难过。我问他好吗，他说他想回家，但是我知道医生不让他离开医院。我问他："想吃点什么？"他说："绿豆汤。"我不能再多占他的时间了，只好退出。我回到家烧了绿豆汤送到他病房门口，没有进去看他，我不能占用他的许多朋友和学生的时间，只是悄悄地在心中和他话别。我和他的友谊经过了半个多世纪，在我幼年和人生中都留着他的高尚的品格。我没有再去医院，后来我听说他走了。我也没有去他的追悼会。没有人通知我，我也不打听，我已在最后见他那次和我的老朋友说了"再见"。

（2000 年 4 月于北京寓所）

［该文原载《金岳霖的回忆与回忆金岳霖》（增补本），

标题是新拟的］

金岳霖先生

汪曾祺[*]

　　西南联大有许多很有趣的教授，金岳霖先生是其中的一位。金先生是我的老师沈从文先生的好朋友，沈先生当面和背后都称他为"老金"，大概时常来往的熟朋友都这样称呼他。关于金先生的事，有一些是沈先生告诉我的。我在《沈从文先生在西南联大》一文中提到过金先生。有些事情在那篇文章里没有写进去，觉得还应该写一写。

　　金先生的样子有点怪。他常年戴着一顶呢帽，进教室也不脱下。每一学年开始，给新的一班学生上课，他的第一句话总是："我的眼睛有毛病，不能摘帽子，并不是对你们不尊重，请原谅。"他的眼睛有什么病，我不知道，只知道怕阳光。因此，他的呢帽的前檐压得比较低，脑袋总是微微地仰着。他后来配了一副眼镜。这副眼镜的镜片一只是白的，一只是黑的，这就更怪了。后来在美国讲学期间把眼睛治好了——好一些了，眼镜也换了，但那微微仰着脑袋的姿态一直还没有改变。他身材相当高大，经常穿一件烟草黄色的麂皮夹克，天冷了就在里面围一条很长的驼色的羊绒围巾。联大的教授穿衣服是各色各样的。闻一多先生有一阵穿一件式样过时的灰色旧夹袍，是一个亲戚送给他的，领子很高，袖口极窄。联大有一次在龙云的长

---

* 汪曾祺：中国当代作家，戏剧家。——编者注

子、蒋介石的干儿子龙绳武家里开校友会——龙云的长媳是清华校友，闻先生在会上大骂："蒋介石，王八蛋！混蛋！"那天穿的就是这件高领窄袖的旧夹袍。朱自清先生有一阵披着一件云南赶马人穿的蓝色毡子的一口钟①。除了体育教员，教授里穿夹克的，好像只有金先生一个人。他的眼神即使是到美国治疗后也还是不大好，走起路来有点深一脚浅一脚。他就这样穿着黄夹克，微仰着脑袋，深一脚浅一脚地在联大新校舍的一条土路上走着。

金先生教逻辑。逻辑是西南联大规定文学院一年级学生的必修课，班上学生很多，上课在大教室，坐得满满的。在中学里没有听说有逻辑这门学问，大一的学生对这课很有兴趣。金先生上课有时要提问，那么多的学生，他不能都叫得上名字来——联大是没有点名册的，他有时一上课就宣布："今天，穿红毛衣的女同学回答问题。"于是，所有穿红毛衣的女同学就都有点紧张，又有点兴奋。那时联大女生在蓝阴丹士林旗袍外面套一件红毛衣成了一种风气，穿蓝毛衣、黄毛衣的极少。问题回答得流利清楚，也是件出风头的事。金先生很注意地听着，完了，说："Yes! 请坐！"

学生也可以提出问题，请金先生解答。学生提的问题深浅不一，金先生有问必答，很耐心。有一个华侨同学叫林国达，操广东普通话，最爱提问题，问题大都奇奇怪怪，他大概觉得

---

① 一口钟：彝族查尔瓦，即彝族男子所穿的黑色斗篷。——编者注

逻辑这门学问是挺"玄"的，应该提点怪问题。有一次他又站起来提了一个怪问题，金先生想了一想，说："林国达同学，我问你一个问题，'Mr. 林国达 is perpendicular to the black-board'（林国达君垂直于黑板），这是什么意思？"林国达傻了。林国达当然无法垂直于黑板，但这句话在逻辑上没有错误。

林国达游泳淹死了。金先生上课时说："林国达死了，很不幸。"这一堂课，金先生一直没有笑容。

有一个同学，大概是陈蕴珍，即萧珊，曾问过金先生："您为什么要搞逻辑？"逻辑课的前一半讲三段论，大前提、小前提、结论、周延、不周延、归纳、演绎……还比较有意思，后半部全是符号，简直像高等数学。她的意思是：这种学问多么枯燥！金先生的回答是："我觉得它很好玩。"

除了文学院大一学生必修课逻辑，金先生还开了一门"符号逻辑"，是选修课。这门学问对我来说简直是天书。选这门课的人很少，教室里只有几个人。学生里最突出的是王浩。金先生讲着讲着，有时会停下来，问："王浩，你以为如何？"这堂课就成了他们师生二人的对话。王浩现在在美国。前些年写了一篇关于金先生的较长的文章，大概是论金先生之学的，我没有见到。

王浩和我是相当熟的。他有个要好的朋友王景鹤，和我同在昆明黄土坡一个中学教书，王浩常来玩。来了，常打篮球。大都是吃了午饭就打。王浩管吃了饭就打球叫"练盲肠"。王浩的相貌颇"土"，脑袋很大，剪了一个光头——联大同学剪光头的很少，说话带山东口音。他现在成了洋人——美籍华人，国际知名的学者，我实在想象不出他现在是什么样子。前年他回国讲学，托一个同学要我给他画一张画。我给他画了几个青头菌、牛肝菌、一根大葱、两头蒜，还有一块很大的宣威火腿。——火腿是很少入画的。我在画上题了几句话，有一句是"以慰王浩异国乡情"。王浩的学问，原来是师承金先生的。一个人一生哪怕只教出一个好学生，也值得了。当然，金先生的好学生不止一个人。

金先生是研究哲学的，但是他看了很多小说。从普鲁斯特到福尔摩斯，都看。听说他很爱看平江不肖生的《江湖奇侠传》。有几个联大同学住在金鸡巷——陈蕴珍、王树藏、刘北汜、施载宣（肖荻）。楼上有一间小客厅，沈先生有时拉一个熟人去给少数爱好文学、写写东西的同学讲一点什么。金先生有一次也被拉了去。他讲的题目是《小说和哲学》。题目是沈先生给他出的。大家以为金先生一定会讲出一番道理。不料金先生讲了半天，结论却是：小说和哲学没有关系。有人问：那么《红楼梦》呢？金先生说："《红楼梦》里的哲学不是哲学。"他讲着讲着，忽然停下来："对不起，我这里有个小动物。"他把右手伸进后脖领，捉出了一个跳蚤，捏在手指里看看，甚为得意。

金先生是个单身汉（联大教授里不少光棍，杨振声先生曾写过一篇游戏文章《释鳏》，在教授间传阅），无儿无女，但是过得自得其乐。他养了一只很大的斗鸡（云南出斗鸡）。这只斗鸡能把脖子伸上来，和金先生一个桌子吃饭。他到处搜罗大梨、大石榴，拿去和别的教授的孩子比赛。比输了，就把梨或石榴送给他的小朋友，他再去买。

金先生朋友很多，除了哲学家的教授外，时常来往的，据我所知，有梁思成、林徽因夫妇，沈从文，张奚若……君子之交淡如水，坐定之后，清茶一杯，闲话片刻而已。金先生对林徽因的谈吐才华，十分欣赏。现在的年轻人多不知道林徽因。她是学建筑的，但是对文学的趣味极高，精于鉴赏，所写的诗和小说如《窗子以外》《九十九度中》风格清新，一时无二。林徽因死后，有一年，金先生在北京饭店请了一次客，老朋友收到通知后都纳闷：老金为什么请客？到了之后，金先生才宣布："今天是徽因的生日。"

金先生晚年深居简出。毛主席曾经对他说："你要接触接触社会。"金先生已经80岁了，怎么接触社会呢？他就和一个蹬平板三轮车的约好，每天蹬着他到王府井一带转一大圈。我想象金先生坐在平板三轮车上东张西望，那情景一定非常有趣。王府井人挤人，熙熙攘攘，谁也不会知道这位东张西望的老人是一位一肚子学问、为人天真、热爱生活的大哲学家。

金先生治学精深，而著作不多。除了一本大学丛书里的《逻辑》，我所知道的还有一本《论道》。其余还有什么，我不清楚，须问王浩。

我对金先生所知甚少。希望熟知金先生的人把金先生好好写一写。

联大的许多教授都应该有人好好地写一写。

（1987 年 2 月 23 日于北京）

［该文原载《读书》1987 年第 5 期，后收入

《金岳霖的回忆与回忆金岳霖》(增补本)］

再说金岳霖先生

黄集伟*

　　5 月某日，余与某君相见，碰巧的是我们都刚刚读罢《读书》今年第 5 期汪曾祺先生所撰的《金岳霖先生》短文。于是，话题自金先生说开，且说且长、且长且细、且细且益发生兴趣——其中兼感慨并评说，容勘误寓增补……现仅据记忆草此短文，也算应了汪先生"应该有人好好地写一写"之召唤。

　　金先生确系一生未娶。除去读写，每日只一人独处，冷清固然，却也落得自在无牵。有段时日，金先生与梁思成、林徽因夫妇同住一处，满院熟稔同辈、黄口小儿均以"金老头儿"唤之。其时，金先生雇一二级厨师为其制作饭食，而金先生最喜食油炸龙虾片，不知那位二级厨师是否因此顿生明珠弃暗之嗟。

　　某日，梁先生见其厨师外出采购，手捏一张数码为 5000 余元的人民币活期存折，惊疑不已。找到金先生问其缘由，金先生答曰："这样方便。"梁先生曰："若不慎遗失，岂不枉哉？"金先生依旧说："这样方便。"梁先生说："这样吧，存个死期，存个活期，两全其美——而且'死期'利率高于'活期'……"谁知金先生连连摆手："使不得的，本无奉献，那样岂不占了国家的便宜？"梁先生无奈，只得为其细述储蓄规则多项。述毕，

***

* 黄集伟：曾任北京温泉二中教师，作家。——编者注

金先生满脸欣然，停有片刻，说："你真聪明。"当然，最终此事亦非就此了结。"改存"之日，金先生几欲打退堂鼓，理由是他预备在自己死后留 1000 元钱酬谢厨师——"如果将剩余的钱都存了死期，万一某日我突然死了，钱不就取不出了？"这回梁先生不能不笑。笑罢，梁先生又将如何将那 1000 元酬金抽出为厨师另立户头之类细细讲演一番……末了，金先生重又孩童般喜作一团——"你真聪明！"据悉，梁先生自金先生口中很赚过不少如是之褒奖呢！

另有某日，伏天，数位友人同往金先生舍下闲坐。一进门，便见金先生愁容满面，拱手称难："这个忙诸位一定要帮！"友人既不知何事，又不便细问，但念及"金老头儿"独身一人，不便诸多，便作英雄状慷慨允诺。俄顷，厨师为来宾每人盛上一碗滚沸的牛奶……英雄言辞尚余音缭绕，无奈，只得冒溽暑之苦，置大汗淋漓于不顾，将碗碗热奶一饮而尽。谁知几位不几日再次光顾，重又承蒙此等礼遇，且金先生口气坚定，有如军令。事隔有旬，好事者向金先生问及此事，方知原来金先生冬日喜饮奶，故定量可观；时至盛夏，饮量大减，却又弃之可惜，故有"暑日令友人饮奶"一举。也许金先生以为订奶有如"定亲"，要"从一而终"，不得变故。殊不知奶之定量增减有尽由主人之便的通例。当友人指点迷津甫毕，金先生照例回赠那四个字的赞许："你真聪明！"

汪曾祺先生文中提及金先生晚年坐平板车去王府井"接触社会"一事。彼景彼情想来的确有趣味。不过，金先生此举另有一番难言苦衷。金先生患青光眼疾后，常就医于协和医院。"文化大革命"伊始，"革命派"不许金先生用车。金先生闻讯问曰："停用专车可以，可我怎么去'协和'看大夫？""革命派"答曰："给你派辆排子车吧！"在"革命派"来说，此为戏言？揶揄？抑或是推托之辞？不得而知。反正金先生欣然从命，乐不可支。每每于就诊之日，准时自携一木制小马扎，端坐于平板三轮车上，任人一路踩过去，且东张西望，不胜惬意……遥想此景，金先生是否在身体力行地诠释"悄立市桥人不识，一星如月看多时"之境界？似难说清。

（1987年6月于北京温泉二中）

［该文原载《金岳霖的回忆与回忆金岳霖》（增补本）］

金老入党后的几件事

周宜明*

原中国科学院哲学研究所建立于 1955 年初，我 3 月底到所任党支部书记。金岳霖同志 10 月间由北京大学调到哲学研究所任副所长。同时调来的还有贺麟先生等五六人。我去北大哲学系了解调来人员的情况，当时北大哲学系党总支书记告诉我："金老（金岳霖同志）已提出入党申请，党总支也同意金老请求。现在他调去你单位，我们来不及办理金老入党手续，只能由你们再进行审查和办理一切入党手续了。"哲学研究所党支部审查了金老情况，同意接收金老入党。入党介绍人为潘老（哲学研究所所长潘梓年）和我。1956 年 9 月支部大会讨论金老入党问题，大家一致认为金老已经够了入党条件，通过了他为中共预备党员的决议。

金老入党后，在生活、学习等方面和我接触还是较多的。金老积极学习马列主义，支部根据金老等老先生意见，曾组织过马列主义经典著作的学习和讨论，金老和几位老先生都参加了，并且积极发言。那时，中央马恩编译局姜椿芳同志常来潘老家，他说马恩编译局要出版马恩全集，为了确保翻译的质量，他们已请了苏联专家给参加翻译的人员讲《资本论》，他同意哲学研究所的同志参加旁听。经过征求意见，金老和李奇同志

---

* 周宜明：曾任中国科学院哲学研究所党总支副书记。——编者注

都愿意去旁听。后来，金老、李奇和我一块坐车去马恩编译局听苏联专家讲《资本论》，一周讲一次，一直听完《资本论》一到三卷的讲课，一次也没误过。

金老对党组织的意见非常尊重，他也经常向支部谈有关个人的思想和工作情况。金老是哲学研究所民主同盟小组成员，每次民盟小组开会前，他都向我谈一些情况，并和我商量他作为党员在民盟小组中应如何起作用。有一次，金老对我说，他想找个老伴，向我征求支部对这事的意见。我说："假如有关于对方的政治情况需要了解，党组织可帮助了解，此外，一切完全可以自己决定。"这件事后来就没有再说了。

当时，金老每周两次到所上班，也常有事外出。我和金老讲过好多次，出门一定要跟所里要车。我向司机也作了交代，只要见金老外出，就主动开车送他。可是多年来除了路远和开会坐车外，他从来不主动向所里要车。有好长一段时间，他自己出钱包了一辆人力三轮车，上下班或外出，都坐这辆三轮车，他说为的是给公家节省汽油。金老是学部委员，按规定学部委员有一定的津贴，金老的津贴一次也没拿过，都交了党费。对稿费也曾有过退还给出版社的事，具体情况我已回忆不起来了。

金老为人正直，群众关系也很好。记得干面胡同宿舍院内小孩向金老要烟盒玩，金老就将烟盒积攒起来送给孩子们玩。

金老是中国哲学界老一辈中在国际上有数的几位知名学者之一。入党后，他努力学习马列主义毛泽东思想，处处按党的要求工作，为人正直，严于律己。他的好思想好作风，是永远值得我们学习的。

（1993 年 3 月 29 日于北京永安南里寓所）
［该文原载《金岳霖的回忆与回忆金岳霖》（增补本），
标题是新拟的］

我记忆犹新的一些事

荣晶星[*]

1949—1950 年，我在清华哲学系学习，耳濡目染金先生的为人，受先生的教诲、爱护，至今记忆犹新的一些事，可于细微处见先生的高风亮节。

1949 年开国大典后不久，在一次哲学系师生学习座谈会上，先生说："毛主席宣布中国人民站起来了，真好呵！解放了，中国人再也不受列强欺侮了。"先生的喜悦之情真是溢于言表。

新中国成立之初，清华哲学系就探索课程改革，冯友兰先生开出了毛泽东思想研究课，邓以蛰先生开出了唯物辩证法课，金先生鼓励同学们选学这些课程，他还带头听课，并明确表示他也要学好毛泽东哲学思想。先生作为哲学系主任的鲜明态度，对哲学系的课程改革无疑起了积极的推动作用。

一次，先生由周礼全老师陪同召集哲学系新生座谈。先生指出，解放后清华第一次招生就录取了 11 名新生，这在清华哲学系是空前的了。先生高兴地预言，哲学系学生将会更多。先生主张哲学系学生选修一些理科课程，说哲学系学生可以选理科的系做副系，也可以转入理科的系而把哲学系做副系。先生不存门户之见，只着眼于培养适应新中国建设的人才。我就是

---

[*] 荣晶星：金岳霖的学生。——编者注

受了先生这一主张的影响才由哲学系转入生物系的，而且正是先生热情地向生物系联系介绍我转了系。当时，先生曾对我说："到生物系后可别忘了哲学系是娘家呵。"

由于家境贫寒，1949年冬我只有一身家母缝制的粗布棉衣，不够御寒。先生知道后，把他自己穿的一件长袍送给了我。那是一件半新的银灰色卡其布面的驼绒长袍，穿着十分暖和。后来我不慎使长袍的前面被开水房的炉火烧了个大洞，只得请人用一块旧蓝士林布补了个方方正正的大补丁。我是很不安的。先生见到后却笑着说："你把长袍改成'补服'了，暖和就行，穿着'补服'学哲学好嘛。"

1950年12月，我响应抗美援朝号召参军了。欢送会上，我穿着先生赠的长袍，清华学生会赠的大红花就戴在长袍的襟前。离校入伍前我向先生告别时，先生豪爽地说："听说你给朱总司令写了血书，山东大汉投笔从戎了，我们哲学系也出了个解放军。"但先生的面容却是浓重的惜别表情。

转眼间，我脱下先生赠与的长袍穿上军装已经37年了，身在军中我再也没得机会见到先生。但先生那惜别学生时的面容、铿锵的话语和赠袍之恩，我终生难忘。

缅怀恩师金岳霖先生，我行军人的敬礼。

（1987年3月12日于北京昌平工程兵干休所）

［该文原载《金岳霖的回忆与回忆金岳霖》（增补本），

有删节，标题是新拟的］

缅怀我的叔父金岳霖教授

金鼎汉*

　　我不是搞哲学的，对数理逻辑更是一窍不通。我们这些晚辈亲属中也没有一个是搞哲学的。因此，我只能在这里向大家介绍一下我知道的我叔父的一些事情。

金岳霖祖居正门

我叔父的家庭出身和童年

　　我祖父金聘之是清朝末年的官僚，原籍浙江省诸暨县，后来到湖南当官，娶我的祖母唐氏，在湖南长沙落籍。我叔父告

---

*　金鼎汉：北京大学东方语言系教授。——编者注

诉我，我祖父思想上有过转变，他原来封建思想较重，后来追随张之洞，主张中学为体、西学为用，参加洋务运动，成为张之洞手下的一员干将。他自己曾经担任过湖南省铁路总办和黑龙江金矿总办。他开始时让儿子走科举道路，因此，我的大伯是清朝的一位举人。祖父参加洋务运动后，让下面的儿子到汉冶萍公司工作，并把他们纷纷派往德国、俄国和美国去留学。

我父辈兄弟七人，姊妹二人，都是同父同母，一奶同胞，我的这个叔父排行第七，是最小的一个。他的字是"龙荪"，号是"岳霖"。他们这一辈兄弟起名时字的后面都是一个"荪"字，号的前面都是一个"岳"字。而他这"龙荪"的"龙"字是有来历的。我父亲告诉我，祖母生七叔的那一天，祖父从外面骑马回家，看见前面有一条大蛇挡住了去路。祖父停下马来，让大蛇过去以后才走。回家后，祖母就生下了七叔。这本来是自然现象，但是按封建迷信的思想，"见龙蛇生贵子"，于是起名"龙荪"。

我祖母生我七叔的时候，年纪已经很大了，没有奶。因此，我七叔是吃我大伯妈的奶长大的。我父亲告诉我，七叔小时候很老实，记忆力很好，很会念书。他晚上做梦时背诵四书，我姑姑拿了书去对，发现他背得一字不差。他上中学时，经常跳级，很快就念完了中学。

我七叔从小为人正直，以才学取人，而从不以金钱或地位取人。他的同学中，纨绔子弟很多，而他的知交却是一位最有才华而最贫寒的同学。我七叔与这位知交经济上不分彼此，被同学们称为是"管鲍之交"。七叔离开湖南来北平念清华时，曾经给这位知交的留念簿上写了两句话:"马周未必终褴褛,李白何尝老布衣。"从这两句话可以看出七叔的思想。

我叔父的一生是政治上不断追求进步的一生

他一生经历了两次伟大的革命:1911 年的辛亥革命和 1949 年的全国解放。在这两次革命中,他原来都是被推翻阶级中的成员,却以十分高兴的心情迎接了革命。辛亥革命时,他才十几岁,谈不到什么成熟的政治思想。但是他是非常高兴的。我父亲告诉我,辛亥革命后,他兴致勃勃地把辫子一铰,对我父亲说:"五哥,你看,辫子没有了。"接着他仿照唐朝诗人崔颢的《黄鹤楼》写了一首打油诗:"辫子已随前清去,此地空余和尚头。辫子一去不复返,此头千载光溜溜。"欢乐之情见于言表,丝毫没有封建官僚家庭的遗老遗少的感情。

他年轻时在政治上是有过很大的抱负的。19 岁时,他准备到美国去留学,征求我父亲的意见,学什么专业。当时国内要搞资本主义,簿计学(大概相当于现在的工商管理)很时髦,我父亲主张他学簿计学。他回给我父亲一封信说:"簿计者,小技耳,俺长长七尺之躯,何必学此雕虫之策。昔项羽之不学剑,盖剑乃一人敌,不足学也!"他要学"万人敌"的东西。结果到哥伦比亚大学学习政治学,得了一个政治学的博士。回国后,想大展宏图,但是发现国民党太腐败,与自己格格不入。国民党一些官僚想拉拢他,他很不愿意与他们同流合污。由于阶级局限,他又看不到无产阶级和共产党。有一段时期他彷徨歧途,十分苦恼。他曾经写信给我父亲说："五哥，我不能改变这个社会，也不愿意为这个社会所改变。看来，从政的想法是错误的。"经过一段时期的思想斗争后，他于是开始学哲学。因此，他常跟我说，他学哲学有两个不利条件：一是数学基础不好，很多问题敲不准；二是开始学哲学时年纪太大了，失去了年轻人的灵感与想象力。

1949 年全国解放时，他虽然是一个长期为资产阶级服务的知识分子，却以十分愉快的心情迎接解放。他对国民党的官僚统治是十分憎恨的。当胡适出任驻美国大使前去看我七叔的时候，我七叔毫不客气地对胡适说："你不能事人，焉能事鬼？"从这句话可以看出他当时的政治立场。还有一点值得提的是，他是手上拿着几张外国聘书在北平等着解放的。解放后，他一直严格要求自己，不断改造思想，很快就于 1956 年参加了共产党。他出身于一个封建官僚家庭，长期为资产阶级服务，而终于成为一名无产阶级先锋战士。这其中是经过很多艰难曲折的思想斗争的。如果没有坚定的信念，没有不断追求进步的精神和勇气，是不可能做到的。

我叔父在学习上的钻研精神，是值得我们很好地学习的

记得 50 年代我当学生的时候，有一次暑假，他问我上哪儿去玩，我回答"到潭柘（念 dao）寺去"。他听了以后，没有说话，马上去找了一本《辞海》来，翻给我看。他说，这个字不念"dao"，而念"zhè"。接着，"潭"是什么意思，"柘"是什

么意思，以及潭柘寺的历史，跟我谈了很多。又有一次，我跟他谈到《红楼梦》里的芙蓉诔时，我说："茜（念 xi）纱窗下，我本无缘，黄土陇中，卿何薄命！"七叔也是搬出词典来，查出"茜"字念"qian"而不念"xi"，并告诉我"茜"这个字是什么意思等等。

有一次，七叔对我说，他非常喜欢李清照的词，特别是《声声慢》，写得太好了。我对他说："我也喜欢这首词，但是这首词里面有一个矛盾。"他问："什么矛盾？"我问他："黄花是什么？"他说："黄花当然是菊花，'帘卷西风，人比黄花瘦'嘛！"我又问："'乍暖还寒时候'是什么时候？"他说："是春天，早春。"于是我说："寻寻觅觅，冷冷清清，凄凄惨惨戚戚，乍暖还寒时候，最难将息，应该是早春吧？"他说："是的。"我继续往下说："'三杯两盏淡酒，怎敌他，晚来风急，雁过也，正伤心，却是旧时相识，满地黄花堆积'。怎么又到了秋天？"这一下子把他问住了。他说："你这个问题提得很好，我得好好考虑考虑。"过一会儿，我就回北大了。谁知回北大后，一连接到他几封信，跟我讨论这个问题。最后他认为，"乍暖还寒时候"是春天，这一点是毫无疑义，只能理解为"黄花"不是菊花，而是早春时节的迎春花，或者连翘花。

有一个时期，我被借调去参加毛主席诗词印地语版的翻译工作。我遇到一些问题，有时去向我七叔请教。有一次我对他说："《忆秦娥·娄山关》这首词写得很好，但在时间上有一个矛盾。"他问我是什么矛盾，我说："'西风烈，长空雁叫霜晨月'应该是秋天的早晨，可是最后是'苍山如海，残阳如血'，为什么又到了傍晚？"他思考了很久，最后说："'霜晨月'肯定是秋天的早晨，'残阳如血'肯定是傍晚。因此，这首词写的是一天的情景。上阕可能是写早上出发时的情形，下阕可能是写傍晚通过娄山关时的情形。"他又说："对于当时的历史不清楚，你可以去找一找参加过长征的同志了解一下，问他们当时的情形是不是这样。"后来，我们找了郭化若同志。郭化若同志讲的长征情形与我七叔的理解和判断是完全一致的。

上面说的这些虽然都是一些小事情，却可以看出七叔的治学态度和锲而不舍的精神。

我叔叔的业余爱好

斗蟋蟀。我的老家在长沙乡下，那是一栋很大的房子。他们几兄弟，除老大外，每到夏天的夜晚，都喜欢在房屋周围抓蟋蟀。抓了蟋蟀后，把它们养在罐子里，让它们互相打斗。有时候，还到外面与别人的蟋蟀斗。叔叔从美国回来在清华当教授后，这个爱好一直继续下来。但是，这时，他很少自己捉蟋蟀，而是买。住在他家附近的一些经济不太宽裕的人，知道他有此爱好，捉了蟋蟀都送到他家里。如果蟋蟀果然好，他总是出高价收购。1935年，我父亲曾经在长沙老家举办了一次"湘鄂赣三省蟋蟀大赛"。我叔叔本来准备参加，后来因为有事没有去，一直很遗憾。我1950年来北大上学，他见到我时第一句话就是问我父亲的那些蟋蟀罐子还在不在了，我告诉他，抗战时期全被日本鬼子毁了。他说，那是他见到过最好的蟋蟀罐，毁了太可惜。他还对我说，他曾经养过一只非常好的蟋蟀，眼皮上有一片黑色，《蟋蟀谱》上有记载，叫作"眼皮青"。这只蟋蟀斗架时，往打盆里一站，伸出两根长长的须子，两只大腿有力地站着，活像京剧舞台上的吕布。

养鸡。50年代初期，他住在清华园新林院71号。院子里经常可以看到一群鸡在游荡。这群鸡与别人养的鸡不太一样，别人养的鸡都是很多母鸡，只有一只公鸡，而这群鸡基本上都是公鸡。很明显，养鸡人的目的不是为了下蛋，我叔叔工作累了就会坐在院子里，手上拿着把鸡食，一边喂鸡，一边欣赏。这的确是一群非常漂亮的动物，大红冠子，大尾巴高高地耸立着，昂首挺胸，活像一群勇士。我想，如果一只白鹤站在这一群鸡里，恐怕也不会显出有多大的威风。叔叔还给我看一些画。这些画都不是名家画的，有些甚至是小孩儿画的。画的都是公鸡，一个个活灵活现，特别是它们的眼睛，非常传神，非常英武，给人留下极为深刻的印象。

玩具。"文化大革命"期间，我因为怕他出事儿，常去干面胡同看他，有时候，带我的小孩子一块儿去。男孩儿很淘气，在房间里乱翻。他从卧室里找出很多玩具，在地上玩儿。我走进卧室一看，里面有两只大纸箱，装的全是小汽车、小手枪、小机关枪、小飞机等玩具。临走时，我叔叔给我孩子一只小汽车，让他带走。从此以后，我每次去看叔叔，小孩儿就闹着要去。有一次，我孩子拿了一只很新很漂亮的小飞机，想要把它带走，我叔叔连忙说："不行，不行，这个不能给你带走！"我猜想，这件玩具大概是老人家刚刚买来，还没有玩够，舍不得让孩子拿走，于是，我说服了孩子，从纸箱子里挑出另外一架飞机带走了。

桥牌。他打桥牌的历史很长，去美国留学以前就学会了。后来住在清华新林院时，邻居是张奚若教授，很多牌友经常在张家打桥牌。他们打的是 Cubson's system，现在也叫作"传统叫法"。我也会打桥牌。叔叔有时候在桌上摆出一副牌，问我应该如何叫。这都是一些很难叫的牌，我的叫法有时候使他满意，有时候使他不满意。"文化大革命"期间，我偶尔见到 Goran 写的一套桥牌书。我觉得其中的一些叫法非常奇怪，于是把这套书拿给叔叔看。他看了以后说：很奇怪，看不懂。

欣赏画。他也收藏了一些古画。但是，比起一些收藏家来说，他的收藏不算太多。他喜欢国画，特别喜欢山水画。他认为山水画是中国一项伟大的艺术成就。他说：西洋画讲究"透视"，把人们限定在一个角度，你只能从画家指定的角度去欣赏它，很受拘束。而人们欣赏中国的山水画时，好像自己站在天上，无拘无束。但是，他客厅里一直挂着的不是山水画，而是钱南园（1740—1795）画的马。这匹马不像徐悲鸿的马那样奔腾潇洒，而是被拴在一棵大树上。它用两只后蹄乱踢，眼睛里露出非常愤怒的样子。我不懂他为什么一直把这幅画挂在自己的客厅里。

水果中最喜欢桃子。他认为水果中桃子最好，既漂亮，味道又好。每年夏天，他都要到东北义园去买桃子。挑选最大、最漂亮，最好是带有绿色叶子的桃子。这时，他的客厅里，无论是桌子上还是书架上，到处都摆着桃子。我到他家里去时，他从里面挑出一个快要烂的给我，对我说："我已经用完它的观赏价值，现在你可以用它的食用价值。"关于桃子，还有一个故事。1937年，抗日战争爆发，清华大学迁往长沙。他从北京经山东到湖南。到我家时，他两只手一只手上举着一只桃子，对我父亲说："五哥，我从青岛买了两篓桃子，一路上不断检查，快要坏的我都吃了，现在剩下这两只，给你吧！"

小说中最喜欢《红楼梦》。他常说，他非常喜欢《红楼梦》，看过很多遍。他认为它是古今中外最好的、水平最高的小说。有一次，他对我说："你父亲喜欢薛宝钗。这说明他的封建思想，薛宝钗的一举一动和一言一行都符合封建家庭的礼教。"我问他喜欢谁，他说，他从前喜欢探春，现在喜欢晴雯。我问他为什么，他只念了一句，"心比天高，身为下贱，风流灵巧招人怨"，就没有往下说了。我的女儿知道他喜欢晴雯，按照她自己的想象画了一幅晴雯的像送给他。他非常喜欢，把它挂在自己的沙发旁边的墙上，每天看着它，直到去世。

以上是我的一些零星回忆，现在把它写出来。希望能够有助于大家对他的哲学思想研究。

[该文根据作者《缅怀我的叔父金岳霖教授》和《我叔叔金岳霖的业余爱好》两文综合而成，两文原载《金岳霖学术思想研究》和《哲学研究》(2005增刊)，有删节]

青年时代的金岳霖

音容宛在

金顺成[*]

金岳霖叔父的高深学问、高尚情操，在我的思想里构成了一个高大的形象，一个高贵的楷模。不论大地时光流逝，不论世界局势变迁，这个崇高的形象将永恒存在，万古长青。

我祖母于1922年去世。当时叔父正在美国，闻讯匍匐奔丧，他万分悲痛，绕棺悲歌，凄凉哀苦。居丧期间，他在家只住了短暂的几天，却在闲时写出《金家外史》文稿。我12岁

---

[*]　金顺成：金岳霖先生侄女。——编者注

时，读过这篇文章，感觉文笔流畅生动，家庭琐事被他写得栩栩如生，后于抗战时丢失。1925年，我父亲由安源煤矿迁居长沙，叔父这年回国，曾探望我父亲。我母亲说："叔父获得博士学位时年龄较轻，即使在外国同学当中，也可算是年龄较轻的。"听说他还将去欧洲。随后，他在清华大学任教授。1931年，我父亲特地为他缝制了一件皮袭，团花黄缎挂面，羊皮挂里，邮寄至北京，并向我说："你叔父没有成家，没有人料理他的生活，我特为缝制好了寄去，他只要将现成衣裳穿上就行了，不必操心。"其后多年，听说叔父每月用他的工资，帮助接济家庭贫困的学生上学念书，得到支援的青年，为数很多，都很感念金先生。他的高尚行为，得到金家远近亲友的敬佩和赞扬。1937年，抗日战争爆发，清华南迁，在长沙圣经学院地址开学，叔父曾看望父亲，并送给他一个山东蟠桃。当时我在湖南大学理学院化学系念书，住在岳麓山，功课十分紧张，而且敌机日夜轰炸，途中很难找到防空洞，只能伏在田野之间，我轻易不去长沙市，家里没有人告诉我叔父回到了湖南。如此难得的机会，我竟未见到叔父一面。不久，他去昆明西南联大，我毕业后去重庆北碚，在中央工业试验所工作多年。太平洋战争爆发后，即1942年前后，叔父被美国请去讲学。那时，昆明重庆的教授们生活异常艰苦，民间流传着"教授教授，越教越瘦"的民谣。叔父在此极端困难之时，与全国人民同甘共苦，共同参与抗日救国的神圣事业，直至1945年世界反法西斯战争取得全面胜利，他才随清华回到北京，往后一直住在北京。

1953年，我由上海调职到北京。1954年初春，我们一家和堂兄金萱成一家，前往北京大学燕东园问候叔父。他一个人住在一幢花园别墅的二楼上，共七个房间，他的屋顶是青石板盖的，房中很热。听说夏夜他睡在房门口的凉椅上，他的客堂间地面铺设普通木板，令人想起上海二伯父家的柚木嵌花地板。他睡一张普通单人木床，直条木栏杆床头。他愿吃糙米饭，维生素含量多，他穿着灰布制服，他朴素的生活，令人敬佩。后来，叔父迁移至另外一幢花园别墅，只有地面一层房屋，没有二楼。我走进房内，感觉冷清寂寞。他雇佣了一位年龄相近的男服务员，会做西餐，由叔父自己付给工资，每月40元，其后逐渐增加至60元。同年，姐夫闵任由长春调职到北京，叔父请闵任、金莹一家吃饭，我作陪，饭菜简单朴素。堂弟金锡嘏到情报所参加工作，他将二伯父的银制咖啡过滤器送给了叔父，形状颇似体育运动会的奖杯，金锡嘏说叔父喜喝清咖啡，不加糖。1956年我去看望叔父时，他已调职到中国科学院，办公地址在建国门内，他住在干面胡同新盖宿舍内，二楼一整单元，计有四间住房，一浴室，一厨房，有阳台，家中有电话，有人送来人造冰等。客堂间是五彩图案花砖铺地，花梨木家具。我到北京时，叔父只有60岁左右，早已白发苍苍，眼睛看不见，戴一遮阳帽罩。我自己住在右安门新建宿舍内，公私繁杂，很少去看他，现在想起来真后悔。

1965年我调离北京，向叔父辞行。他请堂弟金锡嘏一家和我到南池子政协俱乐部吃饭。我们乘坐公共汽车，他乘坐人力三轮车。不因公事，他轻易不坐公家小汽车。他喜欢吃鼋鱼，这顿饭吃得很欢畅。他对我们调职到边远地区表示鼓励，说这是国家对工业作出的合理布局。

1974 年我去北京，探望了叔父。我说我们工厂一直生产，机器厂房完整。他很高兴，他说："你为国家做了工作，应该继续努力。"他关切地询问青海是否有铀。这时，他患了冠心病。谈到年龄，他说："我今年 79 岁，1895 年出生。"我说到我女儿婆家父亲，已将 27000 元交了党费，叔父直点头，说这样做很正确。后来我向哲学研究所报告，叔父的钱要交公。我去拜访军代表，他们说："我们通过卫生部取得一张卡片，协和医院 24 小时接待金岳霖这个病人，我们学部 24 小时为金老准备着小汽车。"看到组织上对我叔父如此关切，如此重视，我非常感激。

1982 年 10 月 12 日早晨，我打开收音机，中央人民广播电台正在播报："我国著名哲学家、逻辑学家金岳霖教授……"听到这里，我丈夫和我惊愕相对，我眼睛都吓直了，虽然播音员声调温和，但叔父已 87 岁高龄，不能不令人担心。当听见继续说道"从事哲学、逻辑学教学和研究工作 56 周年庆祝会在北京举行"，我们这才放了心。晚上看到了电视，更加欣慰。我想，海内外该有多少人关心着叔父的健康长寿啊！

1984 年 7 月，金莹从北京连寄几封信来报告叔父病危，我于 8 月赶到了北京。在医院里，叔父有时神志清楚，他看到我时，还能认出人来。他说："你来啦！金家的人，亲人，湖南还有什么姓金的人来看我吗？"又说："我有话要向你说，和你交换意见。"谁知他停顿一下后，忽然问起一个青年时期的亲友，可能他在回忆往事。他住院时雇了三个服务员，三班倒。倪阿姨说，住院伙食费每月得七八十元。当时，刚好有位解放军护士前来预订菜单，她说："今晚的菜，有蘑菇肉片、红烧鸡块、糖醋鱼、肉丸粉丝汤，金老，您愿意吃什么？"叔父当时订了什么菜，现在记不清了。另一次去看望叔父，护士长告诉我："这两天金老的血压、体温、脉搏、呼吸、大小便均正常，院方认为可以出院了。"我听了感到很安慰。这次在病房里遇见了叔父1964年收的研究生刘培育。他向我介绍了叔父晚年的一些情况，还说："最近香港翻印了金老一本书，他没有要稿费。"

叔父1949年以前，经常支援贫困学生上学念书。听说50年代以来，他没有领取过车马费、办公费。1976年唐山地震，他睡在塑料棚内很有感受，捐献了一笔钱给唐山受灾同胞。最后，他将仅有的3000余元交了党费。叔父一生，全神贯注于教学与科研，为祖国及哲学界尽了最大的努力，得到各方人士的赞扬和崇敬。至于私人生活，则两袖清风，一尘不染，随火化而去，只留清白在人间。我万里迢迢来北京探望叔父的病，含悲见到他最后一面，从此竟成永诀。写到这里，我泣不成声，悲痛欲绝。我希望早日出版金岳霖纪念集和金岳霖传略，以此与海内外亲故共同纪念这位学识渊博、品德高尚的一代学者。

（1987年2月于青海省西宁市）

［该文原载《金岳霖的回忆与回忆金岳霖》（增补本）］

闪光的大梨

闵珊华[*]

　　我以颤抖的笔，写下了我对外公金老的怀念。为了寄托对长辈的深切哀思，也为了书案前那闪光的大梨……

　　金老一生没有结婚，侄儿、侄女就成了他最近的亲人。我母亲（金莹）是他的亲侄女，又在北京，所以，我从小就常出入他的家中，并亲切地称他为外公。

　　外公最嫉恨的就是送礼，不管是谁，只要你送了礼物去，他会声色俱厉地把你赶出房门，不留一点情面。不过，有三样东西可以例外，那就是年历、湖南菜和大梨。年历自不必说了。他最喜欢吃我母亲做的家乡菜，每回我给他送去，他都要高兴地喊："老汪（厨师），莹妹子又送豆豉蒸肉来了。你给我收好，我要慢慢地吃！"至于大梨，那可称得起是奇人轶事了。

　　走进外公的房间，第一眼看到的就是那些大得出奇的水果，它们被当成工艺品，陈列在房间里最显眼的地方。苹果、桃、桔子、梨都排着整齐的圆圈，层层向上收缩，而稳坐在中央最高点上的，自然是"梨状元"了。这些水果姿态之奇，形体之大，真让人大开眼界，它足以说明收藏家的费尽心机。外公晚年行走不便，但还常常坐上三轮车到街上兜一圈，买上几个大梨回来。这些大号水果，他自己是舍不得吃的，也舍不得送人，

---

* 闵珊华：北方交通大学教授。——编者注

除了最得意的学生外，很难有人得到他的"恩赐"。记得小时候我向他要大梨，他总是摸摸这个，拿拿那个，又看看我，要好几分钟时间，才能把一个"探花""榜眼"之类的梨赏给我，至于"状元"，那可休想得到。长大了，我就从市场、农场给他收集大号水果，每次送去，他都十分兴奋，像个天真的孩子。他之所以酷爱大梨，可能跟他的经历有关，他常回忆起当年在红海边上吃过的大梨；也可能和他的审美观有关系，他以大为美，曾多次对我母亲说："你女儿很漂亮，好大的个子！"

千万不要以为他是一个吝啬的人，外公的一生是公而忘私的一生，是热情助人的一生。多少家境贫寒的学生在他的资助下敲开了知识的大门，多少素不相识者在他的帮助下闯过了生活的难关……请看他案头新增添的大梨就是最好的证明。这边的一堆大梨是山区一位农村青年送来的，外公出钱帮助他住院整容，使得生下就有缺陷的鼻子恢复了正常，这些大梨就是这个青年高高兴兴和新婚的爱人来看他时送的；而那边的一堆却来自一位三轮车工人，外公出钱帮助这位师傅的老娘治好了病……

在那艰苦的岁月里，当我们下放后仍坚持在油灯下苦读的时刻，是他寄来了书，寄来了最新的复印资料。为了我们的事业，他多次慷慨解囊，给予援助。"我支持你！"外公是这样说的，也是这样做的。正是他的雪中送炭，支持我们在科学的崎岖山路上攀登。

外公去世已经两年多了，每当秋凉雪花梨上市之时，我和爱人总要专程去农贸市场多次寻访，去寻求那些罕见的金色硕果，并不惜重金把它买下放在案头，借以寄托我们对他老人家的哀思。我想此刻，漫步在市场上搜寻大梨的又何止我们一家呢？

夜阑人静，我和爱人伏案疾书，当我们从沉静中抬起头来，透过午夜的灯光，擦擦蒙眬的睡眼，望着这金色的大梨，仿佛看见了外公那慈祥的容颜，听到了那亲切的话语："我支持你！"至今，外公这朗朗的声音还在我们耳边回响，鞭策我们向着新的高度跨进！

去年，我写的书出版了；我爱人的科研也取得了成绩，上了电视、电台、报纸。所有这一切，是和外公当年的援助分不开的。我想，如果他老人家还健在的话，说不定还会把"梨状元"送给我们呢，这可是他的最高奖赏呀！

啊！闪光的大梨，金色的硕果，正象征着金老这个科学界的泰斗那灿烂辉煌的一生。

（1986年3月6日写于北方交通大学）
［该文原载《金岳霖的回忆与回忆金岳霖》（增补本）］

后　记

金岳霖先生是我国著名的哲学家、逻辑学家、教育家，在相关领域里作出了重要的贡献。金岳霖先生又是一位有鲜明个性的学者，故事多多，广为流传，深受人们的喜爱。2018 年，方军同志和我说，他在主持编辑一套"大家雅事"，我过去编的《金岳霖的回忆与回忆金岳霖》一书很受读者欢迎，曾在畅销书排行榜中位列前几名，现在这本书已经买不到了，希望我能在这本书的基础上编一本《金岳霖》。我答应了。

嗣后，中国社科院办公厅年鉴处处长、"大家雅事"丛书执行主编刘玉杰编审多次与我见面研讨，在社科书店、在院部办公室、在电话里、在微信里，我们从书的框架结构、体例风格、选篇择文、风格特色谈到书里书外的学人趣事、学林轶事、名人掌故，每每忘记时间，意犹未尽……

方军同志在百忙中亲自审稿，感谢他的鼓励；刘玉杰同志为编辑本书付出辛勤劳动，她的责任感和精益求精让我感佩！也感谢社会科学文献出版社奚亚男同志的辛勤付出。

《金岳霖》包括两个部分，第一部分"我说"，是金先生晚年的回忆以及部分书信和谈话录；金先生晚年在老朋友的建议下撰写回忆录，每天想到什么写什么，多则几百字，少则几十字。从 1981 年到 1983 年，断断续续地写了 100 个片段，内容涉及与他交往密切的老朋友、个人经历和治学活动，以及生活情趣，等等。这些回忆，对于我们了解金岳霖及与他同代学者的思想与情趣，了解他们所生活的时代，都十分珍贵，读起来也极为有趣。为了便于读者阅读，我对 100 个片段的内容和顺序作了一些调整，把回忆录分为 47 段，并在每段前面加了提要式的标题，文中加了少量注释。此外，对个别文字作了订正。第二部分"他说"，是金先生的同事、学生、朋友和亲属写的回忆文章。这些回忆文章主要选自我主编或参与编辑的《金岳霖的回忆与回忆金岳霖》（增补本）（四川教育出版社 2000 年第 2 版）、《哲意的沉思》（百花文艺出版社 2000 年）、《金岳霖学术思想研究》（四川人民出版社 1987 年）、《理有固然》（社会科学文献出版社 1995 年）、《哲学研究》（1995 增刊、2005 增刊），还有几篇文章选自其他书报，均在文章后面作了说明。遵照"大家雅事"丛书的要求，我对一些文章作了删节，也在文章后面作了说明。

还要说明一点，收入本书的文章，我委托丛书编者同作者们作了沟通，感谢他们的支持！但也有几篇文章作者的家属没有联系上，谨致歉意。请作者家属或朋友见到此书与金岳霖基金会联系。

刘培育

2024 年 10 月

沐大师风华　悟学术真谛

——金岳霖学术思想的深耕者和传播者刘培育先生印象

（编后记）

《金岳霖：逻辑学大师的"非逻辑"人生》即将付梓。回想起从约稿到出版，历经好几年时间，不免给人以沧海桑田的感觉。

"大家雅事"丛书是借庆祝中国社会科学院建院 40 周年契机，推出的一套我院学术大家自述的丛书，该丛书自 2017 年出版后，在社会上特别在学术界反响不俗，这给我们编者以很大鼓舞。

本书的传主金岳霖先生，是享誉世界的著名哲学家、逻辑学家，而选编者刘培育先生是金岳霖先生的高足。刘老 1964 年吉林大学毕业后，考入中国科学院哲学研究所，师从金岳霖先生，和金先生朝夕相处二十载，师徒二人情谊深厚。刘老一直追随金岳霖先生的脚步，研究并传播大师的学术思想。

人与人的相遇靠缘，人与书的相遇也要靠缘。这本书又有怎样的书缘？

那是在 2018 年初春的院工作会议期间，时任办公厅主任、"大家雅事"丛书主编方军同志邂逅哲学研究所既是老同事也是老前辈的刘培育先生，即向刘老约稿，希望他把金岳霖先生的学术人生故事整理再版，刘老爽快地答应下来。之后就由我与刘老联系具体编辑和出版事宜。

初识刘老

第一次见刘老是在 2018 年 3 月 2 日。初春的北京，乍暖还寒。我打印好约稿函和丛书写作方案，带上已经出版的《黄宝生》《高莽》两本书，下午 1 点半准时到达社科书店与刘老见面。那时候的社科书店还在贡院东街的院东门附近。我们在书店地下一层的大方书桌旁就坐。那天，刘老戴着金丝边眼镜，穿着黑色棉外套，系着米色花格围巾，鹤发童颜，精神矍铄。他十分儒雅，既有活力，也很有亲和力。我们虽是初次见面，却有一见如故之感。

刘老很健谈。他如数家珍般讲述了金岳霖这位中国现代逻辑学大师在治学与写作时的痴迷与专注；讲他对党和国家、对组织、对师友、对学生的纯真之情、赤子之心；讲他的情趣与浪漫，他的理智与自制；讲他与最亲密的朋友梁思成、林徽因夫妇保持挚友之情、知己之谊的感天动地；讲他用生命拥抱学术、用大爱温暖人间的故事……一桩桩一件件，令人敬仰、令人感佩。可以说，金岳霖先生的一生是动人的乐章，是传奇的诗篇。而后我们从本书的写作流程、体例风格、选编原则等一一进行商讨。我们还聊了很多有关学界的名人轶事、掌故趣闻……本来约的一小时见面时间，不知不觉聊到了下班。

精心选编

编辑自己最敬爱的老师的"雅事"，刘老得心应手。他过去编辑、参编的有关金岳霖先生的书，主要有《金岳霖的回忆与回忆金岳霖》《金岳霖思想研究》等，还有重要期刊《哲学研究》（纪念金岳霖专辑）等。书里有金岳霖先生晚年的回忆，有金岳霖先生的朋友、学生、亲属对金先生的往事的回忆。他从这些书刊中精心挑选出比较有影响的文章。金先生同时期的著名学者的文章都很珍贵。刘老注重选取反映金先生幽情雅趣的文章，然后进行精细编排、精致组合。有些文章，刘老没有照单全收。他在发给我的微信中说，"一些回忆我做了删节或合并""《他说》部分，有十几篇我改动较大""看看字数，如果多的话，有的文章还可以删节"。

　　然后，刘老把这些文章分成上下两编：上编《我说》，是金岳霖晚年的回忆录；下编《他说》，是金岳霖的朋友、学生、亲属的一些回忆文章。

　　"你站在桥上看风景，看风景人在楼上看你。明月装饰了你的窗子，你装饰了别人的梦。"卞之琳的《断章》道出了人间至味。刘老选编的这些文章让我们看到了一种学术风景。大师制造风景，新的大师们仰望大师和他制造的风景，我们得以仰望新的大师们的仰望。

修订年表

　　刘老和学术界对金岳霖先生的研究一直未曾中断，陆续有一些新的发现。刘老过去编过金岳霖大事年表，希望趁这次"大家雅事"的编辑出版再做一次修订。

　　一天，我看手机上有刘老的未接电话，便回电话过去，刘老说，来送金岳霖年表，就在门口。我放下电话，跑到东门，看见刘老和他女儿美兰。刘老身穿浅咖色呢子大衣，白色的长寿眉很显眼，脸庞比以前瘦削了些，精神头很好。他说，刚刚从北京医院检查回来，顺便带来金岳霖大事年表，这是他第四次修订了。美兰姐说："他一上单位就来精神，我说你干脆上班得了。"我们相视哈哈大笑起来。

精益求精

收到书稿，我先睹为快，一边学习，一边编辑，有一些问题需要请教刘老，还有一些建议需要征求刘老意见。

记得2019年上半年，在行政楼办公厅年鉴处我的办公室里，刘老亲自过来解答我在编校过程中遇到的疑问。他有时是专程赶来，有时是参加老干部局或老专家协会的会议前后赶来。"这些文字你就定了，你是资深编辑，这点活儿还在话下！""你够细的！比我细多了！"这些鼓励、信任的话语，如春日暖阳，给我以温暖和力量。他的智慧和幽默，使每次本来枯燥的核校工作变成师生轻松快乐的业务对谈。每每向他请教一些具体字词的校改时，他都能信手拈来，生动地讲解其产生的时代背景和适用的语言环境，并穿插一些学林佳话、掌故轶事。

同年11月中旬，我在微信上问了刘老一大堆问题，一直不见回复，直到12月初才收到刘老女儿的回复。原来，刘老生病了。

疫情期间，我们没有办法见面，更多的是通过微信互动进行核校，大大小小的微信核校有过上百次。每次他都认真细致，不厌其烦。一个字、一个词、一个标点、一句话、一个引文、一张图片及其说明，我们都字斟句酌、反复推敲、再三润色。打字、传图，对于年轻人来说，不在话下，而对于一位年近八旬又处在康复期的老人来说，困难可想而知。

2020 年 10 月 12 日，本丛书主编方军同志看完我送审的本书大样后，批示："请刘培育老师审定后即可交出版社。"而后又致信刘老。信中主要向刘老推荐两篇回忆金岳霖先生的文章，其中一篇是哲学所老所长邢贲思先生的回忆文章，文中谈到了金老和潘老（梓年）的一些交往以及金老的部分活动；另一篇是《新华文摘》当年转载过的回忆金老和梁思成、林徽因在美国研学和生活的文章。

当天晚上我即联系邢贲思先生，邢老的女儿接的电话。我问她如何找到邢老当年有关金岳霖先生的文章，邢老的女儿说，爸爸就在她跟前，已经 91 岁了，身体很好，记性也不错，她让我先不要挂断电话，等她马上去问爸爸。她告诉我，爸爸只记得在金岳霖基金会成立时，他发表的讲话是刘培育老师写的，他的讲话中就这一篇是有关金老的，别的没有了。第二天我又到院图书馆找到当年《新华文摘》"人物与回忆"专栏中的《林徽因与徐志摩、金岳霖》一文复印了。

几天后的一个下午，我带上《金岳霖》书稿清样、方军同志的信以及复印的文章，如约到刘老家拜望。美兰姐告诉我："给他急的呀，就怕你找不到。"方厅里弥漫着中药的药香味儿，一只大白猫在脚下窜来窜去，一会儿又在沙发边跳上跳下。刘老打开方军同志的来信，认真读起来，我看到他没有戴老花眼镜，担心他看不清，就和他一起读，没想到，他不但看得清，而且很多字他先认出来，他眼睛依然明亮，思维依然敏捷。

本书涉及 50 多位作者，因为涉及版权问题，出版社让我提醒刘老一定要在书出版之前全部联系上。我问他联系情况，他一五一十地给我捋了一遍，哪些位早在出版《金岳霖的回忆与回忆金岳霖》一书之前就联系过，没问题；哪些位的家属一直有联系，也没问题；哪些位的家属或在美国或在台北的暂时未联系上……他记得一清二楚。我说："您还说生病后记性差了许多，这哪里差呀！您记性比年轻人都好！"

崇敬恩师

2021 年 7 月的一个下午，我与社会科学文献出版社编辑奚亚男同志如约到刘老家挑选本书的插图。

进入客厅，两个书柜夺人眼目，里面摆满了有关金岳霖先生的书。刘老随手拿出一本《知识论》给我们看，又拿出一本《逻辑》。书柜里还有《金岳霖全集》《金岳霖思想研究》《解读金岳霖》等。我们一边看，一边啧啧赞叹。

多年来，刘老一直珍藏着金岳霖先生的许多照片和物件。

他拿出一摞摞用绳子捆好的信封，信封里面的照片都是按照时间分好类的，装得整整齐齐。我们一个信封一个信封地打开挑选，照片上的人物、时间、地点等信息，我们都要一张一张地辨析，有不清楚的，刘老就为我们讲解照片的来龙去脉及背后的故事，很多故事我们都第一次听说。

我们打开一个信封，里面是一封 1995 年 12 月 5 日赵如兰女士（赵元任女儿）给金吾伦教授的亲笔信，信是用哈佛大学的信纸写的，上面有一段文字用红色蜡笔划了线："我在老照像（相）本上找到一张金老伯（金岳霖）同我父亲 1941 年在 Cambridge 一同照的照片，很清楚，我想也许您那边有兴趣，把它放大了一张寄给您，可能有点用。"

我们还看到一个证书，是 1985 年国务院学位委员会颁发的金岳霖参加第一届学科评议组工作会议的纪念证书。

最后，我们选出三十多张照片，准备用于插图。这些照片十分珍贵，刘老叮嘱我们千万别弄丢了。一天，得知刘老来院里打疫苗，我赶紧向他归还照片。中午在食堂大厅，哲学研究所的很多同事都围着刘老嘘寒问暖。刘老红光满面，正与同事们谈课题等方面的事。我把照片交给陪他一起来的美兰，刘老叮问一句"没少吧？"，我和美兰会心一笑，异口同声地回答道："没少！"

书名趣话

给这本书起个什么样的书名？

最初我拟了五个书名，给方军主编、刘老和出版社同人发过去征求意见。方军主编认为，第一个"金岳霖——逻辑学大师的'非逻辑'人生"和第五个"金岳霖——哲学巨擘　赤子情怀"两个较好；刘老则倾向于第五个；出版社同人也认为第一个好。刘老对书名谈了自己的想法："金先生首先是哲学家，其次是逻辑学家；我担心读者或许会对'非逻辑人生'产生歧义，误解为其人生不合逻辑，或有悖逻辑。"后来刘老又几次建议将书名改为"金岳霖——哲学大师的多彩人生"。我们理解刘老，但是我们认为，从读者和市场角度考量，还是用现在的书名为好，刘老对此也表示理解并支持。

温润如玉

多年的交往，我有幸聆听刘老的教诲。他的为人为学的精神和品格使我受益匪浅。疫情期间的真情问候、每次微信的称呼"小杰"，都令我备感亲切。

2023 年 4 月末，我一不小心将手机里的微信聊天记录全都删除了，咋也找不回来了，我急得要命。与刘老的微信聊天记录里有很多讨论稿子的内容也都丢了，以后没办法查找了，我只好给刘老发微信求助，请他把我俩的聊天记录逐条转发给我。担心他累，我让他一次只发几条，多发几次。让我没想到的是，第二天他一连发来一百多条，第三天早晨又早早发来上百条，算是以最快的速度全部发给了我，我很是感动。

今年前几个月，我因工作压力大而焦虑，整天头晕，原来走十分钟的路，得一步一步挪着走四十多分钟，跟他提及后，他发来语重心长的微信，"抓紧时间看病，把工作都放下！"之后又多次关心我的身体情况，让我"一定要多保重！一是别太累，二是有个好心情"。本书印制前，当我把草拟的腰封文字和勒口文字呈他审后，他回复："小杰，又看了这些，让我很是感动！你和出版社编辑的认真负责精神太了不起！我要向你们学习。"每每看到刘老的关心和鼓励的话语，内心都充满感激和温馨。

学林耆宿

刘老的学术影响、学术地位不用我在这里赘述，只要轻触"百度"，有关刘老的成千上万条链接就会向你奔涌而来。他的成果很多都是开创性的，列出来有长长的一串，可谓著作等身。

刘老是著名哲学家、逻辑学家、因明学家。"我的研究领域主要是中国逻辑史和因明学，是根据金老意见选定的。后来金岳霖思想研究也是我的重要研究领域。"他抢救因明学的呼吁得到了国家领导人的批示，他对因明学研究的贡献得到了季羡林、任继愈等学术大家的高度赞扬。

2021 年 10 月，刘老作为首席专家主持的国家社会科学基金重大项目"百年中国因明研究"被全国哲学社会科学工作办公室评为优秀。当时哲学研究所科研处的同志得到消息后，激动得在走廊里喊"刘培育老师的重大项目获得优秀"。谈起这件事，刘老喜极而泣，像个孩子。对于一位处在康复期的八秩老人来说，课题能在疫情期间高质量结项得克服多少困难啊！

"我主持的国家绝学项目，2021 年结项了，去年（2023 年）社科院还破例给我一笔奖金。"今年 11 月，他的《中国名辩学》

一书由崇文书局出版。

他参与策划成立玄奘研究中心，提倡开展玄奘研究、重建玄奘故里……即便年事已高，他还参加各种会议、社会活动。

刘老是教育家。早在 1987 年他就开始指导博士生，培养了很多优秀弟子。他在教学中创新思维，影响深远。

在金岳霖学术思想研究的殿堂里，刘老不仅是孜孜不倦的探索者、精研者和深耕者，而且是金岳霖学术精神的传承者与传播者。他沐大师风华，悟学术真谛。他还通过讲座、研讨、著书立说，将金岳霖的学术思想和学术精神播撒到更广阔的天地。今年 9 月，他给中国社会科学院大学哲学院图书馆捐书，主要是他主编的 6 卷 8 本《金岳霖全集》、他主持的国家"八五课题"结项成果《金岳霖思想研究》，以及他选编的有关金岳霖的其他著作。我为刘老这种泽被馆藏、嘉惠学子的隆情高谊、高风亮节点赞。

在刘老眼里，金岳霖先生让他"看到了一代知识分子最可爱、最动人的模样"；在我眼里，刘老让我看到了"为往圣继绝学"的传统知识分子的理想形象。他们的治学境界，是我心目中的知识分子的理想境界。

刘老是知名学者，在我心里，刘老更是一位可亲可敬可爱的长者、智者、仁者。仁者寿，我们衷心祝愿刘老福寿绵长。

刘玉杰

2024 年 12 月 22 日

附录　主要学术活动及大事年表*

1895年（光绪二十一年）1岁（虚岁）

7月14日生。

据《灵泉金氏宗谱》记载，金岳霖，"字龙荪"，"生于光绪乙未年闰五月二十二日"（即1895年7月14日）。金出生在湖南省长沙市，祖籍是浙江省诸暨县。祖父金春生在故里管理农田。父亲金聘之为清盛宣怀尚书的部属，三品顶戴，后到湖南做官，追随张之洞搞洋务运动，曾担任过湖南省铁路总办和黑龙江漠河金矿总办。母唐淑贤，湖南衡阳人，出身于官宦之家，为人贤惠善良，持家有方，后被称为"金母唐太淑人"。有六个哥哥和两个姐妹，都是一奶同胞。长兄岳祈，清朝举人。次兄岳祐留学德国，三兄岳祁留学俄国，五兄岳礽留学日本，他们都是中国第一代工程技术人才。

1901年（光绪二十七年）7岁

是年，金入胡子靖先生办的明德学校读小学，在一座三层木头架子的楼房上，可以看见英国和日本的火轮船在江中游弋。

1907年（光绪三十三年）13岁

是年，金入教会办的雅礼学校读中学。自幼聪慧，学习优

---

* 注：此年表为第4次修订。——编者注

良，经常跳级。从小喜欢对联，常听哥哥们谈论对联，自己也学着作对联。

1911 年（宣统三年）17 岁

春，金在长沙报考北京清华学堂中等科，未被录取。夏，到北京报考清华学堂高等科，被录取。金后来回忆说："北京考英文，我不怕；算学靠运气；就怕国文。国文题目是《人有不为而后可以有为议》，这就好办。算学运气好，题目极难，考生大都做错，我当然也做不出。结果考取了。"当时，六兄岳祎在北京税务学堂读书，住在东城金鱼胡同。

10 月，辛亥革命爆发，金以喜悦的心情迎接革命，立即剪去头上的辫子，还仿唐诗人崔颢的《黄鹤楼》写了一首打油诗：

> 辫子已随前清去，
> 此地空余和尚头。
> 辫子一去不复返，
> 此头千载光溜溜。

11 月，清华学堂经费来源断绝，学生们纷纷离校。金是高等科中最后一个走的。他先坐货车到天津，再转乘海船到上海，后沿江而上回到"乡居的家"。

1912 年（民国元年）18 岁

5 月，清华学堂复课，金亦返校学习。在 3 年学习期间曾担任过高等科英文班学生会委员、最高年级学生会主席、年刊创刊号编委兼经理员（洪深为总经理）。业余时间参加过科学会摄影社。与洪深、陈达等以国学研究会名义演出话剧《没字碑》和《古华镜》。

1913 年（民国二年）19 岁

是年，六哥岳祎在北京游泳溺死，时年 21 岁。金专程送枢回家。他晚年回忆说，六哥"在我的兄弟中是我最好的朋友"，他的死，"对我是很大的打击"……事实上，1913 年"我已经是独立于封建家庭的人了"。

1914 年（民国三年）20 岁

7 月，金于清华学校毕业。作《说礼》一文，宣扬"礼禁未然之前，法施已然之后"，收入《赠言》一书中。

是年，金以官费留学美国。赴美前就专业问题征询五哥的意见。五哥建议他学习簿计学。到美后，入宾夕法尼亚大学读商业科。后来因为引不起兴趣，而改学政治学。他在给五哥的信中说："簿计者，小技耳，俺长长七尺之躯，何必学此雕虫之策。昔项羽之不学剑，盖剑乃一人敌，不足学也！"

1915 年（民国四年）21 岁

是年，袁世凯接受丧权辱国的日本"二十一条"，要做皇帝。金在美闻讯后十分悲愤，在住所痛哭一场。

1917 年（民国六年）23 岁

是年，金在宾夕法尼亚大学毕业，获学士学位。

9 月，入哥伦比亚大学研究院，学政治学。此时张奚若（张耘）也在哥大读书，与金同上西方政治思想史课。金与胡适也有来往。当时在哥大的中国学生还有宋子文、孙科、蒋梦麟等。

1918 年（民国七年）24 岁

是年，金完成"The Financial Powers of Governor"（《州长的财政权》）论文，获文学硕士学位。继之，在哥大攻读政治学博士学位。

是年，金与张奚若、王伯衡、陈汇中发起成立中国自由主义者同盟，发表反日帝宣言。又与张奚若、徐志摩、王伯衡共同发起创立《政治学报》编辑社，出刊 3 期。

夏，金短期在美国种烟公司打工。

1919 年（民国八年）25 岁

金在哥伦比亚大学读书期间，先后听邓玲、鲁滨逊（Robinson）、海斯（Schuyler）、麦本（Mebain）、鲍威尔（Powell）、比亚德（Beard）、塞特（Sait）、J. B. 穆尔（Moore）、门罗·史密斯（Munroe Smith）、塞利曼（Seligman）、吉丁斯（Giddings）、辛霍维奇（Simkhovitch）等教授的课，重点学习了比亚德的美国宪法课和邓玲的政治学说史，并对哲学发生了兴趣。他在 1940 年出版的《论道·绪论》中写道："我最初发生哲学上的兴趣是在民国八年的夏天。那时候我正在研究政治思想史，我在政治思想史的课程中碰到了 T.H.Green。我记得我头一次感觉到理智上的欣赏就是那个时候。而在一两年之内，如果我能够说有点子思想的话，我的思想似乎总是徘徊于所谓'唯心论'的道旁。"

夏，金短期在纽约南道公司打工。

1920 年（民国九年）26 岁

7 月，金以 "The Political Theory of Thomas Hill Green"（《T.H. 格林的政治学说》）之论文获政治学博士学位。

9 月起，金在华盛顿乔治城大学讲授中文

1921 年（民国十年）27 岁

1~5 月，金继续在乔治大学讲课。

6 月，金获悉母亲去世，回国奔丧，"绕棺悲歌"。居家期间，撰写了《金家外史》文稿，把家庭里的各种事情写得栩栩如生。可惜此文稿在抗战时期遗失。

12 月，金赴英国留学。在伦敦大学经济学院听课。

1922 年（民国十一年）28 岁

3 月，金到柏林，与吴经熊一起为徐志摩、张幼仪离婚作证人。当时徐在剑桥大学王家学院读书。

上半年，金继续在伦敦大学学习，老师有瓦拉斯（Graham Wallas）、巴克（Ernest Barker）等。其后深受罗素和休谟的影响。金在《论道·绪论》中写道："民国十一年在伦敦念书，有两部书对于我的影响特别的大：一部是罗素的 *Principles of Mathematics*（《数学原理》），一部是休谟的 *Treatise*（《人性论》）。罗素的那本书……使我想到哲理之为哲理不一定要靠大题目，就是日常生活中所常用的概念也可以有很精深的分析，而此精深的分析也就是哲学。从此以后我注重分析，在思想上慢慢地与 Green 分家。休谟的 *Treatise* 给我以洋洋乎大观的味道，尤其是他讨论因果的那几章。……他能够提许多的重大问题，做一种深刻的讨论，天才之高，又使我不能不敬服。"金说的"与 Green 分家"，也就是离开了伦敦大学经济学院，后来又到了剑桥大学从事研究工作。

9 月，金到柏林游历，有时为英报撰文。

12 月 4~5 日，《优秀分子与今日的社会》载《晨报·副镌》。金希望知识分子能成为"独立进款"的人，不把官当作职业，不把发财当作目的，并且有一个"独立的环境"。他认为"有这样一种优秀分子，监督政府，改造社会，中国的事，或者不至于无望"。

1923 年（民国十二年）29 岁

是年，金继续在德国游历。

1924 年（民国十三年）30 岁

1 月，金在法国游历。一天，金同张奚若和美国小姐秦丽莲在巴黎圣米歇大街散步，遇见一些人不知为了什么事争论得很凶，三个人便参加进去，也争论起来，由此便引起了对逻辑学的兴趣。

10 月，金赴意大利游历。

12 月，金返回巴黎。有一个时期在红十字会供职，管文娱宣传的事情。

是年，赵元任和杨步伟婚后到欧洲游历，经张奚若介绍与金相识。

1925 年（民国十四年）31 岁

是年，金继续在法国游历。

是年，徐志摩给金写信，劝他回国合办英文《全球季刊》，与世界各国知识阶层联结，发出中国知识分子的声音。

12 月，金回国。秦丽莲小姐随金到中国。她倡导不结婚，但对中国的家庭生活很感兴趣，愿意从家庭内部体验家庭生活。

1926 年（民国十五年）32 岁

2 月，金任中国大学教授，讲授英文和英国史。

6 月 23 日，《唯物哲学与科学》载《晨报副刊》第 57 期。文中说："近年来对于政治——不仅是中国的政治，无论哪国的政治——极觉得灰心，而对于哲学，颇有兴趣。"又说："世界上似乎有很多的哲学动物，我自己也是一个，就是把他们放在监牢里做苦工，他们脑子里仍然是满脑子的哲学问题。"

8 月，《自由意志与因果关系的关系》载《晨报副刊》第 59 期。徐志摩在文前按曰："金先生的嗜好是拣起一根名词的头发，耐心地拿在手里给分；他可以暂时不吃饭，但这头发丝粗得怪可厌的，非给它劈开了不得舒服。"

秋，原在清华讲授逻辑的赵元任教授调到中央研究院供职，清华聘金到校讲授逻辑学。不久，金创办清华大学哲学系，任教授兼系主任。当时系里教授仅金一人，学生有陶燠民和沈有鼎。1985 年，沈有鼎说："老师金岳霖、同学陶燠民和我 3 人有共同创立清华大学哲学系的荣誉。从后来的发展和成就看来，这样的荣誉我和陶燠民实在担当不起。这完全是金先生一个人的功劳。"金认为，创办哲学系的目的是"要培养少数哲学家"。

10 月 3 日，徐志摩同陆小曼结婚，金是徐的伴婚人。

10 月 23 日，《说变》载《晨报副刊》第 61 期。文前的记者按语说："读有内容的文字原是很吃力的，这种文章亦非吃力的去看不可。金先生的这篇《说变》便是这一种文字。"又说，此文的一个特点是，先生"把哲学问题当作自己的问题……他不是要替人家说话，而是自己说自己的话。他拿着一把小小的剃刀，做分析的工夫。他要求明晰的思想（clear thinking），他自己也的确能明晰地思想。"

1927年（民国十六年）33岁

1月，《美国》载《东方杂志》第24卷第1号。金说，可以用"清一色"三个字形容美国。"如果地球是牌局，上帝是打牌的人，我们只看见他摸了中国人，不要；摸了日本人，不要；摸了印度人，也不要；摸了白种人，有时斟酌一下，摆进去，有时马上打出来；我们已经猜着九分，我们私下说，他老先生在那里做清一色。"

春，清华哲学系开课，金主讲逻辑学和西方哲学。金同时为清华政治系开政治学和西方政治史课程。

4月，北京尚志学社创刊《哲学评论》，主编瞿世英（菊农）。尚志学社的主持人之一林宰平（志钧）鼓励金为《哲学评价》写作。

4月，"Prolegomena"（上）署名Y.L.Chin，载《哲学评论》第1卷第1期。

6月，"Prolegomena"（下）载《哲学评论》第1卷第2期。

8月，《论自相矛盾》载《哲学评论》第1卷第3期。

11月，《同，等，与经验》载《哲学评论》第1卷第5期。

1928 年（民国十七年）34 岁

夏，国立清华大学正式成立。该校设文、法、理、工四个学院。文学院设中国文学、外国文学、哲学、历史学、社会学五个系。杨振声为文学院院长。哲学系教师增至五人，金仍为系主任。

8 月，《休谟知识论的批评》载《哲学评论》第 2 卷第 1 期。

9 月，清华大学条例规定：清华大学设评议会，以校长、教务长、秘书长及教授会所推选之评议员四人组成之。该会是清华大学的决策机构，金与叶企荪、吴之椿、陈岱孙被推选为评议员。

12 月，"External Relation"（《外在关系》）载《哲学评论》第 2 卷第 3 期。

年末，金同徐志摩、张彭春、瞿菊农等人赴江苏、浙江两省考察，为实践泰戈尔（印度诗人、社会活动家）的农村建设计划选择实验区。此项活动得到泰戈尔的秘书恩厚之数百英镑的支援。后来选定浙江，但没有实施。

1929 年（民国十八年）35 岁

年初，梁启超患病转危为安，梁思成高兴，邀金与徐志摩等朋友在东兴楼饭庄小聚。

9 月，冯友兰到哲学系。金辞去哲学系主任职务，由冯友兰担任。哲学系首届学生陶燠民、沈有鼎毕业。陶英年早逝。沈毕业后赴美国哈佛大学留学，受业于著名逻辑学家谢非和怀特海，后来成为著名的逻辑学家。

10 月，金出席燕京大学哲学年会，宣读论文《知觉现象》。

1930 年（民国十九年）36 岁

3 月，《知觉现象》载《哲学评论》第 3 卷第 2 期。

6 月，《清华学报》重组编辑委员会，金被选为编委会成员。

6 月，"Internal and External Relations"（《内在关系和外在关系》），载《清华学报》第 6 卷第 1 期。

6 月，冯友兰《公孙龙哲学》载《清华学报》第 6 卷第 1 期。文前曰："本文承金岳霖先生指正数处，谨此致谢。"

6 月 26 日，金完成对冯友兰《中国哲学史》一书的审查报告。他说："我很赞成冯先生的话，哲学根本是说出一种道理来的道理。但我的意见似乎趋于极端，我认为哲学是说出一个道理来的成见。"

8 月，《A，E，I，O 的直接推论》载《哲学评论》第 3 卷第 3 期。

是年，胡乔木入清华大学历史系读书，听金的逻辑课。胡晚年说，"我是金老的学生，受金老一年形式逻辑的教育。"金老"讲课生动，学生非常爱听"。

是年，清华大学哲学系设研究所，所开的课程多为西方哲学。金在该所开过洛克、休谟、布莱德雷等课程。

是年，金"颇想研究相对论"。他说："有一个时期似乎可以说懂得一点点子特别的相对论，可是普遍的相对论我没有法子懂，这条路简直不通。"

1931年（民国二十年）37岁

2月，冯友兰《中国哲学史》（上卷）由上海神州国光社出版，书后附金的《审查报告》。

4月3日，兼理教育部长职务的蒋中正签署教育部训令（第550号），任命吴南轩为清华大学校长。5月，清华大学爆发"驱吴运动"。5月26日晚，萨本栋、金岳霖、张奚若、李继侗、周培源、吴有训等15位教授联名致公函，请清华大学教授会开临时会议。5月28日下午4时，教授会举行临时会议。会议通过决议，谴责吴到校以来，"惟大权独揽，不图发展学术，蔑视教授人格，视教授为雇员"，请教育部"另简贤能，来长清华"。会上公推张奚若、金岳霖、蒋廷黻、周炳琳、张子高、吴正之、萨本栋等七人组成起草委员会，拟写致教育部电文（电文当晚发出）。同日，朱自清、张奚若、金岳霖、周培源、陈寅恪、陈岱孙、冯友兰、邓以蛰、钱端升、吴有训、熊庆来等发表《48位教授态度坚决之声明》。声明说："倘此问题不能圆满解决，定于下学年与清华脱离关系。"6月，清华学生护校委员会决定组成护校团，誓死拒绝吴到校。清华教授会决定请萨本栋、周炳琳、蒋廷黻、金岳霖、张子高、王力山、陈岱孙、钱端升、杨武之为临时委员，主持校务。7月，吴以"调摄病休"为由获准辞职。9月，清华留美学生监督梅贻琦出任清华大学校长。

7月，《论事实》载《哲学评论》第4卷第1期。

9月14日，金等许多名人在清华大学开学典礼上致辞。季羡林说，金的致辞最好，他借用在巴黎看戏，许多医生围着一个病人，"纷纭杂陈，莫衷一是"，说明各种学说都是看到现在世界危机而想出的一种救治办法，但最终也是没有办法。

11月19日，徐志摩由南京搭乘中国航空公司的邮政班机，飞返北平听林徽因关于中国建筑艺术的讲演，不幸因飞机失事遇难，享年35岁。22日晨，金与梁思成、张奚若等赶到济南与徐遗体告别。参加遗体告别的还有沈从文、闻一多、梁实秋等。

是年末，金赴美国休假。借此到哈佛大学向谢非教授学习逻辑学。他晚年回忆说："我告诉他说，我教过逻辑，可是没有学过。他大笑了一阵。这时，怀特海也在哈佛大学教书。这样，我这个本来同牛津思想关系多一些的人变成与剑桥思想关系多一些的人了（怀特海本人不是剑桥大学的，可是罗素和穆尔都是）。无论如何，我搞上了比较着重在分析的哲学了。"

1932年（民国二十一年）38岁

1月，《思想律与自相矛盾》载《清华学报》第7卷第1期。

是年，金结束在美国休假回国。

是年，金在北京大学兼课，讲授符号逻辑。

是年，金迁至北总布胡同住，一些朋友在金寓所逐渐形成星期六聚会，又称"星（期）六碰头会"，金家又戏称"湖南饭店"。

1933 年（民国二十二年）39 岁

6 月,《释必然》载《清华学报》第 8 卷第 2 期。

是年，清华大学哲学系第 5 级学生乔冠华、王宪钧、周辅成、王光祥毕业。乔晚年回忆说:"在哲学系这几年，特别是金先生的教育、对我的启示，半个世纪过来了，我认为对我还是帮助很大，他教我怎样去思考……"

暑假，金到上海，住在哥哥家。于光远回忆说，他在唐在章家见到金,"高高的个子，穿了一套颇为讲究的西装，戴了一副墨镜，头上还戴着一顶遮太阳的鸭舌帽。"金和唐家的孩子们一块玩。金晚年回忆说，他同唐家最小的女孩小"老薛"仍然是隔些时候总要见几次面。

10 月 5 日,《彼此不相融的逻辑系统与概念实用主义》载《大公报·学界思潮》副刊。

11 月,《范围的逻辑》载《哲学评论》第 5 卷第 2 期。

1934 年（民国二十三年）40 岁

是年，"Note on Alternative Systems of Logic"（《简论不相融的逻辑系统》）载 The Monist（《一元论者》）第 44 卷。

4 月,《不相融的逻辑系统》载《清华学报》第 9 卷第 2 期。

9 月，冯友兰《中国哲学史》（上卷）由上海商务印书馆出版，书后附金的《审查报告》。

10 月，贺麟、金岳霖、冯友兰、黄子通受同行委托，筹备召开哲学年会。

11 月 28 日，冯友兰无端被北平公安局会同保定行营特务队传去。29 日，国民政府军政部长何应钦出面干预，冯返校。30 日，清华部分教授建议教授会开会支持冯，金为此征求冯的意见。冯表示"不必再提了"。

是年，王宪钧读 *Cambridge University Studies*（Harold Wright 编），其中第一篇是 R.B.Braithwaite 写的剑桥的哲学传统，说近有一位中国哲学教授访问剑桥，很同意剑桥的哲学传统，就是用现代逻辑的方法，心平气和地一个一个地解决哲学问题，而不应急于建立大的形而上学系统。王说，这位中国哲学教授很像金岳霖。

1935 年（民国二十四年）41 岁

3 月，《关于真假的一个意见》载《哲学评论》第 6 卷第 1 期。

是年，《逻辑》一书由清华大学出版部印成讲义。全书包括 4 个部分。第一部分重点介绍传统逻辑的推理论；第二部分对传统逻辑存在的问题进行批评，目的是使初学者得到批评的训练，使其对于任何逻辑和任何思想均能运用其批评的能力；第三部分介绍一个节略的逻辑系统；第四部分阐述了逻辑与逻辑系统的种种问题，目的是使读者对现代逻辑有个了解，"得到一种训练"，同时也想以此"给有志研究逻辑的人们一种往下再研究的刺激"。

4月13~14日，第一次哲学年会在北京大学召开，金提交论文《手续论》。

11月8日，孙道昇在《现代中国哲学界之解剖》（载《国闻周报》第12卷第45期）中说，金的论著"思想之深刻，分析之细密，措辞之谨严，不但中国的哲学出版物中少有其匹，即求之西洋哲学的出版物中亦不多了"。又说，金先生运用分析法之"娴熟精到，恐怕罗素见了也得退避三舍。有人称他为中国的穆尔，实非过誉"。孙称金是中国哲学界新实在论学派的"首领"。

12月9日，北平学生举行示威游行，要求"停止内战，一致对外，打倒日本帝国主义"，遭到政府军警的镇压。金签名支持爱国学生运动。

是年，郭湛波在《近五十年中国思想史》（北平，人文书店）之《五十年来中国思想方法》篇中指出，中国近50年思想方法上，"真正能融会各种方法系统，另立一新的方法系统，在中国近日恐怕只有金岳霖先生一人了"。又说金的"思想过于周密，理论过于深邃，而文字过于谨严，不善于运用符号的人不能了解其学说思想，而善于运用符号的人既不多，故了解金先生的学说思想的人甚寥寥"。

是年，金与湖北黄冈的一名中学生殷福生（后改名殷海光）通信，指导其学习逻辑。殷后来回忆说，他给金写信，很快收到了回信，金不仅回答了他提出的问题，还愿意借给他书读。

1936年（民国二十五年）42 岁

1月1日，殷福生撰文称赞金的《逻辑》"观点纯粹、严格，解析精密……是中国有逻辑以来，亦即中国有史以来的第一部纯粹逻辑著作"。

1月，《论手术论》载《清华学报》第 11 卷第 1 期。

1月29日，牟宗三撰《略评金著〈逻辑〉》一文，刊在《广州民国日报·哲学周刊》第 22 期。牟称《逻辑》是"国内有数的作品中一部最好的参考书，训练书"，自己"受惠不浅"。

4月，第二次哲学年会召开，中国哲学会成立。宗旨是"本合作精神以促进哲学研究，推广哲学知识"。第一届委员会由黄建中、方东美、宗白华、张君劢、范寿康、林志钧、胡适、冯友兰、金岳霖、汤用彤、贺麟、祝百英等 12 人组成，金、冯、祝、贺、宗、汤等 6 人任常务委员，负责日常会务工作，金兼任会计。《哲学评论》改由中国哲学会编辑，金任编委。金提交论文《形与质》。

4月14日，金在哲学系讨论会上主讲《真实小说中的真理》。

秋，金鼓励殷福生到北平求学。殷在自传中写道，他按地址找到北总布胡同金宅。"这是一个旧式的大房子，庭院里有古树，花木扶疏。"门房问明来意，把他领到客厅。一刻工夫，他看到一位"个子高大，脸型方正，前庭饱满，戴眼镜，白发梳到后面，酷似一个英国绅士的中年人"站在他的面前，这就是他心仪已久的金岳霖先生。为让殷能在北平读书，金负担殷生活费用。

9 月，《道、式、能》、《手续论》（摘要）载《哲学评论》第
7 卷第 1 期。

10 月 25 日，金与朱自清、张子高、林徽因、梁思成等 66
位教授签名发表《教授界对时局意见书》，载《学生与国家》第
1 卷第 2 期，提出抗日救亡的 8 项要求。

12 月 16 日，经赵访熊、金岳霖、吴有训等 7 人提议，召
开清华教授会临时会议，决定以教授会名义致电太原阎锡山、
绥远博作义，鼓励将士抗日。

12 月，《可能底现实》、《形与质》（摘要）载《哲学评论》
第 7 卷第 2 期。

12 月，《逻辑》被列入"大学丛书"，由商务印书馆正式出
版。金晚年回忆说："《逻辑》介绍一个逻辑系统那一部分有许
多错误，我的学生殷福生先生曾系统地作了更正，也不知道他
的改正正确与否，竟以不了了之。理由是，我错误地认为，我
既没有数学才能，形式逻辑就搞不下去了。"

是年，清华大学哲学系教授曾在金寓所讨论还原公理问题。

1937 年（民国二十六年）43 岁

1 月 24 日，中国哲学会第三届年会在南京开幕。金宣讲
《现实底个体化》论文。27 日选举第二届理事会，金与冯友兰、
祝百英、汤用彤、宗白华等 5 人为常务理事。

2 月，《逻辑》由商务印书馆再版。

3月，金与贺麟等人发起组织逻辑学研究会。

3月，《现实底个体化》和《现实底个体化》（摘要）均载《哲学评论》第7卷第3期。

7月，抗日战争爆发。清华师生取北平→天津→济南→郑州→汉口→长沙之路线南下。金与张奚若、陈岱孙、梁思成、林徽因、朱自清、闻一多等清华、北大教授随师生到达长沙。

10月26日，长沙临时大学举行开学典礼。11月1日开始上课。文学院设在南岳衡山脚下的圣经书院。张奚若任政教主任，冯友兰任哲学心理教育系主任，金任哲学心理教育系教授，讲授"逻辑"和"知识论"课程，闻一多作诗嘲戏哲学家们：

> 唯有哲学最诡恢，
>
> 金公眼罩郑公杯。
>
> 吟诗马二评红袖，
>
> 占卜冗三用纸枚。

诗中的"金公"即金岳霖，"郑公"即郑昕，"马二"即冯友兰，"冗三"即沈有鼎。又，容肇祖以19位教授的名字做七绝数首，其中有"久旱苍生望岳霖"句。

是年，冯友兰写《新理学》，金撰著《论道》。冯、金互相看稿子，也互相影响。冯在半个世纪后说："他（金）对我的影响在于逻辑分析方面；我对他的影响，如果有的话，可能在于'发思古之幽情'。""他的长处是能把很简单的事情说得很复杂，表面看起来没有问题的事情，经他一分析，问题就层出不穷；我的长处是把很复杂的事情说得很简单。"冯还说，"我们的主要观点是相同的"；所不同的是，"我是旧瓶装新酒，他就是新瓶装新酒"。

是年，"Truth in True Novel"（《真实小说中的真理》）载 *T' ien Hsia Monthly*（《天下月刊》）第 4 卷第 4 期。

是年，学生冯契到前线参加抗战工作，离校前向金师告别，金连连说："好，好！我要是年轻 20 岁，也要到前线去扛枪。"

1938 年（民国二十七年）44 岁

1 月 20 日，长沙临时大学第 43 次常务委员会决议：因战火逼近长沙，学校迁往昆明。2 月 4 日，各系主席及图书、理工设备设计委员会联席会议决定：利用迁校机会在广州或香港购买图书，并推定各系负责人，哲学系金岳霖，西方系叶公超，历史系雷海宗，数学系江泽涵，物理系吴有训等。2 月 16 日，师生分两路启程赴昆，闻一多等师生徒步经贵州赴昆；金等乘粤汉铁路到广州，再经香港、越南或改乘汽车经广西赴昆。

4 月 2 日，奉教育部令，长沙临时大学改名为西南联合大学。5 月，金任联大文学院哲学心理学系教授（系主任是汤用彤）兼清华大学哲学系主任，讲授逻辑甲和哲学问题课程。文学院院址暂设在联大蒙自分校，夏迁回昆明。

秋，殷福生在金的鼓励下进入西南联大哲学系读书。殷后来说："这一决定，影响了一生。"

9月28日，设在昆华师范学院的联大教职员宿舍遭敌机轰炸，住在中楼的金被炸弹响声从沉思中惊醒，出楼见南北两楼被炸的惨状"木然不知所措"。他站在中楼门口，"手里还拿着他一直没有放下的笔"。金后来谈到这次轰炸说："我的生命介乎几乎无幸而免之间。"

1939 年（民国二十八年）45 岁

3月15日，金与朱自清、陈岱孙、浦江清等 10 人乘滇越铁路往南旅行。16 日过石林，17 日登大迭山，然后返回昆明。

5月，冯友兰的《新理学》出版。冯在序文中说："金岳霖等阅原稿全部。"

秋，清华教授疏散到昆明东北龙头村住。金和钱端升等住西头，冯友兰住东头。龙泉镇成为当时昆明的文化中心。

是年，"On political Thought"（《论政治思想》）载 *T'ien Hsia Monthly*（《天下月刊》）第 9 卷第 3 期。此文 1986 年由赵文洪译成中文载《清华大学学报》（哲社版）第 1 卷第 1 期。

是年，张遂五复学念清华哲学所研究生，听金讲授《知识论》以及休谟的《人性论》、布莱德雷的《现象与实在》、刘易斯的《心灵与世界秩序》等课程。

是年，王浩进入西南联大数学系。据王晚年回忆，因为到校较迟，没能选到金的"普通逻辑"甲组，被分入张荫麟教的乙组，并且旁听了王宪钧为 4 年级及研究生所开的"符号逻辑"。金每周有一个晚上指导学生温习课程。

是年，冯契从前线回到西南联大。金向冯详细打听前线情况，并说："我们这一代人一直担心中国要被瓜分，要亡国。能把日本鬼子打败，中国就有希望了。"

1940年（民国二十九年）46岁

8月29~30日，金参加中国哲学会第4届年会，提交论文《势至原则》。会议决定，哲学会会务工作仍由上届理事负责。

9月，《论道》由商务印书馆出版。《绪论》叙述了作者思想发展的历程和对道的认识。作者写道："每一文化区有它的中坚思想，每一中坚思想有它的最崇高的概念，最基本的原动力。……中国思想中最崇高的概念似乎是道。所谓行道、修道、得道，都是以道为最终的目标。思想与情感两方面的最基本的原动力似乎也是道。"

是年，金讲授逻辑甲和哲学问题课，指导研究生张遂五毕业论文，题目是《形而上学序论》。

是年，重庆教育部学术评议会评选抗战以来最佳学术著作。投票结果，冯友兰的《新理学》和金的《论道》都被评为一等。按规定，一等只能有一个，《论道》改为二等，奖金5000元。金晚年说："《论道》是我比较满意的一本书。"

是年，"The Principles of Induction and Apriori"（《归纳原则与先验性》）载 The Journal of Philosophy（《哲学杂志》）第37卷第7期。

1941 年（民国三十年）47 岁

4 月，《论不同的逻辑》载《清华学报》第 13 卷第 1 期。

9 月，金赴四川李庄休假一年，写《知识论》。在四川期间，与费正清夫妇和梁思成夫妇有亲切交往。

是年，金为徐孝通、王浩两名学生开布莱德雷课，讲《表象与实在》一书。

1942（民国三十一年）48 岁

9 月 27 日，金致函梅贻琦校长，报告一年休假撰《知识论》11 章。信中说："此书原拟分十六章。"

11 月 13 日，美国驻华大使高思代表美国国务院致函西南联大，请选派一名教授赴美讲学。12 月 16 日，联大第 244 次常委会推定金代表联大应请赴美讲学。

是年，金讲授"逻辑甲"和"知识论"课程。冯契在清华哲学研究所跟金读休谟的 *Treatise*。殷福生从哲学系毕业后入清华大学哲学研究所，在此后两年多的时间里跟金攻读西洋知识论，直到 1944 年从军止。

是年，王浩就休谟的"归纳问题"写成一篇很长的论文。王后来回忆说："（这篇长文）曾拿给金先生看，他看过之后先问我是不是抄的，我告诉他不是之后，他说应该发表。"

是年，金在西南联大作一次关于名言世界和非名言世界的公开演讲，演讲之后整理成文，但一直没有发表。

1943年（民国三十二年）49岁

1月20日，冯友兰致函梅贻琦校长，说明下学期休假，离校期间拟请金代哲学系主任一职。

1月，沈性仁去世。金写一悼文，说在"我所认识的朋友中对于事理的辨别能力如她那样大的很少"，而"她是入山唯恐不深，离市唯恐不远的人"。

5月，《势至原则》载《哲学评论》第8卷第1期。此文曾提交中国哲学会第四届年会。

6月，冯友兰《新原人》出版。自序云："此书属稿时，与金龙荪先生岳霖同疏散于昆明郊外龙泉镇。"

6月，金到重庆办理访美护照，并与费孝通、张其昀等教授参加集训5天。期间，蒋介石会见并宴请各位教授。集训后由渝飞美，作为期一年的访问和讲学。访美期间，金曾在剑桥 Lowell House、芝加哥东方学院（Orienta Institute）完成了《道、自然与人》一书（未刊出）。除讲学外，金在华盛顿拜访了罗素；拜访了湖南同乡前辈李国钦先生，请他为联大捐款10万美元给师生买药品，未果。

7月，《归纳总则与将来》载《哲学评论》第8卷第2期。

8月5~7日，金与费孝通等一起出席芝加哥大学举办的有关中国问题的座谈会。到会的有美国学者40多人，金以《当代中国的教育》为题发言，强调教育的内在目的是发展和完善人的个性，使人类的优秀文化得以继承和发表。

11月，《自然》载《哲学评论》第8卷第4期。

是年，谢幼伟在《评章著〈逻辑指要〉》一文中说，金《逻辑》一书"于逻辑自身，颇多新见"。

是年，金同朱自清、陈岱孙、李继侗、陈福田教授住在昆明北门街 71 号唐家花园戏台的大包厢。几位教授把大包厢里最清静的一个角落划出一块给金，金每天上午在那里写作。金撰写 *Chinese Philosophy*（《中国哲学》）一稿。此稿是为在华美军讲课而作，曾油印少量，1980 年在 *Social Sciences in China*（《中国社会科学》）创刊号首次刊出。后译成中文在《哲学研究》1985 年第 9 期发表。

1944 年（民国三十三年）50 岁

年初，金同赵元任、杨步伟、饶树人等在胡适家中，曾讨论到胡适是否去哈佛大学讲学之事。

5 月，《思想》（上）载《哲学评论》第 9 卷第 1 期。

7 月，《思想》（下）载《哲学评论》第 9 卷第 2 期。

秋，金与费正清推荐陈梦家到芝加哥大学教中国古文字学。

11 月 8 日，美国驻华大使高思致函西南联大，商请美国政府遴派教授来联大讲学之事，作为对金访美讲学的对等文化交流活动。

11 月 11 日，中国哲学会昆明分会开讨论会。洪谦作《论新理学的哲学方法》讲演，批评冯友兰的新理学的基本命题不如传统玄学富有诗意。金与沈有鼎发言为冯"解围"，形成一场"有趣的辩诘"。

11月，林志钧撰成《〈论道〉书评》一文。认为《论道》一书"组织之严密，思想之精辟，感悟之深挚，规模之伟大，皆不易及，为研究中国哲学而要会通逻辑学及西洋哲学，参合新旧，由分析而综合，自成一新哲学者所不可不循之大路"。并称"此亦'道'之一端也"。

是年，金讲授"逻辑甲"和"知识论"课程；指导王浩撰写毕业论文。论文题目是《经验知识问题讨论》，共四章：归纳问题，真理，可证验性，感觉资料。王每写完一章，就请金看一章。金让王浩读普莱斯的《知觉》一书。

是年，中国哲学会选出第四届理事会理事，共16人。他们是：方东美、全增嘏、汪奠基、何兆清、吴康、金岳霖、林志钧、宗白华、胡适、范寿康、冯友兰、张君劢、张东荪、汤用彤、贺麟、黄建中。金岳霖、冯友兰、贺麟为常务理事。

1945年（民国三十四年）51岁

1月2日，冯友兰致函梅贻琦校长，说明拟利用寒假回河南省亲，离校期间请金代哲学系主任。

8月30日，贺麟的《当代中国哲学》一书完稿。书中说："近年来对于西方的数理逻辑国内学者有相当深的研究，且有新的贡献者，颇不乏人，如俞大维、金岳霖、万卓恒、沈有乾、沈有鼎、汪奠基、张荫麟、王宪钧、胡世华诸先生可为代表。"又说："金先生著有《逻辑》一册，为国内唯一具新水准之逻辑教本"；金的《论道》一书"是一本最有独创性的玄学著作"；

"他关于知识论的思想对于新实在论的确有不少新的贡献"。《当代中国哲学》于 1947 年由重庆胜利出版公司出版。

是年，金讲授逻辑甲和哲学问题课程。王浩从清华哲学研究所毕业。金推荐王申请芝加哥大学奖学金。

1946 年（民国三十五年）52 岁

2 月，林徽因到昆明小住，与老友金岳霖、张奚若、钱端升等相聚甚欢。

5 月 10 日，根据联大校常委会 3 月 20 日决定，清华、北大、南开三所大学开始向平津迁移。金从昆明抵重庆，再乘飞机返北平。周辅成晚年回忆说："我在西南联大在重庆的接待处见到了金先生……我看到在他的桌上摆了一张似乎要发出的伸张自由民主的宣言，那上面有金先生的签名，似乎也有他的朋友张奚若的签名，还有和我同时的物理系同学赵九章的签名。"

10 月，清华大学在北平开学。金仍任清华大学哲学系教授，住校内胜因院。

12 月，冯友兰《新知言》出版。自序云："原稿承金龙荪先生（岳霖）校阅一过，多所指正，并此致谢。"

是年，周礼全在哲学系毕业，考入清华研究院在金指导下学习哲学。

是年，在联大，金作为温德教授的名义助手，全权处理由罗氏基金赞助的美金补助费发送工作。

1947年（民国三十六年）53岁

2月，金与朱自清、俞平伯、徐炳昶、向达等教授签名发表《保障人权宣言》，抗议北平警察"午夜闯入民宅，肆行搜捕"。

4月，谢幼伟在《现代哲学名著述评》（正中书店出版）中称金的《论道》是"有创获的、有永久价值的哲学著作"。

9月12日，何其芳在一份分析材料中写道："在这次平津学生运动中，他（指金）是签名同情学生运动的教授之一。"

是年，金与张奚若夫妇、周培源夫妇、陈岱孙等经常在梁思成家相聚。

1948年（民国三十七年）54岁

3月，金当选为中央研究院第一届院士，与冯友兰、吴敬恒、汤用彤等在人文组。

4月，金与清华、北大、燕京等校教授俞平伯、李广田、吴晗、容肇祖等89人提出质询文，驳斥国民党北平市党部主任吴铸文所谓每次学潮皆为"奸匪宣传"和"三教授"被"奸匪利用"之言。

6月，金与吴晗、徐炳昶、俞平伯、朱光潜、沈从文等103人签名发表《抗议轰炸开封宣言》。

11月，金与俞平伯、朱光潜、郑天挺等46人联名发表《我们对于政府压迫民盟的声明》。

12月，金完成《知识论》，交商务印书馆。因已近解放前夕，未能出版。

1949 年，55 岁

年初，北京市成立社会科学联合会办事处，地址在东城区金鱼胡同。金是逻辑组负责人。经常参加学术讨论的有金、汪奠基、沈有鼎、王宪钧、胡世华、吴允曾、晏成书、周礼全、傅恫等。1952 年秋停。

3 月 16 日，金填写工作人员登记表，在"对工作的意见及希望"栏写道："对研究哲学仍有兴趣，盼望能继续教书。"

5 月 24 日，金与郑昕召集首都哲学家座谈，学习马克思主义，讨论哲学问题。参加者有清华、北大哲学系教师及其他哲学工作者。后来，这种座谈会每双周举行一次。经常参加会的有艾思奇、胡绳、侯外庐、何思敬、冯友兰、汤用彤、贺麟、张岱年等。

7 月 8 日，由新哲学会和中国哲学会中著名人士发起并召开了筹备全国性新哲学研究会的会议。议定研究会的宗旨是"团结全国哲学工作者，传播马克思列宁主义毛泽东思想，以期正确认识中国新民主主义社会发展规律，并批判吸收旧哲学遗产，在文化思想战线上对于各种错误思想意识展开批判"。会议选举李达、艾思奇、何思敬、金岳霖、张东荪、汤用彤、郑昕、何干之、马特、胡绳、夏康农等 11 人为筹备委员会常务委员，推举李达为筹委会主席，艾思奇、郑昕为副主席。后来正式成立会上，会名定为中国哲学会。推举李达为会长，潘梓年、艾思奇为常务理事，金为理事。

9 月，冯友兰辞去清华大学哲学系主任职。经第 21 次校务委员会讨论决定，由金继任哲学系主任。

10 月，为了帮助全校师生系统学习马克思主义革命理论，清华大学成立辩证唯物主义与历史唯物主义教学委员会（简称"大课委员会"）。金为 12 名常委之一。

11 月 22 日，北京市第二届各界人民代表会议闭幕。清华大学原文学院院长吴晗出任副市长。吴向清华推荐金为文学院院长。

是年，金常在北京饭店见到周恩来总理，听他讲话。金晚年回忆说，他见到总理的第一个印象是，"共产党员也仍然干干净净，整整齐齐，而谈吐又斯斯文文，总的印象是非常之特别，又非常之平常。"

是年，金给他的学生王浩写信，希望王回国工作。

1950 年，56 岁

2 月 2 日，教育部照准清华大学校务委员会推荐函，任命金为清华大学文学院院长，兼校务委员会委员。

2 月 12 日，金出席中国哲学会举办的讨论日丹诺夫"关于亚历山大洛夫在西方哲学史"的座谈会并发言。

6 月 1 日，金列席第一届全国高等教育会议。

是年，艾思奇多次到清华大学宣讲马列主义。有一次，艾在讲演中否定形式逻辑，说形式逻辑是形而上学。金主持会议，在艾讲完后对艾说，你骂了形式逻辑之后，你说的话完全合乎形式逻辑，没有一点错误。这件事在思想界广为流传。

1951 年，57 岁

1 月 28 日、2 月 11 日，中国哲学会两次举办"学习毛主席的《实践论》"座谈会，金出席座谈会并发言。

5 月 1 日，《我热爱祖国》载《新清华》第 13 期。金说："爱国是要有相当的政治水平的。"

8 月，《了解〈实践论〉的条件——自我批评之一》载《新建设》第 4 卷第 5 期。金说："我从前是一个所谓实在论者。""没有解放后的社会实践，没有这个实践中的思想改造，我们是无法了解《实践论》的。"

9 月，清华大学哲学系收第一班新生。金主讲辩证唯物主义，并经常参加学生的讨论。

9 月 29 日，金在怀仁堂听周恩来总理作《关于知识分子的改造问题》的报告。周总理说，革命者要从民族立场进入人民立场，继续下去要从人民立场进入工人阶级立场。此话对金影响很大。金后来在多次思想总结中都提到这一点，并认真对照检查自己。

11 月 10 日，《分析我解放以前的思想》载《人民日报》，金称自己是"小资产阶级的中派知识分子"。

是年，金作为英译《毛泽东选集》委员会成员，参加了《毛泽东选集》英文版 1~3 卷翻译定稿工作。办公地点在北京西城堂子胡同。1954 年初，译稿交英国共产党中央，同年在伦敦出版。

是年，署名金岳霖、任华的《从堕落到反动的美国思想》一文，载金岳霖等著的《从堕落到反动的美国文化》一书，由上海平明出版社出版。

1952 年，58 岁

1 月 5 日，全国政协第一届常委会第 34 次会议通过《关于开展各界人士思想改造的学习运动的决定》。

2~3 月，金先后三次在清华文学院师生大会上做思想检查，检讨自己对旧哲学的留恋及其错误思想，受到群众热烈欢迎。

3 月 4 日，北京市高校节约检查委员会党组印发了《清华文学院院长金岳霖检讨摘要》。

3 月 8 日，外交部长周恩来发表声明，严重抗议美国政府使用细菌武器屠杀中国人民，侵犯中国领空。金动员哲学系师生写信签名，抗议美国发动细菌战争。

4 月 17 日，《批判我的唯心论的资产阶级教学思想》载《光明日报》。在该文中，金总结了自己哲学思想转变的"三个时期"。

10 月，根据政务院关于高校进行院系调整的规定，全国 6 所大学（即北京大学、清华大学、燕京大学、南京大学、武汉大学、中山大学）的哲学系合并为北京大学哲学系，金任哲学系教授、系主任。他下决心掌握马克思主义，说："现在我将比作大学一年级的学生，明年是二年级，十年八年总有进步。"同年，金兼任北京大学新成立的工会主席。

10月26日，金在"帮助潘光旦先生检查错误思想"大会上做了长篇发言，谈自己对思想改造的认识。

是年，开学不久，学校评定教师工资级别，这是解放后头一次进行教师评级。哲学系不少教授在原校担任系主任或文学院院长，享受着最高的待遇，而领导认为哲学系教师是在学习改造，不能依旧那么做。金以身作则，将自己压为二级教授，结果其他教授的级别就顺利解决了。

是年，金先后参加亚洲及太平洋区域和平会议筹备会、中苏友好协会会议；发表《我对苏联的看法底转变》，载《中苏友好》第3期。称自己从前是"崇拜英美式的知识分子"；"一直歪曲了苏联，污蔑了苏联"。

1953年，59岁

3月5日，斯大林逝世。3月9日，毛泽东发表《最伟大的友谊》一文，悼念斯大林。金觉得无产阶级最重要的领袖去世了，思想上"开始有保卫党的要求"。

秋，金同北京大学哲学系学生一起听苏联专家讲授辩证唯物主义与历史唯物主义及哲学史课。

10月4日，北京大学党委书记兼副校长江隆基在临湖轩召开系主任座谈会，讨论如何贯彻教育部综合大会精神。金参加会议，并就资产阶级文化问题发言。

是年，经朱伯崑、任继愈介绍，金加入中国民主同盟。金晚年回忆说："我从前的民盟生活，无论是在民盟中央或哲学所都是愉快有益的。"

1954年，60岁

3月4日，《更好地学习斯大林同志的学说和工作精神》载《北京大学校刊》。文中表示要"更进一步靠拢党"，"全心全意为我们的社会主义建设事业而努力"。

3月，金任《新建设》杂志编辑委员会委员。

秋，英国逻辑实证主义代表人物、伦敦大学哲学系主任艾耶尔（A.J. Ayer）教授到北京大学作《英国近五十年来哲学概况》的讲演。金很有兴趣地听艾耶尔的讲演，并对个别难译之处给译员以帮助。

10月，《介绍威尔斯的〈实用主义：帝国主义的哲学〉》载《新建设》10月号。

10月28日，为纪念斯大林《马克思主义与语言学问题》出版4周年，北京大学哲学系举行学术报告会，金作了题为《批判唯心哲学关于逻辑和语言的思想》的报告。

11月13日，人民日报社邓拓总编辑主持召开批判胡适思想座谈会，金与汤用彤、任继愈等参加。

12月21~25日，中国人民政治协商会议第二届第一次会议在京举行，金作为社会科学团体的全国政协委员出席会议。

12月，金代表社会科学界出席中苏友好协会等二次全国代表大会。

12月，中国科学院院务会议决定筹建哲学研究所。金为筹委会委员。参加筹委会的其他成员是：潘梓年、胡绳、冯定、李达、杜国庠、杨献珍、艾思奇、冯友兰、赵纪彬等。

是年，金指导且大有、诸葛殷同、彭燕韩等学习《逻辑》一书。

是年，《光明日报·哲学研究》专刊创办。此专刊是当时全国唯一的哲学研究专刊，金任主编，黄楠森为助手。黄晚年回忆说，金"参加和领导全部编辑工作。从组稿、审稿到付印，他都亲自参加。每期排好清样后，他都要审阅一遍才能付印。"

1955 年，61 岁

春，金奉调到中国科学院做哲学研究所成立筹备工作。

3 月 15 日，有关方面决定将《光明日报·哲学研究》副刊独立为《哲学研究》杂志。经过三个月的筹备，于 5 月创刊。金任编辑委员会委员。其他成员是：于光远、艾思奇、李达、周建人、胡绳、马特、孙定国、汤用彤、杨献珍、冯定、冯友兰、彭康、彭恒武、华岗、郑昕、肖前等。潘梓年为召集人。

4 月 1 日上午 6 时 20 分，林徽因教授在北京同仁医院病逝，享年 51 岁。金撰"一身诗意千寻瀑，万古人间四月天"挽联。4 月 2 日《北京日报》刊登讣告。治丧委员会由张奚若、周培源、钱端升、金岳霖等 13 人组成。

4 月，波兰统一党中央文化科学部邀请中国哲学家出席由巴黎国际哲学会和波兰哲学所发起、将于 1957 年在华沙举行的哲学座谈会。中共中央宣传部批准由杨献珍、艾思奇、胡绳、金岳霖、冯友兰、潘梓年等 6 人参加。

5 月，《批判实用主义者杜威的世界观》载《哲学研究》第 2 期。

5 月 29 日，金与汪子嵩等合写的《实用主义所谓"经验"和"实践"是什么》载《人民日报》第 3 版。

6 月 1 日，中国科学院哲学社会科学部成立。金任学部委员。

6 月 25 日，《我们要提高警惕》载《北京大学校刊》第 45 期。

7 月，金与汪子嵩、张世英、黄枬森联合署名的《批判胡适实用主义哲学——实用主义是反理性的盲目行动的主观唯心论的哲学》载《北京大学学报》（人文科学）第 1 期。

8 月 5 日，经国务院第 17 次全体会议批准，金等 15 人任中国科学院哲学社会科学部常务委员。郭沫若任学部主任，潘梓年任副主任。

9 月，日本民主主义科学者协会哲学部给中国科学院哲学社会科学部来信，建议中国哲学家发起召开亚非哲学会议。当征求金意见时，他表示同意。

9 月底，中国科学院哲学研究所成立。潘梓年兼所长，金任副所长兼逻辑研究组组长。金晚年回忆说："到哲学所，让我坐办公室，我恭而敬之地坐在办公室，坐了整个上午，而'公'

不来。"

10月底，中国科学院第45次院务常务会议批准哲学所学术委员会组成名单（以姓氏笔画为序）：于光远、王子野、艾思奇、李达、杜国庠、金岳霖、胡绳、马特、孙定国、冯友兰、杨献珍、郑昕、潘梓年等13人。

12月，金主持哲学所学术委员会第一次会议，制定1956年研究规划（草案）。金的课题是批判罗素哲学和梁漱溟的思想方法等。

12月23日，金致信费孝通，请其帮助约王森先生见面，商量兼任哲学所研究员，研究西藏因明学问题。

是年，金应王宪钧邀请指导宋文坚的论文写作，题目是《关于逻辑的作用》。

1956年，62岁

1月20日，北京市委统战部在一份材料上对金作了如下评价："为人正直，解放后积极参加各项运动，愿意学习马列主义，但对旧哲学还有留恋。工作积极，在群众中有威信……要求进步，现为进步分子。"

2月8日，金主持召开哲学所第二次学术委员会会议，通过1956年研究规划。

除夕，毛泽东请金吃饭，对金说："数理逻辑还是有用的，还要搞。希望你写个通俗小册子，我还要看。"

2月，金任中国民主同盟二届中央委员会委员、中国亚洲团结委员会委员。

2月,《批判唯心哲学关于逻辑与语言的思想——对罗素的批判之一》载《北京大学学报》(人文科学)第1期。

2月29日,《我怎样学习马克思列宁主义?》载《人民日报》第2版。

3月3日,《略评康斯福的两本哲学著作》载《人民日报》第3版。

4月,《批判梁漱溟的直觉主义》载《哲学研究》第2期。

夏,金和李奇、周宜明等参加中央马恩编译局组织的《资本论》(第1~3卷)讲座,听苏联专家讲课,每周一次。

6月7日上午8时,毛泽东致章士钊信说:"各书都收,读悉,甚谢!实事求是,用力甚勤,读金著而增感,欲翻然而变计,垂老之年,有此心境,敬为公贺。""金著"指金发表的文章。

6月10日,金在北京饭店请客。老朋友接到通知后都纳闷,不知他为什么请客。人到齐后,金宣布:"今天是徽因的生日。"

8月,《如何贯彻和掌握"百家争鸣"问题》载《哲学研究》第3期。

9月,金在北京大学哲学系开"罗素哲学批判"课,至1957年1月结束。

9月29日,金申请加入中国共产党,填写了入党志愿书。介绍人是潘梓年(所长)和周宜明(党支部书记)。金在入党志愿书上写道:"有几本马列的书对自己影响很大,如《实践论》

《唯物论与经验批判论》，斯大林的《辩证唯物主义和历史唯物主义》《马克思主义和语言学问题》等。"9月30日，哲学所党支部讨论通过金为中共预备党员。12月11日，中国科学院党委批准金为中共预备党员。

12月，巴黎国际哲学会和波兰组委会向杨献珍、潘梓年、金岳霖、冯友兰发来参加1957年华沙会议的请柬。

是年，毛泽东主席邀请中国科学院和高校部分高级知识分子到怀仁堂看京剧，金岳霖、贺麟等应邀看戏。

是年，国家号召向科学进军，动员在国外的留学生回国工作。为此金再次给在美国的学生王浩写信，商量回国之事。王因刚刚接受英国牛津大学数理哲学的教研职位，未能回国应聘。

是年，金被评为一级研究员。

1957年，63岁

1月22~26日，金参加北京大学哲学系举行的哲学座谈会。他赞同日丹诺夫关于哲学史的定义，分析了唯心主义和唯物主义斗争的历史发展。

1月，金开始写《罗素哲学批判》一书。此书每写出一章，便邀请北京的哲学工作者提意见，再修改，时断时续写了几年。

2月22日，潘梓年和金岳霖代表中共中央宣传部长陆定一给美国哲学家 William Hocking 回信，回答对唯心论的界定问题。

春，冯契利用到北京开会机会，征求金对他的著作《怎样认识世界》（清样）的意见。金鼓励冯要"顺着辩证唯物主义的路子前进"。

4月11日，应毛泽东主席之邀，金与冯友兰、贺麟、郑昕、费孝通、王方名、黄顺基以及田家英、胡绳、陈伯达等到中南海颐年堂讨论逻辑学问题。毛泽东支持学术界对学术问题展开讨论，希望金推动逻辑研究工作。

5月23~30日，金出席中国科学院学部委员会第二次全体会议。

6月，金开始参加民盟中央的整风运动。

7月17~20日，金与潘梓年（团长）、冯友兰、刘群（翻译）一行4人赴波兰华沙参加国际哲学研究所召集的国际哲学会议——华沙会议。出席会议的有19个国家（其中有8个社会主义国家）的65位哲学家。金在会上做了题为《自由人的任务》的发言。冯友兰发言的题目是《中国哲学史中的知行观》。会后在波兰参观。回国途中，应邀访问了苏联科学院。

8月，金开始参加哲学所的整风运动。

9月9日，《反对恢复资产阶级的社会科学》载《人民日报》第7版。

9月30日，金对瑞典一学者提出的"孔子可能系神话创造"之说批示："这就是资产阶级的'独立思考'。拼命地怀疑无可怀疑的事实。"他建议请中国哲学史组拟一简短的回信，并指出"（孔子）后代一直存在"这一点可以作为有力的证明。

10月8日，金就1958年与波兰科学院合作项目问题向哲学所有关部门指示："我们要他们帮助,他们可能也有需要我们帮助的地方,定计划能否把后一点也贯彻进去。"11 月 14 日,金正式签发中国科学院哲学所致波兰科学院函,要求波方向哲学所赠送有关数理逻辑和辩证逻辑方面的文献资料。

10 月,《费孝通要"解决"些什么"问题"呢?》载《争鸣》第 9 期。

11 月,《关于"成品"——小题大做吗?》载《争鸣》第 11 期。

是年,《思想战线》第 3 期发表该刊记者甫工采写的《金岳霖教授访问记》,说金"对目前的反右斗争极为关心"。

1958 年,64 岁

3 月底,金作为中国文化代表团副团长,与许涤新（团长）、周培源、谢冰心等出访欧洲。在英国,牛津大学的一个学术俱乐部开会欢迎金,金做了《哲学是社会实践的指南》的讲演。金说:"我加入共产党是因为只有共产党才能使中国翻身。我从一位教授变成共产党员,感到自豪,感到自己的活力增强了！这种思想感情我有深深的体会"。在英国访问期间,金瞻仰了马克思墓,到剑桥大学拜见了老师巴克教授,还同谢冰心接受旅居英国的陈西滢、凌叔华夫妇之邀到家中做客。代表团一行还访问了瑞士。6 月初,金结束出访回国。

7 月,哲学所制定 1958~1962 年科研规划。规划中指出,"今后决心贯彻党所提出的总路线",规定每人每年下乡 1~2 个月进行劳动锻炼，脑力劳动者也要"多快好省"地写作。金后来说，"当时神经上十分紧张"。

7~8 月，金参加 4 次体力劳动。一次到西郊五道口农民田里翻甘薯秧。

9 月，金到河北省安国县农村参观农民上山炼钢。

10 月，《在学术思想战线上加强东风》载《哲学研究》第 7 期。文章说，随着我国哲学家同国外的资产阶级哲学家的接触越来越多，对立的哲学家聚在一起必然有争论。争论是好事情，真理是愈辩愈明。

12 月，中国科学院哲学所把金的《知识论》未刊稿编入《资产阶级学术思想批判参考资料》第 6 辑，交商务印书馆出版（内部发行），印 2000 册。

12 月，撰《〈论道〉一书总批判》一文，4 万多字。

是年，金在一份《思想检查》中说，自己的资产阶级学术思想阻碍了逻辑组对辩证逻辑的学习和研究。"我口头上赞成学习辩证逻辑，可是骨子里是另外一件事。"

1959 年，65 岁

1 月，金在逻辑组讨论 1959 年工作计划时提出，逻辑组不要脱离国内逻辑界，要写文章参加逻辑讨论。

年初，金领导逻辑研究组的同事编写《逻辑通俗读本》一书。作者除金外，有汪奠基、沈有鼎、周礼全、张尚水。此书是"为满足广大干部学习文化、学点逻辑的需要"而撰写的。

作者也想通过此书的出版，吸引读者从实践中提出一些逻辑问题以作进一步研究，从而使逻辑著作更适合读者的实际需要。金写《判断》一章，从人们实际思维中总结出"个别的 S 是 P""S 一般的是 P""S 基本上是 P""S 必须 P"等几种新的判断形式。此书于年底完成初稿，广泛征求意见。

4 月，金任第三届全国政协委员。

4 月，金的《论道》被收入《资产阶级学术思想批判参考资料》第 7 辑，由商务印书馆出版，印 2000 册。

5 月，纪念五四运动 40 周年，于光远、金岳霖、潘梓年、胡锡奎等主持召开京津地区逻辑讨论会，讨论真实性与正确性的关系。金宣读《论真实性与正确性底统一》论文。据说，这次讨论会是毛泽东主席建议召开的。

6 月，《论真实性与正确性底统一》载《哲学研究》第 3 期。此文发表后引起一些不同的意见，李世繁在《哲学研究》第 4 期上著文《关于〈论真实性与正确性底统一〉一文的商榷》、黄顺基在《教学与研究》第 6 期上著文《论逻辑推理中的真假与对错问题》、吴吕和在《复旦学报》第 9 期著文《也论正确性与真实性底统一》，与金商榷。

7 月，金专访北京市副市长吴晗，建议发展阉鸡以提高副食品生产，改善人民生活。吴市长十分感动，在 9 月 26 日《人民日报》上发表文章，表示要"见贤思齐"，向金学习。

9 月，金撰《论"所以"》一文，在逻辑组讨论时发生尖锐的争论。

10月，《对旧著〈逻辑〉一书的自我批判》载《哲学研究》第5期。

年底，哲学研究所根据上级部署开展反右倾运动。金在运动中写了长篇的《自我检查》。他检讨自己对总路线、大跃进和人民公社的认识，检查自己不愿做行政工作、不参加逻辑学界大讨论（因为参加的人都不是旧的逻辑工作者）、学术思想没有根本转变，等等。

12月28日，金主持哲学所接待会议，安排苏联哲学家凯德洛夫、约夫楚克来访事宜。

1960年，66岁

1月，《论"所以"》载《哲学研究》第1期。

2月，《论真实性与正确性底统一》《对旧著＜逻辑＞一书的自我批判》收入《哲学研究》编辑部编的《逻辑问题讨论集》，由上海人民出版社出版。

春，金组织逻辑研究组的同事编写一本篇幅较大的逻辑书。只写出部分初稿，没有成书。

4月，在北海公园举行纪念列宁90周年诞辰逻辑讨论会。金在会上发表了讲话。

5月，姜丕之与金率哲学研究所科研工作者到东北三省参观、学习。先后在哈尔滨、长春、吉林、沈阳同工人、农民学哲学积极分子交流学习哲学的经验。

5月，中央一位领导同志要读逻辑读本。潘梓年所长与人民出版社社长王子野联系，该社用一周时间将金等撰写的《逻辑通俗读物》赶印 100 本，送给有关领导同志阅读。

秋，中国科学院哲学社会科学部委员会第三次扩大会议在京召开，金参加会议并做了《关于修改形式逻辑和建立统一的逻辑体系问题》的发言。

9 月 29 日，经党组织讨论决定，金由预备党员转为正式党员。

年底，毛泽东主席请金到家中吃饭。在座的客人还有章士钊和程潜，都是湖南人。毛向章、程介绍说："这是中共党员金岳霖。"还对金说："你的检讨①我看了。在新的情况下，对旧的东西就有点讨厌了。不过……"毛没有说下去。金后来说，毛说"不过"什么，当时我没有理解，如果理解了就可以警惕，以后就不会发生混淆形式逻辑和辩证法的错误了。

是年，金指导倪鼎夫学习《穆勒名学》，每星期一次，历时半年。

1961 年，67 岁

1 月，《关于修改形式逻辑和建立统一的逻辑体系问题》载《新建设》1 月号。

5 月，《逻辑》一书被列入"逻辑丛刊"，由生活·读书·新知三联书店出版。《对旧著〈逻辑〉一书的自我批判》一文收入

---

① 可能指《对旧著〈逻辑〉一书的自我批判》。——编者注

该书作前言。"逻辑丛刊"选印了"中国历来出版的比较重要的和有影响的逻辑学的译本和著作"共11本，除《逻辑》外还有：潘梓年的《逻辑与逻辑学》、章士钊的《逻辑指要》、张子和的《新论理学》、屠孝实的《名学纲要》、傅汎际译义李之藻达辞的《名理探》、耶方斯著王国维译的《辨学》、耶方斯著严复译的《名学浅说》、穆勒著严复译述的《穆勒名学》、十时弥著田吴炤译的《论理学纲要》、齐亨等著王宪钧等译的《逻辑史选译》。这套丛刊是根据毛泽东主席的提议出版的。

5月，周礼全在《哲学研究》第5期上发表《〈论"所以"〉中的几个主要问题》一文，与金商榷。金读后说，周文对他"有很大帮助"，向周"表示谢意"。

6月，周扬组织全国高校文科教材编写工作。金任《形式逻辑》一书主编，参加编写者有（以姓氏笔画为序）：方华、向刘骏、吴允曾、周礼全、赵民、晏成书、诸葛殷同、麻保安。全体作者集中在中共中央高级党校写书。此书于1963年完成初稿。

6月，京津地区第3次逻辑讨论会在京召开，金做了《读王忍之文章之后》的发言。该发言于7月8日载《光明日报》。

7月，《新建设》第7期刊文：《金岳霖、马特等发表文章，讨论形式逻辑的对象和作用问题》。

11月，《论"所以"》和《读王忍之文章之后》两文被收入《哲学研究》编辑部编的《逻辑问题讨论三集》，由上海人民出版社出版。

是年，金参加了由全国政协组织的部分委员游黄山活动。

1962 年，68 岁

3 月，《客观事物的确实性和形式逻辑的头三条基本思维规律》载《哲学研究》第 3 期。金晚年说，这篇论文是他"比较得意"的 3 篇论文之一。

5 月，《论推论形式的阶级性和必然性》载《哲学研究》第 5 期。文中说自己的《论"所以"》"有很大的毛病"，根源是"思想不够明确"，"中心思想并不成熟"。本文把论点集中在推论的阶级性和必然性上去……"这样论点可能明确些，毛病可能暴露得清楚些，批评也可能容易针锋相对些。同时，如果论点确实不正确的话，它也容易被推翻些。"

7 月，哲学所制定 1963~1967 年科研规划。逻辑组提出，结合认识论、数理逻辑、一般科学方法论、语言学及逻辑史研究，发展形式逻辑，批判地继承逻辑思想遗产。特别是探讨我国人民在历史上逻辑思维的特点，并加以概括和总结。同时开展数理逻辑研究，积极介绍和研究现代外国逻辑学动态与问题。

8 月，金到大连休假。

9 月，新版《逻辑》第 2 次印刷。

10 月 17 日，日本哲学家山崎谦一行 4 人来中国访问，金会见了客人。20 日，艾思奇向日本哲学家介绍中国哲学界情况时，称金是"研究罗素的专家"。

11 月，根据教育部编制的 1963 年全国招收研究生计划，金拟招收逻辑专业研究生 1 人。未录取。

12 月,《国内哲学动态》(试刊)第 2 期发表诸葛殷同的文章,介绍金主编的《形式逻辑》编写过程中一些学术问题的争论。

12 月,金与汪奠基等合著的《逻辑通俗读本》由中国青年出版社出版。

是年,美国康奈尔大学一哲学教授致函金与冯友兰,表示中美两国人民要友好。

是年,金迁入东城干面胡同哲学社会科学部新建宿舍。

1963 年, 69 岁

4 月,《教学与研究》第 2 期发表张兆海的文章《推荐一本形式逻辑读物——〈逻辑通俗读本〉》。

9 月,根据教育部编制的 1964 年全国招收研究生计划,金拟招收逻辑专业研究生 2 人,专业考试科目包括形式逻辑、认识论和数理逻辑。

10~11 月,金参加中国科学院哲学社会科学部委员会第 4 次扩大会议,先后担任北京第 5 组和哲学第 3 组召集人。周扬在会上做了题为《哲学社会科学工作者的战斗任务》的报告。

12 月 26 日,金同张奚若、邓以蛰等几位老朋友在家中聚会,私下为毛泽东主席祝寿。金作了一副对联:

以一身系中国兴亡,入此岁来已七十矣;

行大运于寰球变革，欣受业者近卅亿焉。

其中，"入此岁来已七十矣"和"欣受业者近卅亿焉"，是从梁启超寿康有为的联语中脱胎而来的。邓用楷书和篆书各写了一幅。

是年，金与逻辑组同仁撰写"修正主义逻辑错误杂谈"7篇，未刊出。

是年，《形式逻辑》完成初稿。据诸葛殷同回忆，《形式逻辑》一书金没执笔，但他当主编却是"名副其实的"。开会时，他说话不多，当有两种意见争执不下时，"由他拍板定案"。编写组成员的学术背景不同，意见分歧较大，"大主意由金拿"，但他个人的学术见解"从没有要求写进去"。

是年，沈有鼎先生结婚，金以逻辑研究组同仁名义设宴丰泽园，为新婚夫妇贺喜。

1964年，70岁

3月，在学习《矛盾论》和《实践论》运动中，金"自我检查"说："1962年秋天起，一种占有欲滋长起来，我买了一些高价的东西。贵的东西可以买，但占有欲是不能滋长的。"

4月，《逻辑通俗读本》第2版由中国青年出版社出版。"文化大革命"中，日本学者翻译此书，以《毛泽东的论理学》为书名出版。

5月，根据毛泽东的批示精神和中央的委托，冯定代表北京大学领导宣布成立世界宗教研究所，任继愈任所长。不久，在北大未名湖畔的临湖轩召开北京地区专家座谈会听取意见。金和贺麟、季羡林等专家参加了座谈会。

7月31日，中国科学院第七次院务常务会议批准哲学所新的学术委员会组成人选。潘梓年为主任，金为副主任。

9月7日，金招收的研究生刘培育到所报到。

11月3日，哲学所一批同志去湖北参加"四清"，金同潘梓年所长到火车站送行，留所的老先生集体学习，金为召集人。

12月，金作为第三届全国人民代表大会的代表出席全国人民代表大会。大会上首次提出"在中国实现四个现代化"的任务，引起金的关注。

是年，汪奠基先生续弦，金以逻辑研究组同仁名义设宴丰泽园，为新婚夫妇贺喜。

1965年，71岁

1月27日，刘培育、张尚水从湖北回京过春节，去看望金。金兴致勃勃地谈起对刚刚闭幕的第三届人大会议的感受。他说，这次会议大家对"形势大好"没有不同意见。他向刘、张详细询问了农村社会主义教育运动的情况。

2月，金前往嘉兴寺殡仪馆吊唁梁启雄先生。

8月18、27日，金约逻辑研究组的同志到家中，讨论如何让逻辑学为5亿农民服务的问题。他让参加"四清"的倪鼎夫、张尚水、刘培育先发表看法。他强调指出，逻辑工作者要下乡搞调查，在参加实际工作中总结逻辑问题，不要带框框，要从整个逻辑出发。会上还制定了具体的调查计划。金同汪奠基、沈有鼎也表示要下乡做调查研究工作。

9月，金出席由中央宣传部于光远同志主持召开的逻辑学座谈会，讨论逻辑学如何为现实革命和建设服务问题，以及如何修改和发展逻辑学的问题。会议认为，要先做调查，组织全国逻辑工作者分专题了解国内外逻辑发展状况。

11月10日，台湾殷海光致函林毓生说，海耶克"所表现的爱智的真诚，在中国文化分子里我只见于本师金［岳霖］先生等少数学人。这实在令人感动。"

是年，金委托周礼全对《形式逻辑》书稿做一次总的修改，后交人民出版社。因为不久爆发了"文化大革命"，此书没及时出版。

是年，《罗素哲学批判》一书完稿，周礼全协助做些文字加工。因为"文化大革命"没及时出版。"文化大革命"后曾打印若干份，在上海华东师大哲学研究所的青年研究者和博士生讨论班上共同学习和讨论过几次。后"稍加整理"于1988年由上海人民出版社出版，书名改为《罗素哲学》。书前有周礼全的序，书后有冯契的跋。

是年，金出席中国科学院哲学社会科学部委员会议。闭幕式后毛泽东主席接见了与会的专家学者。

是年，金请金顺成侄女一家到政协俱乐部吃饭，勉励侄女好好到青海工作，支援边疆。他说，这是国家对工业作出的合理布局。

1966 年，72 岁

1 月 19 日，金召集逻辑研究组的同仁开会，根据周扬同志强调"科研单位的主要任务是搞提高"的报告精神，讨论逻辑学发展的方向和今后研究计划。

5 月 16 日，中共中央政治局扩大会议通过了毛泽东主持制定的《5·16 通知》，宣布"文化大革命"开始。中国科学院哲学社会科学部很快成为北京市的热点单位之一。金每星期到所里参加政治学习一次，在大院里看看大字报。

1967 年，73 岁

9 月，金听到学部有个组织的头头对周恩来总理有"看法"，马上贴出一张大字报，表示拥护周总理。他后来说："我从总理学立场，连拥护总理的立场都没有，那怎么行？"

1968 年，74 岁

9 月 24 日，殷海光致函林毓生，称金是一位"道德感极强的知识分子"。殷说："昆明七年的教诲，严峻的论断，以及道德意识的呼吸，现在回想起来实在铸造了我的性格和思想生命。""他是那么质实、谨严、和易、幽默、格调高，从来不拿恭维话送人情，在是非真妄之际一点也不含糊。"

12 月 23 日，首都工人解放军宣传队进驻哲学社会科学部，

组织学部全体人员开展"斗私批修"、忆苦思甜活动。金和群
众一起参加运动。

1969 年，75 岁

1 月 20 日，根据工人解放军宣传队规定，学部全体人员搬
到机关住办公室（打地铺），实行班排连编制，集中精力搞运
动。每星期六下班后可以回家，星期日晚 8 时前返回机关开班
会。哲学所只有金没有"享受"这种军事化生活的"待遇"。他
每天到所里参加运动，晚上回家睡觉。

7~8 月，宣传队部署学部集中批判"资产阶级反动学术权
威"，先后批判了俞平伯、罗尔纲等。学部二连（即哲学所）
配合学部大会于 7 月 23 日对金进行批判。金认真听取群众"批
判"，听完后他说："我的检查离同志们批判的太远了，原来没
想到自己罪行那么严重。"他表示要彻底批判自己，做个毛泽东
时代的"老青年"。原定 7 月 25 日让金做检查。当日金患肺炎
发烧，住进了医院。8 月 11、22 日，学部二连两次对金进行批
判，印发了《批判金岳霖参考资料简编》。在"批判"期间，哲
学所多数同志不同意把金定为"资产阶级反动学术权威"，认
为金是"资产阶级学术权威"，但"不反动"。也有很多人不同
意对金进行批判。

12 月 10 日，金在学习班上谈"活思想"。他说："我力图
把自己当作敌人看，去斗自己，但不知'反动'在什么地方。"

1970年，76岁

3月，根据上级部署，学部全体人员在大院内挖防空洞。金有时也来参加。

5月7日，宣传队动员学部干部、科研人员和职工走"五七"道路。23日，哲学所全体人员奉命到河南省息县谢寨大队办"五七"干校。只有金一人被批准留京。他买了一些植物学方面的书，在家阅读。

1971年，77岁

4月3日，根据中共中央和国务院的决定，学部全体工作人员从河南息县"五七"干校搬到明港解放军营房，集中时间和地点加速搞"斗批改"。从年初始，有部分老知识分子陆续回京，在留守处参加学习。金也在京参加学习。

7月12日，金复陈克明函，同意借钱给陈购书。并评论陈诗作《祖国颂》，指出其声调与用字上的一些毛病。

1972年，78岁

4月30日，刘培育从河南明港回京看病，去看望金。金对刘说，"文化大革命"使"我不敢跟老朋友来往了"。"你看，我至今还没有解放呢。"说完笑了起来。

5月，美国著名汉学家费正清携夫人费慰梅访华。金应邀出席乔冠华外长为费举行的欢迎宴会。老朋友相见，"促膝交谈，叙旧话新"。

6月，金读报得知我国油菜丰收，喜作对联：

　如今老小齐心黄花遍地，

　当日幽燕大雨白浪滔天。

7月11日，香港《明报·自由谈》刊《逻辑学家金岳霖》
一文。

7月，离开中国27年之久的美籍著名逻辑学家王浩首次回
到中国，拜见金。沈有鼎在座。金希望王继续研究逻辑。

11月，人民出版社邀请哲学所逻辑组编写一本逻辑通俗读
物。逻辑组委托倪鼎夫、张家龙、刘培育编写，书名为《学点
逻辑》。金对此表示支持。

1973年，79岁

4月，台湾殷海光的学生陈平景到北京拜访金，送殷海光
的《中国文化的展望》一书。金听说殷海光已病故，眼眶湿润，
回忆当年的殷。

6月，中共中央23号文件发表了毛泽东给李庆霖的信。人
民出版社根据毛信精神，决定给上山下乡知识青年编写一套书，
《学点逻辑》列入其中。8月，《学点逻辑》完成初稿，倪鼎夫、
张家龙、刘培育撰稿，向逻辑工作者、中学教师和工人师傅征
求意见。金对书稿表示肯定。

7月18日，张奚若去世，终年84岁。金说："奚若去世之

后,（我）好些时写不了信。"

8~10月，金两次复冯友兰信，就冯诗发表评论。他说："我不喜欢专门谈理论的诗。理论、情感、思想融在一起，我觉得很好。"

12月，王浩再次来京拜见金。

1974年，80岁

3月28日，梁思成、林徽因之子梁从诫一家搬到东城干面胡同，与金同住。

春，金想写一篇关于逻辑不矛盾律和辩证矛盾关系的文章，批判伪辩证法。未果。

12月4日，学部临时领导小组动员整党。金参加哲学所整党学习，"斗私批修"。31日，金恢复组织生活。

是年，侄女金顺成从青海到北京看望叔父，谈到所在工厂机器完整，生产没停，金很高兴。金还关切地询问青海是否有铀。

是年，牟宗三的《中国哲学的特质》一书在台北学生书局出版，称金是"我国第一个比较能精通西方逻辑的学者"。称金和熊十力、张东荪是"现代中国哲学的代表和象征"。

1975年，81岁

5月7日，沈有鼎致函王浩说："毛礼斯说清华哲学系有一个逻辑实在论学派，我想这个学派当然包括金、冯（友兰）

两位。"

1976 年，82 岁

7 月 28 日凌晨 3 时 41 分，唐山丰南一带发生强烈地震，波及北京。为安全计，亲友们把金转移到一所中学，住防震棚；后哲学所逻辑组同仁把金接回学部，在大院内专为金搭建一防震棚，同仁们分工照顾金的生活。

是年，金资助贺仲雄等人引进 Fuzzy Set 和 Fuzzy 逻辑。

1977 年，83 岁

5 月 7 日，中共中央办公厅通知："经华主席、党中央批准，'中国科学院哲学社会科学部'的名称，改为'中国社会科学院'。"哲学所隶属于中国社科院，所长许立群，金任副所长兼逻辑研究室主任，但因身体原因基本上没有到所上班。

12 月下旬，金患肺炎住北京医院，月余。

1978 年，84 岁

1 月 18 日，在医院中的金早晨醒来，头脑十分清醒。刘培育告诉他，诸葛殷同和张家龙应邀到大庆讲逻辑受到欢迎，还在电视台转播。金听后非常高兴，连声说："好，好。"

2 月，《逻辑通俗读本》一书由刘培育、周云之、张家龙、诸葛殷同、倪鼎夫修订后，书名改为《形式逻辑简明读本》由中国青年出版社出第 3 版。

2月，《评罗素的所谓"永恒的真理"》载《哲学研究》第一、二期合刊。该文为《罗素哲学》第一章中的一节。

2月24日~3月8日，第五届全国政协会议在京召开。金为第五届全国政协委员。

4月22~24日，香港《万人日报》发表何水申的文章《金岳霖》。

5月15~21日，由中国社会科学院哲学所和《哲学研究》编辑部联合主办的首届全国逻辑讨论会在北京中央党校召开。金出席开幕式，并做了书面发言。他说："盼望好久的逻辑工作者的会议开幕了。这是值得我们庆祝的大事。"他建议逻辑工作者研究"典型"这一范畴。他强调："要批判'四人帮'，他们对逻辑科学也极力摧残，不批判是不行的。"

7月21~22日，香港《快报》发表无依依的文章《怀念金岳霖教授》。

8月30日，香港《大公报》发表张生的文章《金岳霖〈逻辑〉重印发行》。

9月15日，香港《文汇报》发表四维的文章《金氏逻辑》。

9月，台湾远景出版社出版记录殷海光临终前话语的《春蚕吐丝》（陈鼓应编）一书，书中多处谈到殷海光和金的交往及其对金的评价。

是年，《逻辑》一书由生活·读书·新知三联书店第3次印刷发行。

是年，金为王浩著《数理逻辑通俗讲话》中文版题写书名。

此书是根据王在中国科学院的 6 次讲演整理而成的。1981 年由
科学出版社出版。

1979 年，85 岁

2 月，金主编的《形式逻辑》书稿在出版社放了 14 年之后，
经部分作者再次修改定稿，交出版社发排。

6 月 11 日，中国社会科学院批准哲学所新一届学术委员会
组成名单。金为学术委员，许立群为主任。

6 月，《在全国逻辑讨论会开幕式上的发言》载《逻辑学文
集》，由吉林人民出版社出版。

8 月 23~29 日，由中国社会科学院哲学所主办的第二次全
国逻辑讨论会在北京通县举行。金因健康缘故没有到会。开幕
式上宣读了他写给会议的书面发言。金强调说，这个会议是配
合四个现代化而开的，目标在于提高逻辑学的水平，以便广泛
地普及到各条战线的具体的工作中去。他要求逻辑工作者必须
学习两个专业：正业是逻辑学，副业是一门自然科学或工程技
术方面的科学。29 日，成立中国逻辑学会，金被推选为中国逻
辑学会首届理事长。

9 月，《形式逻辑简明读本》第 4 版由中国青年出版社出版，
并收入"青年文库"。

10 月，金主编的《形式逻辑》（高等学校文科教材）由人
民出版社出版。以后多次重印。

1980 年，86 岁

2 月 27 日，金致电钟肇鹏，感谢钟帮助查出 1942 年周恩来、董必武祝马寅初 60 寿辰对联中的"坐帐无鹤""支床有龟"两个典故的出处。

春，"Chinese Philosophy"（《中国哲学》）载 *Social Sciences in China*（《中国社会科学》创刊号）。此文写于 1943 年。公开发表后，美日等国学者多人来信索要。国外某刊发表"Marxist Philosophy, From Feuerbach to Jin Yuelin"（《马克思主义哲学，从费尔巴哈到金岳霖》）一文。

5 月，《晋阳学刊》编辑部邀请金为《社会科学家传略》写传略，金不同意写。后又有几家向金约传略稿，也被金谢绝。

9 月，《读书》第 9 期发表黄森文章，评价金"Chinese Philosophy"一文。

11 月，金因肺炎住首都医院一个月。他后来回忆说："哲学所封我为一级研究员，我想当然是高级干部。可是首都医院把我安排在一间前后都是玻璃的通明透亮的大房间。我是怕光的，戴眼罩戴了几十年的人住在那样一间房子里真是苦事。要单间房，首都医院不能照办，据说因为我不是高级干部。"出院后不会走路了，他天天坚持锻炼。

12 月，根据《中华人民共和国学位条例》的规定，国务院设立学位委员会，负责领导全国学位授予工作。方毅是主任委员，金为学科评议组成员。

是年，金完成《在阶级产生之后，在共产主义到来以前，真理硬是有阶级性的》长篇论文。

是年，金写信推荐叶秀山赴美国访问。

1981年，87岁

1月，《哲学研究》第1期发表刘培育的文章《一本内容丰富、有新见解的逻辑著作》，评介金主编的《形式逻辑》。

2月，金对去看望他的刘培育说："我短时间死不了，我要看到'四化'。"他拿起1月12日《人民日报》，指着上面的《读沈有鼎〈墨经的逻辑学〉》一文对刘说："你搞起考据来了，很好，搞中国逻辑史很有意义。"

2月17日，金住进邮电医院。4月3日出院。

7月8日，沈有鼎致函王浩说："我和金老一样完全是蜘蛛结网派。"

12月30日，中国逻辑学会逻辑与语言研究会筹备成立一所专门传授逻辑与语言知识的函授学校，刘培育和孙煜请金出任名誉校长，他愉快地接受了聘请。

是年，金在老朋友姜丕之的建议下撰写回忆录。起初他不想写，以为自己一生过着抽象的生活，没有什么好写的。后来想到自己有一些朋友，还是可以写的。每天少则写几十字，多则几百字。

是年，美籍著名语言学家赵元任来北京，看望老朋友金，两人合影留念。

是年，《费正清自传》中文版出版，书中多次提到金。称金的英语"几乎达到了炉火纯青的地步。他能在音调、含义、表情等各方面分辨出英语中最细微的差别。"

1982 年, 88 岁

2 月, 金为《逻辑与语言学习》杂志题词:"逻辑科学必须普及", 刊在第 1 期上。

2 月, 金致函周礼金。他说:"我的日子总是不多的, 总得要斗争才能延长一些时候, 而这需要你这样的老朋友来帮一手。""所里的情况不明, 我也要知道一些。"

3 月 7 日, 金给哲学所党组写信。说:"我可能很快结束。我要借此机会感谢党, 感谢毛泽东同志, 感谢全国劳动人民把中国救了。瓜分问题完全解决了。四个现代化问题也一定会解决。""我死之后, 请在我的存款中提出叁仟元献给党。""请勿开追悼会, 不搞遗体告别, 骨灰请让清风吹走。"

4 月,《琐忆》载《清华校友通讯》复刊第 5 期。文中说:"解放初, 张奚若忙得不可开交, 梁(思成)、林(徽因)参加国徽设计工作也忙得不亦乐乎。我好像是局外人。有一次在怀仁堂见到毛主席, 他对我说, '你搞的那一套还是有用的', 这我可放心了, 我也就跟着大伙前进了。"

6 月, 金致函胡乔木, 建议用革命的世界观教育富起来的人民。

6 月, 王浩再次来北京, 看望金。

10 月 11 日, 中国社会科学院哲学研究所在北京国际俱乐部隆重举行"金岳霖同志从事哲学、逻辑学教学和研究工作 56 周年庆祝会"。邢贲思所长全面介绍和高度评价了金一生对中国现代哲学和逻辑学的贡献。金的好友、学生和有关方面负责人胡乔木、胡愈之、杨献珍、周培源、钱昌照、钱端升、梅益、于光远、张维、冯友兰、贺麟、王力、朱光潜、洪谦、沈从文、姜椿芳、张岱年、容肇祖、沈有鼎、温公颐、王宪钧、胡世华、任继愈以及首都哲学和逻辑学工作者 250 多人参加了庆祝会。胡乔木同志说，我们党以自己队伍中有像金老这样著名的老学者感到骄傲。他希望所有的科学工作者都要像金老那样在学术上、政治上、工作上不断追求进步。大会向金赠送了纪念品（金所喜欢的一幅山水画放大照片）。金感谢党和国家对他的关怀和帮助。会场上不断响起热烈的掌声，大家衷心祝愿金健康长寿。首都多家新闻单位对此作了报道。会后，冯友兰为祝贺金题联：

> 何止于米，相期于茶；
>
> 论高白马，道胜青牛。

哲学所逻辑室全体同志到家中看望金，并合影留念。

10 月，《形式逻辑简明读本》第 5 版出版，并被译成哈萨克文由民族出版社出版。

11 月 1 日，刘培育、孙煜、欧阳中石等看望金，汇报中国逻辑与语言函授大学第一年招收 6 万名学员。金听了非常高兴。

他说："没想到学逻辑的有 6 万人。这是党的领导的结果。没有国家的发展办不到。"他又说："逻辑是不可少的，过去说一个人'不讲逻辑'是个很大的罪名。"

12 月，金致函人民画报社，赞扬钱松嵒先生的山水画《密云水库》和《山欢水笑》。

12 月，《逻辑》一书由三联书店第 4 次印刷发行。

12 月，中国逻辑与语言函授大学《函授通讯》第 6 期发表刘培育的文章《记金老的几件事》。

12 月 31 日，刘培育向金祝贺新年，并送去一批中国逻辑与语言函授大学教材。金翻看教材和《函授通讯》，高兴地说："办得好，现在有那么多人学逻辑，我做梦也没有想到。"金送刘云南春蕊绿茶一盒，表示感谢。

1983 年，89 岁

2 月 11 日，哲学所逻辑室的全体同仁给金拜年。金说怀念毛主席和周总理。又说，世界上出了个坏人——里根。他建议我国宪法应专设一章讲主权问题。

3 月 12~14 日，《中国大百科全书·哲学》编辑委员会成立暨撰稿人大会在京召开。胡绳为编委会主任，金为顾问。金打电话热烈祝贺大会的召开。

6 月，金任全国政协第六届全国委员会委员。

6 月，《中国哲学年鉴（1983）》"中国哲学界学者简介"专栏刊载金岳霖小传。

6月，姜丕之和夫人王鸿玉看望金。金送一张签名照片给姜。

夏，福建陈钟美和陈宇拜访金，了解林徽因的作品。金说，他是通过徐志摩认识林徽因的，对林的评价可用一句话概括："极赞欲何词"啊！12月，二陈编好林徽因诗文集，再次拜访金，请金为《诗文集》写篇东西附于书中。金说："我所有的话都应该同她自己说，我没有机会同她自己说的话，我不愿意说。"

7月，金停止写回忆录。两年来共写100个片段，包括回忆他的朋友、个人经历和业余爱好等。

7月29日，金为中国逻辑与语言函授大学《函授通讯》题词："（逻辑学）走出大学和研究所的大门，这是莫大的好事。"刊在该刊第1期上。

8月24日。刘培育去看望金，谈到刚刚在敦煌召开了全国首届因明学术讨论会，要抢救因明，推动因明的发展。金听了很高兴。他说，现在搞因明的人很少，希望刘在因明方面也做些工作。

9月，中国逻辑与语言函授大学《逻辑》教材由北京大学出版社出版，金为该书题写了书名。

10月，中国逻辑学会在长沙开会，选举第二届理事会，金被推选为名誉会长。

11月，为纪念金从事教学和科研工作56周年，商务印书馆正式出版了《知识论》。金在《作者的话》中说："《知识论》

是我花精力最多、时间最长的一本书，它今天能够正式出版，我非常非常之高兴。""另外一本《论道》也是商务印书馆帮我出版的，作为旧书重印，我完全赞成。"

12 月 25 日，中国社会科学院哲学所举行 1976 ~ 1980 年优秀科研成果奖励大会。金主编的《形式逻辑》获一等奖；金参加撰写的《形式逻辑简明读本》（第 3 版）获二等奖。

是年，贺仲雄的《模糊数学及其应用》出版后，金建议搞一本通俗读物。他说："只有普及才能为群众所了解。只有普及后一个新学科才有生命力！"

1984 年，90 岁

1 月，三联书店出版的《中国哲学》（第 11 辑）发表王浩的文章《从金岳霖先生想到的一些事》。此文写于 1982 年 9~10 月。

7 月 7 日下午，金开始腹泻、腹痛、咳嗽。7 月 10 日上午到 305 医院就诊，当晚住院，列为一级护理。

8 月上旬，廖元嘉从广州到京参加中国逻辑与语言函授大学第二次全国教学工作会，去看望金。廖后来回忆说，她讲述了自己 23 年的遭遇，金先生意外地没有激动。他平静地说："这不是你的错，不要哭。你可以做个好的逻辑教师，还可以为中国逻辑与语言函授大学尽力。"为了解除廖的思想包袱，金唱了一段京剧《满江红》。

8 月，《逻辑与语言学习》第 4 期发表玄金的文章《金岳霖教授二三事》。

9 月 20 日，金病情加重，发烧，搬进急救室。

10 月 19 日下午 3 点 35 分，金因病医治无效逝世。

10 月 20~23 日，中央人民广播电台、《光明日报》、《人民日报》播发了"著名哲学家、逻辑学家金岳霖逝世"的消息。上述消息说："著名哲学家、逻辑学家、中国人民政治协商会议全国委员会委员、中国科学院前哲学社会科学部委员、中国社会科学院哲学所副所长、中国共产党优秀党员金岳霖，因病医治无效，10 月 19 日下午 3 时 35 分在北京逝世，终年 89 岁。""金岳霖毕生致力于我国哲学、逻辑学的研究和教学工作，对我国逻辑学的建设和发展，对我国哲学研究和教育事业都做出了重大的贡献，在国内外学术界享有很高声誉。"

连日来，全国各地纷纷发来唁电唁函，对著名哲学家、逻辑学家金岳霖的逝世表示沉痛的哀悼。

图书在版编目 (CIP) 数据

金岳霖：逻辑学大师的"非逻辑"人生 / 刘培育选编. -- 北京：社会科学文献出版社，2024.12

（大家雅事）

ISBN 978-7-5228-3166-4

Ⅰ.①金… Ⅱ.①刘… Ⅲ.①金岳霖（1895-1984）-自传 Ⅳ.①B261

中国国家版本馆CIP数据核字（2024）第024389号

·大家雅事·

金岳霖
逻辑学大师的"非逻辑"人生

选　　编 / 刘培育

出 版 人 / 冀祥德
组稿编辑 / 刘同辉
责任编辑 / 奚亚男
责任印制 / 王京美

出　　版 / 社会科学文献出版社（010）59367238
　　　　　　地址：北京市北三环中路甲29号院华龙大厦　邮编：100029
　　　　　　网址：www.ssap.com.cn
发　　行 / 社会科学文献出版社（010）59367028
印　　装 / 三河市东方印刷有限公司

规　　格 / 开　本：880mm×1230mm 1/32
　　　　　　印　张：14.5　字　数：300千字
版　　次 / 2024年12月第1版　2024年12月第1次印刷
书　　号 / ISBN 978-7-5228-3166-4
定　　价 / 98.00元

读者服务电话：4008918866